Blühende Phantasien und harte Realitäten

**Zum Buch**

Ostdeutschland wird inzwischen von vielen im Westen als Gefahr begriffen: Die einen fürchten um ihren eigenen Wohlstand, die anderen sehen im Osten eine anspruchslose und deshalb knallharte Konkurrenz heranwachsen. Schon mehren sich die Verteilungskämpfe, und sie gewinnen an Härte. Ist der Aufschwung Ost eine Seifenblase gewesen? Kann die Anpassung an einen stagnierenden Westen noch ein erstrebenswertes Ziel sein? Hat uns unser Wohlstand bisher vor den wirklich entscheidenden Fragen nach Deutschlands Zukunft bewahrt? Laut Lothar Späth führen wir eine falsche Diskussion – eine typische Ost-West-Debatte. Was als Aufbau Ost begonnen hat, mündet unversehens in einen Umbau Deutschlands. Lothar Späth zeigt auf: Gefordert sind wirkliche Veränderungen.

**Zum Autor**

Dr. h. c. Lothar Späth, Jahrgang 1937, war von 1978 bis 1991 Ministerpräsident des Landes Baden-Württemberg. Im Juni 1991 übernahm er die Geschäftsführung der JENOPTIK GmbH, heute ist er Vorstandsvorsitzender der JENOPTIK AG.

Lothar Späth

# Blühende Phantasien und harte Realitäten

## Wie der Umschwung Ost die ganze Republik verändert

Econ & List Taschenbuch Verlag

Quellennachweis:

zu Kapitel 6:
Beitrag von Lothar Späth in: *100 Jahre Ludwig Erhard.* Düsseldorf 1997.

zu Kapitel 10:
Beitrag von Lothar Späth unter dem Titel »Das Prinzip Offenheit. Schritte zur politischen, wirtschaftlichen und kulturellen Einheit Europas«, in: Jürgen Bolten/Marion Dathe (Hrsg.), *Transformation und Integration.* Berlin 1995.

zu Kapitel 14:
Beitrag von Lothar Späth in: *Leistungsfähige Hochschulen – aber wie?* Neuwied 1996.

zu Kapitel 16:
Beitrag von Lothar Späth in: Politische Studien der Hanns-Seidel-Stiftung e.V., Sonderheft 3/94, 45. Jg., München, Juli 1994.

Veröffentlicht im Econ & List Taschenbuch Verlag 1998

Der Econ & List Taschenbuch Verlag
ist ein Unternehmen der Econ & List Verlagsgesellschaft

Aktualisierte Taschenbuchausgabe



Umschlagkonzept: Büro Meyer & Schmidt, München – Jorge Schmidt
Umschlagrealisation: Init GmbH, Bielefeld
Titelabbildung: J. H. Darchinger, Bonn
Redaktion: Klaus Schindlbeck
Druck und Bindearbeiten: Ebner Ulm
Printed in Germany
ISBN 3-612-26552-0

# Inhalt

# Vorwort

Die Deutschen sind umstellt von ungelösten wirtschaftlichen Problemen. Ursache und Wirkung sind kaum noch auseinanderzuhalten angesichts des verhängnisvollen Ineinandergreifens von Massenarbeitslosigkeit, Wachstumsschwäche, Überalterung der Wirtschaftsstruktur, Reformunfähigkeit des Steuer- und Sozialsystems, beschäftigungs- und investitionsfeindlicher Standortbedingungen, steigender Staatstätigkeit, ungebremster öffentlicher Verschuldung und Vernachlässigung zukunftsweisender Neuansätze.

Nach sieben Jahren Einheit ist zudem die Hoffnung zunichte, daß der Aufbruch der neuen Länder einen Ausweg aus diesem Teufelskreis weisen könnte. Der Osten ist längst ein getreues Abbild der alten Bundesländer, nur die wirtschaftliche Basis fehlt ihm. Auch künftig wird es nicht gelingen, dort eine Wirtschaftsstruktur wiederauferstehen zu lassen, deren Wegbrechen im Westen nicht aufzuhalten ist. Seine Einbindung in das bundesdeutsche Subventionssystem bietet insoweit keine Perspektive. Sie treibt vielmehr den hilflosen Versuch auf die Spitze, unsere Vergangenheit in die Zukunft zu retten.

Meine mehr als sechsjährige Tätigkeit in Jena hat mir Gelegenheit gegeben, die Ausbreitung der »deutschen Krankheit« aus nächster Nähe zu verfolgen. Ihre Konsequenzen treten in den neuen Ländern besonders rasch und deutlich zutage. Das zeigt erneut der Umschwung, der dort schon nach wenigen Boomjahren eingetreten ist und frühere Aufholszenarien mit einem Zeithorizont von zehn oder fünfzehn Jahren in das Reich der Utopien verweist. Die jüngste Entwicklung in den neuen Ländern ist ein deutliches Warnsignal. Sie unterstreicht die unerwartet bedrohliche Situation, in die Deutschland insgesamt gerät.

Der Osten ist also nicht Ursache, sondern Teil einer Problematik, die Deutschland als Ganzes betrifft. Gerade auch jene Kapitel, in denen im folgenden von den neuen Ländern die Rede sein wird, verfolgen darum eine gesamtdeutsche Sichtweise. Im Mittelpunkt steht das Projekt Deutsche Einheit, das uns noch auf lange Zeit fordern wird. In diesem Sinne habe ich auf einen historischen Rückblick, gar eine Zwischenbilanz, des Aufbau Ost verzichtet. Stattdessen haben zwei Stellungnahmen aus den Jahren 1993 und 1994 in diesen Band Aufnahme gefunden, die Erwartungen und Prognosen aus damaliger Sicht authentisch wachrufen und zur Diskussion stellen. Denn bei allen behandelten Themen geht es mir um den Blick nach vorne, um die Frage nach Lösungsansätzen für die gesamtdeutsche Zukunft.

Den Deutschen, so scheint es, fehlt dazu gegenwärtig die Zuversicht und die gemeinsame Perspektive. Beides brauchen wir, um die Herausforderungen im eigenen Land wie auch in Europa und der globalen Weltwirtschaft zu meistern. Wir Deutschen sind dazu ohne weiteres imstande, wir müssen es uns nur zutrauen – einander zutrauen. Wenn wir anfangen, unsere Zukunft wirklich gemeinsam zu gestalten, wird es sich auch hierzulande schnell bewahrheiten: *Einigkeit* macht stark.

# I

# Die Deutschen und das Geschenk der Einheit

## Vom Versuch, die Teilung durch Verteilen zu überwinden

# 1
# Vom Fall der Mauer zum Untergang der risikofreien Gesellschaft in Deutschland

## Die Wiedervereinigung als erste Etappe

Seit einem Jahr häufen sich unheilvolle Meldungen aus den neuen Bundesländern. Der Aufholprozeß kommt ins Stocken, die Konkursstatistik erklimmt neue Höhen, die Arbeitslosigkeit steigt weiter. Vielerorts zwischen Erfurt und Rostock hat sich der Aufschwung verflüchtigt. Stillstand, ja Rückschritt prägt nicht nur subjektiv die Szenerie. Ist denn die wirtschaftliche Wende immer noch nicht geschafft? werden viele sich fragen. Ist der Osten ein Faß ohne Boden?

Gewiß, die Entwicklung in den neuen Ländern bietet wenig Veranlassung zur Euphorie. Doch man löst die Probleme nicht mit jener Art rückwärtsgewandter Vergangenheitsbewältigung, in der sich eine wachsende Zahl besorgter Kritiker ergeht. Zuviel unbewältigter Zukunft liegt vor uns, als daß wir uns erlauben könnten, unsere Kreativität an die Probleme von gestern zu verschwenden. Wir alle, auch die großen Kritiker des Aufbau Ost, haben nach wie vor die Chance, in den neuen Ländern Positives zu bewegen. Wer für Deutschland etwas bewirken will, darf diese Gelegenheit nicht ungenutzt verstreichen lassen. Deshalb möchte ich keine Bilanz vornehmen, sondern eine Expedition in eine greifbare deutsche Zukunft, die durch das Tor der Wiedervereinigung führt.

Die neuen Länder sind Ausgangspunkt meiner Betrachtung, weil ich von ihrer Schlüsselrolle für das Schicksal Deutschlands zutiefst überzeugt bin. Diese Schlüsselrolle wird vielfach unterschätzt oder in sträflicher Leichtfertigkeit ignoriert. Wer über »den Osten« spricht, spricht über Deutschland! Das mag banal erscheinen. Doch haben wir uns nicht daran gewöhnt, Ostdeutschland als eine Art Sondergebiet oder – wie ein einschlägiges Gesetz es nennt – als ein »Fördergebiet« zu betrachten? Nach sieben Jahren Einheit ist es an der Zeit, den permanenten Ausnahmezustand in den neuen Ländern zu hinterfragen. Handelt es sich hier nicht um eine bequeme und simple Stigmatisierung? Sind die Probleme im Osten tatsächlich noch Ausdruck einer Sondersituation? Deuten sie nicht vielmehr auf eine neue gesamtdeutsche Realität hin?

In den neuen Ländern steht unsere marktwirtschaftliche Ordnung, die aus dem Wettbewerb mit dem Sozialismus als Sieger hervorging, jedenfalls weiterhin auf dem Prüfstand. Der Verweis auf das Wirtschaftswunder von einst reicht nicht aus; der konkrete Nachweis seiner Leistungsfähigkeit ist gefordert. Bislang konnte er nicht erbracht werden, darüber besteht Einigkeit. Doch über das Warum gehen die Meinungen auseinander. An überdimensionierten Kläranlagen und beleuchteten Äckern hat es aus meiner Sicht jedenfalls nicht gelegen. Diesen Teil der Kritik am Aufbau Ost kann man getrost den Gerichten überlassen. Im Hinblick auf die Zukunftsgestaltung müssen wir vielmehr fragen, ob der gewählte Ansatz noch richtig ist, ob wir nicht eine neue Strategie für die neuen Länder, ja für ganz Deutschland brauchen.

Diese Frage wurde erst vor wenigen Monaten intensiv diskutiert, als die Verlängerung der Ostförderung der Bundesregierung anstand. Nicht nur im Wirtschaftsministerium hat man erkannt, daß die Fördermilliarden verpuffen und andere Mittel greifen müssen, um den Aufschwung Ost wiederzubeleben. Die Aufhebung der Sonderabschreibungen und eine stärkere Konzentration auf die Investitionsförderung sind fraglos eine Verbesserung gegenüber der bisherigen Förderpraxis nach dem Gießkannenprinzip. Doch besteht Wirtschaftspolitik nur noch aus der Vergabe von Subventionen? Nicht nur im Westen, erst recht im Osten muß man diesen Eindruck gewinnen. Denn auf den Sozialismus ist dort Subventionismus gefolgt. Eine Basis für echte Wettbewerbsfähigkeit und selbsttragendes Wachstum fehlt dagegen noch immer.

An der Summe der Transfers kann es nicht liegen. Vielmehr scheint am ordnungspolitischen Rahmen etwas nicht zu stimmen. Eine nähere Betrachtung der Sozialen Marktwirtschaft, wie sie im Osten verwirklicht wurde, kann darüber Aufschluß geben. Mehr noch, sie wird zum Prüfstein dafür, wie wir es im Westen mit der Marktwirtschaft halten. Schließlich ist es das in den alten Ländern praktizierte System, das mit der Wirtschafts- und Währungsunion 1990 auf Ostdeutschland übertragen wurde. Im Osten entfaltet sich die Wirkung bundesdeutscher Wirtschaftspolitik wie im Zeitraffer, und die Ergebnisse sind dort wie unter einem Vergrößerungsglas zu besichtigen. Unversehens wird die Betrachtung der Situation in den neuen Ländern zu einer Diagnose der Gesamtbefindlichkeit unserer deutschen Bundesrepublik im Jahr 1997. Noch einmal: Die neuen Länder erweisen sich als der Schlüssel zu Deutschlands Zukunft. Wenn wir dort keine marktwirtschaftliche Lösung für die anstehenden Probleme finden, wird es uns für ganz Deutschland erst recht nicht gelingen.

## Die Transformations- und Aufbauphase

Ich möchte die Umgestaltung in den neuen Ländern in zwei Phasen einteilen. Die erste, die ich als Transformationsphase bezeichnen will, von der Wirtschafts- und Währungsunion im Juni 1990 bis etwa Ende 1992. In dieser Zeit wurden praktisch alle planwirtschaftlichen Strukturen aufgelöst und die Voraussetzungen für eine funktionierende Marktwirtschaft geschaffen. Darauf erfolgte eine zweite Phase, die ich Aufbauphase nennen will und die bis heute andauert. Hier muß das Ziel darin bestehen, das neue Wirtschaftssystem in Gang zu setzen und seine Eigendynamik zu wecken.
Die erste Phase, die Überwindung des sozialistischen Erbes, verlief äußerst erfolgreich. Ausschlaggebend dafür war die bewundernswerte Konsequenz, mit der Bundeskanzler Helmut Kohl die Wiedervereinigung verfochten und auf allen Ebenen von Staat und Gesellschaft für deren Umsetzung gesorgt hat. Ich sage dies mit voller Überzeugung und ungeachtet aller Kritik, die anderes

behaupten mag. Wenn man sich die Voraussetzungen des Übergangs vom Plan zum Markt in den neuen Ländern vergegenwärtigt, war die Wirtschafts- und Währungsunion die einzig richtige Lösung. Der Sozialismus im östlichen Teil Deutschlands wurde dadurch ebenso konsequent beseitigt, wie er praktiziert worden war, und dies in enorm kurzer Zeit.

Wesentlich dazu beigetragen hat die von der Regierung Modrow geschaffene Treuhandanstalt. Als spätere Privatisierungsagentur war sie das Instrument der Wahl, um schnell zur Umstellung zu gelangen. Es hätte sicherlich Möglichkeiten einer »sanften« Privatisierung gegeben, doch zu welchen Kosten und mit welchem Zeitverlust! Der im Einigungsvertrag erwartete Überschuß der Treuhandanstalt, den Bund und Altbundesländer sich hälftig teilen wollten, wäre mit Sicherheit auch dann nicht entstanden. Das beweisen die zahlreichen Fälle regional bedeutsamer Betriebe, die man vor der Stillegung bewahren wollte, teils durch Programme wie das sächsische ATLAS, teils durch die Treuhandanstalt selbst, als der politische Druck auf sie gegen Ende ihrer Tätigkeit immer mehr zunahm. Genutzt hat das in den meisten Fällen nichts. Vielmehr zeigt sich, daß »industrielle Kerne« trotz enormer Subventionen nicht dauerhaft am Leben erhalten werden können. Ein generelles Vorgehen in dieser Weise hätte zur Folge gehabt, daß wir noch heute mit der Transformation beschäftigt wären – vom finanziellen Aufwand ganz zu schweigen.

Bei unseren osteuropäischen Nachbarn ist ein solches schrittweises Vorgehen nicht ungewöhnlich, für Deutschland dagegen wäre es undenkbar gewesen. Das Verfahren, der Ablauf und die Geschwindigkeit der Privatisierung müssen sich stets an den wirtschaftlich-sozialen Gegebenheiten eines Landes orientieren. In der deutschen Sonderkonstellation einer Systemtransformation bei gleichzeitiger Verschmelzung mit einem wirtschaftlich potenten Wirtschaftsgebiet war ein Crashkurs für die neuen Länder vorgezeichnet. Der von der Bundesregierung gewählte Weg war unter diesen Bedingungen die optimale Lösung. Daran ändern auch »Schönheitsfehler« bei der Umsetzung nichts. In Ostdeutschland war es zwingend, den Transformationsprozeß so schnell wie möglich zu vollziehen, da der gemeinsame Markt keine ungleichen Wettbewerbsbedingungen zuließ. Die ungleiche Wettbewerbsfähigkeit wurde dadurch natürlich erst recht zum Problem. Das ist die Kehrseite der Medaille – ein Problem, das ich an späterer Stelle erörtern werde und bei dem man nach der richtigen Kompensation, dem richtigen Chancenausgleich fragen muß. Festzuhalten bleibt, daß es gelungen ist, den größten Teil der ostdeutschen Wirtschaft bis Ende 1992 zu entstaatlichen und die Basis für ein marktwirtschaftliches Durchstarten im Osten zu schaffen.

Um so mehr verwundert es, daß wir die Entwicklung im Osten bis heute hartnäckig und einmütig als ein Sonderproblem betrachten. Kann denn marktwirtschaftlicher Aufbau im Land des weltberühmten Wirtschaftswunders so ungewöhnlich sein? Oder versuchen wir auf diese Weise zu entschuldigen, daß wir den Wirtschaftsmotor im Osten nicht zum Laufen bringen? Fast scheint es so, als seien wir insgeheim von der friedlichen Koexistenz zweier marktwirtschaftlicher Spielarten überzeugt, einer west- und einer ostdeutschen. Ist denn in den neuen Ländern erst dann »richtig« Marktwirtschaft, wenn in allen Bereichen hundert Prozent Westniveau erreicht ist?

Das kann wohl niemand ernstlich behaupten. Marktwirtschaft ist da gegeben, wo Wettbewerb herrscht. Darum müssen wir uns endlich damit abfinden, daß die neuen Länder integraler Bestandteil des gesamtdeutschen, des europäischen und des globalen Marktes sind. Sie sind eine ganz normale Marktwirtschaft, und als solche müssen sie sich behaupten lernen.

Wir müssen die heutige Situation im Osten endlich als etwas Selbstverständliches akzeptieren. Die neuen Länder müssen sich noch weiterentwickeln, aber sie müssen sich weder umstellen – diese Phase liegt längst hinter ihnen –, noch »müssen« sie wie die alten Bundesländer werden oder irgendwelche »Westniveaus« erreichen. Der Osten ist weder ein Sonderproblem noch ein schlechtes Abziehbild des Westens. Er ist eine junge Marktwirtschaft mit strukturell schwierigen Ausgangsbedingungen. Er ist – mit wenigen Ausnahmen – Bestandteil der gesamtdeutschen Normalität, in der er seinen Weg finden muß. Gerade darin liegen die spannenden Herausforderungen und der Reiz. Denn der Osten wird dazu beitragen, daß viele der bislang selbstverständlichen Standards in Deutschland hinterfragt und verändert werden. Was soll der Sonderstatus also noch? Worauf warten wir? Auf ein neuerliches Wirtschaftswunder deutet derzeit nichts hin. Aufregende Neuansätze gar, die das Blatt unerwartet wenden könnten, sind weit und breit nicht erkennbar. Vielmehr hat die westgeprägte Normalität den Osten schon viel zu sehr eingeholt, als daß dies noch möglich wäre.

Genau hier sehe ich das Problem des Ostens. Nicht in seiner »Andersartigkeit«, sondern vielmehr in seiner allzu raschen Angleichung an das Vorbild der alten Bundesländer. Das gilt insbesondere für die Lebensverhältnisse im Osten, die den meisten Westdeutschen leider immer noch nicht aus eigener Anschauung bekannt sind. Sie wurden de facto auf ein Niveau gebracht, das sich problemlos innerhalb der Toleranzbreite des bundesdeutschen Wohlfahrtsstaates befindet. Für die Menschen war dies eine notwendige Kompensation für den Anpassungsschock der Wirtschafts- und Währungsunion. Für die Wirtschaft hingegen bedeutet es eine schwere Hypothek, die erst noch getilgt werden muß. Es mag uns darum ruhig stören, daß die neuen Länder wirtschaftlich erst auf der Stufe Portugals stehen. Aber kämen wir je auf die Idee, Portugal zum »Sondergebiet« zu erklären? Wir dürfen also nicht zwei Dinge durcheinanderwerfen: wirtschaftliche Leistungsfähigkeit und gesellschaftliches Anspruchsniveau. Das wesentliche Problem der ostdeutschen Wirtschaft liegt darin, daß diese beiden Elemente ständig gegeneinander ausgespielt werden, wobei die wirtschaftliche Seite meist den kürzeren zieht.

Müßten die neuen Länder von ihrer eigenen Wirtschaftsleistung leben, würde das selbst heute noch einen Verzicht auf rund ein Drittel der Inlandsnachfrage aus privatem Konsum, Investitionen und den vom Staat nachgefragten Leistungen bedeuten. Es zeigt sich ganz klar: Durch die hohen Transfers im Anschluß an die Wiedervereinigung konnte die unvorbereitete Systemumstellung im Osten »in Ruhe« vollzogen werden. Doch alles Weitere, echte Wettbewerbsfähigkeit etwa und gehobener Wohlstand, kann nicht erkauft werden. Das sind Aufgaben, die mit den nun verfügbaren marktwirtschaftlichen Mitteln gelöst werden müssen. Die neuen Länder haben diese Herausforderung für sich angenommen. Sie sind dabei, sich mühsam und gegen vielfältige Widerstände, auch aus dem Westen, ihre Stellung zu erkämpfen. Die Fortschritte mögen nicht berauschend erscheinen, sind aber vorhanden.

Was die noch bestehenden Ausnahmen von der Normalität anbelangt, so sind es nach meiner Kenntnis vor allem zwei, die im übrigen engstens miteinander zusammenhängen: der Solidarzuschlag zur Einkommensteuer, den alle Deutschen abführen, und der Länderfinanzausgleich. Die neuen Bundesländer wurden von ihren westdeutschen Bruderländern nicht gleichberechtigt in den Finanzausgleich aufgenommen. Aus diesem Grund wurde 1995 der Solidarzuschlag erneut eingeführt. Er ist also ein Zuschlag aus mangelnder Solidarität der alten Länder. Für mich ist nicht nachvollziehbar, wieso die neuen Bundesländer noch immer nicht gleichberechtigt in diesen elitären Club aufgenommen wurden. Wird die Wiedervereinigung in den westdeutschen Staatskanzleien als Bundesangelegenheit betrachtet? Warum gibt es aber dann keinen Solidarzuschlag für Bremen und das Saarland? Kurzum, diese beschämende Posse muß endlich ein Ende haben, ehe sich der Zwei-Klassen-Föderalismus als Dauerzustand in Deutschland verfestigt. Im gleichen Zuge ist der Solidarzuschlag vollständig abzuschaffen. Es ist nicht einzusehen, warum Steuerzahler in den neuen Ländern mit den Altländern solidarisch sein sollen, damit diese sich vor ihren elementarsten Pflichten im Bundesstaat drücken können.

Wir müssen in Deutschland zur Normalität im Verhältnis zwischen Ost und West gelangen! Der »Aufbau Ost«, die Umstellung vom Plan zum Markt, ist abgeschlossen. Alles Weitere hat mit Ostdeutschland nur noch als geographischer Bezeichnung zu tun. Etwas »Ostspezifisches« gibt es im Osten nicht mehr. Diese Einsicht ist die Voraussetzung dafür, daß die alte deutsche Selbstgefälligkeit einer neuen deutschen Dynamik Platz macht.

## Vom Subventionismus zur Sozialen Marktwirtschaft

Diese neue Dynamik ist unabdingbar für die schwierige zweite Phase des Aufbau Ost, in der es darum geht, in den neuen Ländern eine florierende Wirtschaft entstehen zu lassen. In dieser Phase, in der wir uns seit rund fünf Jahren befinden, gilt es, zwei Ziele zu erreichen, von denen das erste und vordringliche lautet, *selbsttragendes Wachstum* zu erzeugen, das ohne externe Unterstützung abläuft. Das zweite, darauf aufbauende Ziel besteht darin, Nachfrage und Wirtschaftsleistung der neuen Länder in Übereinstimmung zu bringen, also das *Leistungsbilanzgleichgewicht* herzustellen. Bildlich könnte man sagen, die neuen Länder müssen dahin kommen, ihren Lebensunterhalt selbst zu verdienen. Das sind die wirklichen, die marktwirtschaftlichen Herausforderungen, die es zu bewältigen gilt.

Warum gestaltet sich das offensichtlich so schwer? Wieso gelingt es den neuen Ländern trotz der massiven Unterstützung nicht, richtig Tritt zu fassen?

Die bisher unbefriedigenden Ergebnisse haben mit den Konzepten und Erwartungen zu tun, mit denen die neuen Länder an den Start in die Marktwirtschaft geschickt wurden. Eine Prämisse dabei war, daß sich die wirtschaftliche Erneuerung durch die Beseitigung des Sozialismus und die Einführung der Sozialen Marktwirtschaft quasi automatisch vollziehen würde. Diese Erwartung hat die Regisseure des Aufbau Ost gründlich getrogen. Die »Selbstheilungskräfte des Marktes« begannen nicht wie auf Bestellung, den privatisierten Osten von unsichtbarer Hand in Ordnung zu bringen. Vielmehr zeigte sich, daß der Markt keine von Staat und Gesellschaft unabhängige Größe darstellt. Wenn man – wie im Osten geschehen – das Niveau staatlicher Regulierung und sozialer Anforderungen vorauseilend hochschraubt, stranguliert dies zwangsläufig die hinterherhinkende Wirtschaft. Daran ändert auch der Versuch nichts, der Wirtschaft durch Subventionen an die Betriebe und Transferzahlungen an die Haushalte Belastungen »vorläufig« abzunehmen. Auf diese Weise sollte lediglich die Illusion entstehen, daß sich die Anpassung an den Westen im Gleichschritt mit der wirtschaftlichen Entwick-

lung vollziehe. Dieser Versuch, den Dingen vorzugreifen, mußte scheitern. Die Realität hat das imaginäre Vereinigungstheater gründlich auffliegen lassen.
Die Erfahrung in den neuen Ländern lehrt ganz klar, daß es keine politische Entscheidung ist, was man der Wirtschaft in welchem Entwicklungsstadium zumuten kann. Die Wirtschaft ist nicht Erfüllungsinstrument für politische Wohlfahrtsziele, sondern die Grundlage, an der sich gesellschaftlicher Wohlstand orientieren muß. Wenn man Produktivitätsgewinne sofort für Verteilungsziele abschöpft, wie bei der Tariflohnentwicklung im Osten, raubt man den Unternehmen jegliche Entwicklungsmöglichkeit. Der Wohlfahrtsstaat zerstört durch die permanente Überbeanspruchung seiner Ressourcen die eigene Existenzgrundlage.
In den neuen Ländern läßt sich das anschaulich beobachten. Sie gleichen einem jungen Gewichtheber, der zwei Klassen höher antreten muß, als es seiner Konstitution entspricht. Doch Trainer und Publikum können einfach nicht abwarten, bis der Sportler durch seine natürliche Entwicklung in die Schwergewichtsklasse hineinwächst, in der sein älterer Bruder antritt. Also bekommt der Jüngere spezielle Kraftnahrung mit Transferproteinen. Doch obwohl die Ration üppig ist, wird der arme Kerl unter der dauernden Überlast immer schwächer und verliert an Selbstvertrauen und Motivation. Einige Sportjournalisten mokieren sich inzwischen, daß hier ein klarer Fall von Doping vorliege, der schnellstens abgestellt werden müsse. Und auch das Hohe Wettkampfgericht in Brüssel genehmigt nur noch ausnahmsweise die Sonderverpflegung. Was also tun?
Der Osten mußte 1990 wirtschaftlich praktisch am Punkt Null beginnen. Schlimmer noch: Von Anfang an wurde versucht, durch Transfers und eine westorientierte Lohnpolitik künstlich ein Anspruchs- und Versorgungsniveau zu etablieren, das der wirtschaftlichen Leistungsfähigkeit der neuen Länder noch heute um mindestens zehn Jahre vorauseilt. Die Wirtschafts- und Währungsunion hat dies in gewissem Maße unausweichlich gemacht, um soziale Verwerfungen zu vermeiden. Zu dieser politischen Notwendigkeit bekenne ich mich ausdrücklich – allerdings nur bis Ende 1992. Die später erfolgten Einkommenserhöhungen

waren politisch überflüssig und ökonomisch unvertretbar. Die ostdeutsche Wirtschaft braucht deshalb jetzt eine Verschnaufpause von mehreren Jahren. Die beiden Etappenziele, selbsttragendes Wachstum und Leistungsbilanzgleichgewicht, werden um so eher erreicht, je weniger Belastungen den neuen Ländern auf dem Weg dorthin aufgeladen werden. Auf keinen Fall dürfen die Anforderungen noch weiter steigen. Zuvor muß die Balance zwischen Leistung und Belastung auf dem heutigen Niveau hergestellt werden. Noch besser wäre es freilich, ein paar Jahre kürzerzutreten, um dem Wachstum der Wirtschaftskraft zusätzlichen Spielraum zu geben.

Daß die Abläufe und Strukturen in Westdeutschland das Vorbild für die neuen Länder darstellen, war eine weitere Prämisse beim Aufbau Ost. Inzwischen sehen viele ein, daß die alte Bundesrepublik ein Wirtschafts- und Gesellschaftssystem ist, das seinen Zenit überschritten hat und selbst einer ungewissen Renaissance harrt. Dadurch ist zu erklären, daß die neuen Länder vom Methusalem-Syndrom befallen scheinen: Schon wenige Jahre nach ihrer erfolgreichen Wiedergeburt sind sie ein Opfer von Wachstumsproblemen, wie sie für reife, strukturell verfestigte Marktwirtschaften typisch sind. Die Ursache dafür liegt zum einen im Erhalt wachstumsschwacher Altindustrien, denen der Löwenanteil der Treuhandmittel zugeflossen ist, zum anderen im Fehlen innovativer Ansätze, die den neuen Ländern nachhaltige Standortvorteile gesichert hätten. Die Tabula rasa der Transformation wurde nicht als Chance für Deregulierung und Erneuerung genutzt; statt dessen sollte der Osten erst einmal so werden wie der Westen. Ein riesiger Umweg, wie sich heute zeigt.

In den alten Ländern sind inzwischen zaghafte Versuche zu beobachten, ihre aufgestauten Defizite zu überwinden. Bei diesem Strukturwandel sind ihnen die neuen Länder in mancher Hinsicht voraus. Um nur ein Beispiel zu nennen, haben sich einige Branchenprobleme durch den Zusammenbruch im Osten längst erledigt, während man im Westen immer noch nicht den Mut zu einer Bereinigung aufbringt. Die neuen Länder wären weiter als bisher, wäre statt einer rückwärtsgewandten Industriepolitik die Entwicklung eigener, innovativer Ansätze forciert worden. Doch einem solchen Experiment wurde das vermeintlich sichere und überlegene Vorbild des Westens als Zukunftsentwurf vorgezogen. Keine Kosten und Mühen wurden gescheut, um die bundesdeutsche Wohlstandsgesellschaft im Osten originalgetreu zu reproduzieren. Doch ohne die Bereitschaft zu erheblichen Risiken ist kein Neubeginn möglich – in den neuen Ländern ebensowenig wie in den alten.

Der bundesdeutsche Wohlfahrtsstaat hat sich überlebt. Wer dies nicht wahrhaben will, überzeuge sich davon, wieviel Dynamik er in den neuen Ländern zu wecken vermag. Das bundesdeutsche Modell war und ist für die neuen Länder ungeeignet und für die alten nicht mehr durchzuhalten. Es ist Zeit für einen gemeinsamen Neubeginn.

Zuvor aber sollten wir uns vollständig von dem Ziel einer weiteren »Ost-West-Anpassung« verabschieden. Dieses Anpassungsparadigma ist die tiefere Ursache für die beobachtbare Stagnation im Osten. Man hat es dort nicht an materieller Unterstützung fehlen lassen, sondern an Mut und Ermutigung dazu, eigene Wege zu beschreiten. Diese können aufgrund der völlig andersartigen Ausgangssituation gar nicht mit denen des Westens identisch sein. Aber es wäre nicht verwunderlich, wenn viele dieser Wege für das *gemeinsame* Deutschland gangbar wären.

## Im Osten nichts Neues?

Die Perspektive der neuen Länder hätte gerade darin gelegen, sich nicht anpassen zu müssen. Der Osten braucht kein falsch verstandenes Mitleid, keine unkonditionierten Dauersubventionen, sondern eine echte Chance. Das gilt – in eingeschränktem Maße – selbst heute noch, obwohl viele Möglichkeiten zu partiellen Neuansätzen mit späterer Breitenwirkung vergeben wurden.

Eine solche Chance hätte beispielsweise in einem Sondertarifgebiet gelegen. Statt der Zwangsvorstellung einer hundertprozentigen Anpassung der Löhne an Westniveau hätte eine stärker produktivitätsorientierte Lohnpolitik verfolgt werden können. Was wäre dann passiert? Wären alle Ostdeutschen zum Arbeiten in den

Westen gekommen? Angesichts der westdeutschen Arbeitslosenzahl keine sehr überzeugende Vision. Das Übersiedlerproblem war im Grunde schon vor der Wiedervereinigung gelöst, nämlich mit der Wirtschafts- und Währungsunion vom Juli 1990. Aber, so das nächste Argument, die soziale Ungerechtigkeit zwischen Ost und West, die Ostdeutschen als Arbeitnehmer zweiter Klasse. Und die Alternative? Arbeitslose erster Klasse!
All diese und ähnliche Argumente versuchen über das wahre Problem hinwegzutäuschen, an dem eine zweigleisige Lohnpolitik in Deutschland bislang gescheitert ist, nämlich einerseits an der Furcht der Gewerkschaften vor Einkommenseinbußen der westdeutschen Beschäftigten und zum anderen an der Abwehr einer inländischen »Billigkonkurrenz« durch die westdeutschen Arbeitgeberverbände.
Mit großer Wahrscheinlichkeit wäre im Osten nämlich folgendes passiert: Das Tariflohnniveau hätte sich von Anfang an dort eingependelt, wo es sich de facto derzeit wieder befindet. Das ist natürlich nicht der offiziell vereinbarte Tariflohn, den nur eine Minderheit der ostdeutschen Betriebe zahlen kann, sondern ein niedrigerer, marktkonformer und beschäftigungssichernder Lohn, den jeder Betrieb mit seiner Belegschaft individuell vereinbart. Aufgrund der günstigeren Arbeitskosten können die ostdeutschen Betriebe ihre Modernisierung, Produktentwicklung, Markterschließung etc. finanzieren – alles Vorleistungen, die sich erst in späteren Jahren in Gewinnen und höheren Löhnen niederschlagen werden. Die Ostfirmen können so wettbewerbsfähige Produkte auf den deutschen und internationalen Märkten lancieren. Viele Investoren kommen wegen der günstigen Rahmenbedingungen in die neuen Länder. Mit dem wachsenden Erfolg dieser Strategie steigt die Nachfrage nach Arbeitskräften aller Art, besonders im Bereich höherer Qualifikationen. Erste Verknappungen lassen die Löhne ansteigen, ein Zustrom aus dem Westen setzt ein. Dort verläuft der Arbeitsmarkttrend unvermindert negativ, die Realeinkommen stagnieren. Nach zehn Jahren hat eine vollkommene Angleichung der Einkommensniveaus in den meisten Berufsgruppen stattgefunden. Die neuen Länder werden nun, gemäß einer Vereinbarung zwischen Gewerkschaften, Arbeitgeberverbänden

und der Regierung, in ein bundeseinheitliches Flächentarifsystem eingegliedert, das gegenüber dem überkommenen System wesentlich größere Flexibilität bietet. Der Sonderweg in den neuen Ländern, der von den Gewerkschaften mitgegangen und eingehend ausgewertet wurde, hat eine Fülle von Erfahrungen mit neuen Entgelt- und Arbeitszeitmodellen erbracht, die international Beachtung finden. Ganz Deutschland hat durch eine anhaltende Phase geringer Einkommenszuwächse einen seit der Nachkriegszeit nicht dagewesenen Investitionsboom erfahren, der vor allem in hochmoderne Informations- und Fertigungstechnologien geflossen ist. Gerade in den neuen Berufsbildern sind Arbeitskräfte knapp, spezielle Ausbildungs- und Umschulungsmaßnahmen laufen auf Hochtouren.
Ist dieses Gedankenspiel nur eine schöne Utopie?
Mitnichten, das zeigt ein Blick in die USA, deren atemberaubender Aufschwung in den letzten fünf Jahren sich nicht mit dem Verweis auf Billigjobs abtun läßt. (Im übrigen wären auch bei uns viele Zuwanderer froh, würden wir ihnen solche Arbeitsplätze anbieten.) Der amerikanische Aufschwung ist vielmehr getragen von Investitionen. Das allein zeichnet ihn als Ausnahmephänomen in der Wirtschaftsgeschichte aus; denn zumeist ist es die private Nachfrage, die als Konjunkturmotor fungiert. Im aktuellen Fall wird der Aufschwung aber von einer Ausweitung der Produktionskapazität getragen. Das ermöglicht ein Wachstum der Wirtschaft, ohne daß damit ein starker Inflationsdruck erzeugt wird. Nur so ist zu erklären, daß die amerikanische Wirtschaft seit fünf Jahren kontinuierlich wächst und daß dieses Wachstum wohl noch einige Jahre anhalten wird.
Noch etwas kommt hinzu: Die Investitionen des laufenden Konjunkturzyklus sind vor allem in die informationstechnische Industrie der USA geflossen. Die amerikanische Wirtschaft ist dadurch wie keine andere auf die globale Informationsgesellschaft vorbereitet. Sie verfügt über eine hochmoderne Kapitalausstattung in Produktion und Anwendung sowie über die Menschen, die für die neuen Technologien qualifiziert sind.
Das ist also keineswegs nur eine schöne Utopie! Die Amerikaner haben in den achtziger Jahren ein tiefes Tal der Tränen durch-

schritten und eine Situation durchlaufen, wie die Bundesrepublik sie bis in die sechziger Jahre erlebt hat: gesamtwirtschaftlicher Konsumverzicht zugunsten von Investitionen. Belohnt werden sie nun durch ein Wirtschaftswunder, von dem wir Deutschen leider nur träumen können.

Es liegt mir fern, eine solche angebotsorientierte Politik zum Allheilmittel zu erklären. Das wäre ebenso falsch, wie umgekehrt der Nachfragepolitik unkritisch das Wort zu reden. In der heutigen weltwirtschaftlichen Lage an der Schwelle zum 21. Jahrhundert ist die angebotsorientierte Strategie jedoch zweifelsfrei die richtige Wahl. Nur durch Investitionen, durch den Verzicht und das Wagnis, das sie erfordern, kann die Krise gemeistert werden. Wer heute nicht offensiv in neue Märkte investiert, die nahezu weltweit entstehen, und nicht in neue Technologien, von denen die nächsten Dekaden unweigerlich geprägt sein werden, wird mindestens eine Generation warten müssen, ehe er eine zweite Chance erhält.

Die neuen Bundesländer sind ein Paradebeispiel für eine Situation, in der eine angebotsorientierte Strategie vonnöten ist. Wo, wenn nicht dort, ist ein neuer Produktionsapparat aufzubauen? Wo sonst sind alle Produktionsfaktoren außer Kapital im Überfluß vorhanden?

Ich will noch ein weiteres Beispiel für die Möglichkeit und Notwendigkeit eines Sonderweges Ost nennen, der sich nicht am westdeutschen Vorbild orientiert hätte, sondern statt mechanischer Anpassung einen fruchtbaren Systemwettbewerb hervorgebracht hätte: In einem Vortrag vor Jenaer Studenten hat Wolfgang Schäuble über die Harmonisierung der Rechtssysteme im Zuge der Wiedervereinigung referiert. Sein Vorschlag lautete, grundsätzlich alle DDR-Normen fortgelten zu lassen, die mit dem Grundgesetz vereinbar gewesen wären. Nur wo dies nicht der Fall war, sollten – sozusagen als Ausnahme von der Regel – westdeutsche Normen in den neuen Ländern eingeführt werden. Dadurch wäre es möglich geworden, unterschiedliche Regelungen miteinander zu vergleichen und die bessere später für ganz Deutschland verbindlich zu machen bzw. aufgrund dieser Erfahrungen gänzlich neue Gesetze zu schaffen. Bekanntlich konnte

Schäuble sich mit diesem Gedanken nicht durchsetzen – schade! Hierin hätte eine große Chance für Deutschland gelegen. Denn zum einen hätte ein echter Wettbewerb um die besten Lösungen eingesetzt, zum anderen wäre den Menschen in Ostdeutschland die Entwertung ihrer Erfahrungen zu einem großen Teil erspart geblieben. Statt westlicher Superiorität ein faires Ringen um die richtigen Strukturen für die gemeinsame Zukunft – das wäre dem Projekt Deutsche Einheit angemessen gewesen. Statt dessen: Verwaltungshelfer, Buschzulage, Verbeamtung. Dabei war damals schon klar, daß für die westdeutsche Verwaltung eine große Reform auf allen Ebenen ansteht. Statt die neuen Länder mit ihren Erfahrungen sogleich in den allgemeinen Reformprozeß einzubeziehen, hat man deren Verwaltung erst einmal nach den alten Schemata »gangbar« gemacht. Das Ergebnis ist eine »neue« Verwaltung im Osten, die schon heute dringend reformbedürftig ist.

Mit diesen zwei Beispielen will ich deutlich machen, daß wir mehr Wettbewerb in Deutschland zulassen müssen – auch auf die Gefahr hin, daß dann mit einem Mal der Westen ein Problem hat. Der Verfall der dort etablierten Systeme und Strukturen ist durch den Aufbruch im Osten ohnehin beschleunigt worden. Mithin muß sich nicht nur der Osten anpassen. Er hat vielmehr als erster die Chance, seine Probleme tatsächlich zu lösen und dabei eine ungeheure Dynamik in Deutschland zu entfachen.

Warum ist nach der friedlichen Revolution in der DDR dennoch so wenig Revolutionäres geschehen? Die Solidarität der alten mit den neuen Ländern hat Eigendynamik überflüssig gemacht, wenn nicht gar verhindert. Durch die Übertragung seiner Systeme und Regelungen ist der Westen einer offenen Umgestaltung zuvorgekommen. Aus diesem Grund motiviert diese Solidarität so wenig zu Kampf und Aufbruch, sondern viel mehr zu Anpassung und Abwarten. Sie ist eine Prämie der alten Bundesrepublik für den Verzicht auf Wettbewerb aus dem Osten, eine deutsch-deutsche »Stillhalteprämie«.

## Braucht der Osten mehr Solidarität?

Falls Krieg im sprichwörtlichen Sinne der Vater aller Dinge ist, gilt dies auch für den Wettbewerb. Er ist das »Entdeckungsprinzip«, das schon Walter Eucken zu den Grundlagen jeder Marktwirtschaft zählte. Innerdeutsch darf er aber nicht stattfinden. Das ist ein Grund dafür, daß die Einheit bislang eine auch emotional sterile Veranstaltung geblieben ist. Statt dessen wurde für den Osten ein »Gemeinschaftswerk« begründet und ein großer Akt nationaler Solidarität in Szene gesetzt, den ich nun etwas näher betrachten möchte.

Solidarität ist eine Lieblingsvokabel der öffentlichen Diskussion in Deutschland, in der sich die gesamte Misere unseres gesellschaftspolitischen Denkens widerspiegelt. Mit kaum einem Begriff – der ohnehin schillernd und mißverständlich ist – wird mehr Schindluder getrieben. Das Problem liegt darin, daß Solidarität allzuoft zum Ersatz für die notwendige Anpassung an harte Realitäten wird. Das aber vermag Solidarität nicht zu leisten. Sie kann nur ein Beitrag sein, mit der Realität besser zurechtzukommen.

So verhält es sich auch bei den neuen Ländern. Der Osten wäre mit wesentlich weniger Solidarleistung zurechtgekommen, hätte man ihm nicht so vieles ersparen und zugleich zumuten wollen. Statt im Handumdrehen einem Westen gleich zu werden, der ihm gar nicht Vorbild sein kann, hätte der Osten mehr Freiheiten und Chancen erhalten müssen. Doch die gab es für ihn nicht, weil es sie auch im Westen nicht gibt.

Es ist ohnehin fragwürdig, von Solidarität zu sprechen, da die Staatsverschuldung seit 1989 um gerade den Betrag angewachsen ist, der als Ausgaben für die neuen Länder vom Finanzministerium genannt wird. Ich glaube jedenfalls nicht, daß die Westdeutschen aus purem Altruismus diese Schulden ganz alleine zurückzahlen werden, ebensowenig, wie sie alleine den Solidarzuschlag zahlen. Die Ostdeutschen dürfen also mit Fug und Recht behaupten, daß sie mit den neuen Bundesländern ebenso solidarisch sind wie ihre westdeutschen Landsleute. Mit der vielbeschworenen Solidarität ist es so weit also nicht her.

Vielmehr zeigt sich einmal mehr: Wenn in Deutschland von Solidarität die Rede ist, ist in Wahrheit immer der Staat gemeint. Die westdeutsche Individualgesellschaft lebt nach dem Motto: Ich kümmere mich um mich selbst, und für den Rest ist die Allgemeinheit zuständig. Der Aufstieg der Bundesrepublik Deutschland nach dem Zweiten Weltkrieg hat zu einer im doppelten Sinne egalitären Gesellschaft geführt. Mit der Gleichheit hat auch die Gleichgültigkeit zugenommen. Gerade der beispiellose Ausbau der staatlichen Fürsorgesysteme hat der Entsolidarisierung der Gesellschaft den Weg bereitet. Anders gesagt: je sozialer der Staat, desto unsolidarischer die Gesellschaft.
Der Aufbau Ost hat erneut deutlich gemacht, daß uns nicht nur richtig verstandene Solidarität fehlt, sondern vor allem Subsidiarität, also der Vorrang von Selbsthilfe, Eigenverantwortung und Eigeninitiative vor fremder Hilfe. Wir Deutschen müssen lernen, uns selbst zu helfen. Wir alle sind, ob ost- oder westgeprägt, einen Fürsorgestaat gewohnt. Nicht nur in der DDR zeigte sich, daß die wirtschaftlichen und mentalitätsmäßigen Folgen ruinös sind. Deshalb sollte die Gesellschaft sich erst einschalten, wo Eigeninitiative versagt. Und selbst dann muß die Hilfe zur Selbsthilfe Vorrang vor der bloßen Versorgung haben. Denn jede Hilfe bedeutet eine Beschneidung der Entscheidungsfreiheit desjenigen, der sie in Anspruch nimmt. Der Umgang mit den neuen Ländern ist ein beredtes Beispiel dafür. Nicht wenige Ostdeutsche fühlen sich durch die doch so gutgemeinte Einflußnahme aus dem Westen bevormundet. Dort wiederum reagiert man gekränkt auf den Widerspruch der »undankbaren« Ostdeutschen. Warum begreifen wir das nicht ganz nüchtern? Fürsorge beinhaltet stets ein gewisses Maß der Entmündigung. Darum muß Subsidiarität Vorrang genießen vor Solidarität. Der Osten braucht mehr Chancen, nicht mehr Hilfe!
Ich hoffe für Deutschland, daß die neuen Bundesländer sich diese Chancen nehmen und ihren Weg gehen werden. Die Aussichten dafür sind nicht schlecht. Wo auch, wenn nicht hier, ist der Zwang zum Neuanfang größer? Zudem haben die Ostdeutschen nicht nur materiell, sondern auch mental die Herausforderung angenommen. Sie haben es satt, zum Kostgänger der Altbundes-

länder gestempelt zu werden und ihnen gegenüber doch immer zweiter Sieger bleiben zu müssen. Sie wollen den Wettbewerb, auch innerdeutsch. Die Systemkonkurrenz, die zu DDR-Zeiten nie wirklich eine war, kann vielleicht bald auf ganz andere Weise Wirklichkeit werden: als Wettbewerb zwischen einer träge-apologetischen Westgesellschaft und einer aggressiv-ambitionierten Ostgesellschaft. Der Osten ist heute eine Art »Minenhund« des Westens, er muß sich mit den Problemen auseinandersetzen, die auch dort kaum mehr unter dem Teppich zu halten sind. Realer Lohnstopp, Arbeitslosenquoten regional bis zu 25 Prozent, versiegende Steueraufkommen, leere öffentliche Kassen bei Ländern und Kommunen, Zusammenbruch von Altindustrien, um nur einiges zu nennen. In den neuen Ländern kann man besichtigen, wohin die Reise geht, wenn wir uns nicht zusammenreißen.
Zweifellos bedürften die neuen Länder der Mithilfe durch den Bund und die alten Länder, jedoch in weitaus geringerem Maße als bisher. Bund und Altländer sollen sich keinen Illusionen über ihre Fähigkeit hingeben, die bisherige Form der Fürsorge-Solidarität noch lange aufrechterhalten zu können. Die staatlichen Verteilungsspielräume sinken überall, doch die unternehmerischen Handlungs- und Gestaltungsspielräume werden nicht gleichzeitig größer. Das ist der Grund für die fatale Stagnation in Deutschland, wie ich es anhand der Tarifpolitik bereits deutlich gemacht habe. Im Grunde ist ein erheblicher Teil der Arbeitsmarktpolitik nichts anderes als Subvention einer irregeleiteten Tarifpolitik, die nicht zuletzt der Sicherung des westdeutschen Tarifniveaus dient. Auf Kosten der sozialen Sicherungssysteme wurden Arbeitslose durch Orientierung an diesem Lohnniveau produziert, ohne das Produktivitätsniveau West, das mehr als doppelt so hoch ist, auch nur ins Kalkül zu ziehen. Die Zeche wird bei den übergeordneten Solidarsystemen abgeladen. Durch diese Form egoistischer Ausbeutung kollektiver Errungenschaften unter dem Banner der »Solidarität« werden die sozialen Sicherungssysteme in eine tiefe Finanz- und Vertrauenskrise gesteuert und der wachsenden öffentlichen Diskreditierung preisgegeben. Zudem entsteht durch diese Politik kein zusätzlicher Arbeitsplatz in Deutschland.

Ein solches Leben über den eigenen Verhältnissen rächt sich. Die Reserven der Solidargemeinschaft sind nicht unerschöpflich – weder materiell noch ideell! Die Formel könnte lauten: Wer immer mehr individuellen Wohlstand will, muß immer mehr davon abgeben. Denn bei der derzeitigen wirtschaftlichen Verfassung Deutschlands kann die Umverteilung nur ein Nullsummenspiel sein (und bezieht man die Staatsverschuldung ein, muß man von einem Negativsummenspiel zu Lasten kommender Generationen sprechen). Nur durch erneutes Wachstum können auf lange Sicht wieder echte Einkommens- und Verteilungsspielräume geschaffen werden. Gerade in den neuen Ländern ist in schlagender Deutlichkeit zu erkennen, daß die Gewerkschaften im Verein mit den Arbeitgeberverbänden in den letzten Jahren einen Pyrrhussieg nach dem anderen für die Arbeitnehmer erringen. Aus volkswirtschaftlicher Sicht liegt hier ein klassischer Fall von »moral hazard« vor: Der individuelle Nutzen einer Handlung wird maximiert, indem ihre schädlichen Nebenfolgen kollektiviert werden. Nicht nur die Arbeitslosen sind die Leidtragenden, sondern ebenso alle Zahler von Sozialversicherungsbeiträgen, deren Höhe ständig steigt. Und das sind in erster Linie die Arbeitnehmer, deren Bruttoeinkommen zwar aufgrund einer unerklärlichen Gesetzmäßigkeit jährlich wachsen muß, deren Netto aber gleichzeitig stagniert oder sogar von Schwindsucht ergriffen wird.

Zudem ist die Zeche, die unter dem Deckmantel »Aufbau Ost« gemacht wurde, so groß, daß sie von dieser Generation schon gar nicht mehr bezahlt werden kann. Vermutlich wird rund die Hälfte davon in Form öffentlicher Schulden, leerer Rentenkassen und ungelöster Strukturprobleme auf die nächste Generation überwälzt, deren Chance derzeit nur darin liegt zu erben, was sie sich unter den heutigen Rahmenbedingungen in Deutschland durch Leistung nie schaffen könnte. Man darf gespannt sein, wie lange die junge Generation in ganz Deutschland dieses Modell noch mitträgt. Gerade ihre Chance liegt in einem Aufbruch der neuen Länder. Indem der Osten seine Defizite durch seine höhere Leistungs- und Verzichtsbereitschaft ausgleicht, stößt er für Deutschland die Tür zu neuer Dynamik auf. Die

Chance des Westens besteht darin, durch gleiches Handeln mitzuziehen. *Das* ist die Solidarität, die wir in den neuen Ländern brauchen und von Westdeutschland erwarten. Denn unsere wirkliche Konkurrenz sitzt nicht in Deutschland, sondern in Europa und der Welt.
Die neuen Länder werden Deutschland ein Beispiel sein. Ob ein abschreckendes oder ein leuchtendes, hängt von den künftigen Weichenstellungen für unser Land insgesamt ab. *Ganz* Deutschland muß ein neues Land werden! Die 1983 angekündigte Wende hat 1989 tatsächlich stattgefunden, wenngleich nicht geistig-moralisch, sondern praktisch-gesellschaftlich. Deutschland ist seit der Wiedervereinigung auf dem Weg zu einer anderen Gesellschaft – einer erneuerten oder einer absteigenden. Das liegt in unserer Hand. Doch unabdingbar für einen gemeinsamen Weg in die Zukunft sind klare Ziele und eine gemeinsame Überzeugung.

## Aktive Selbsthilfe

Die Deutschen waren weder auf die Wiedervereinigung noch auf die sozialen und wirtschaftlichen Veränderungen in deren Gefolge eingestellt. Nun hat sich der Traum des geeinten Deutschland erfüllt, doch die Nation ist ernüchtert, die Euphorie ist den harten Realitäten gewichen. Viele haben sich vielleicht gewundert, daß die Einheit zunächst so gänzlich ohne spürbare Veränderungen vonstatten ging, manche waren sogar darüber enttäuscht. Natürlich war niemand böse, daß der »Soli« schon Mitte 1992 wieder abgeschafft wurde. Die Politik hat versucht, das Unternehmen Deutsche Einheit für beide Seiten so gut wie möglich zu »pampern«, doch so ist die Einheit nicht zu gewinnen, weder wirtschaftlich und sozial noch geistig.
Zumal für Westdeutschland war es zweifellos schwierig, auf ein Thema einzusteigen, bei dem der einzelne plötzlich hinter der Gesellschaft zurückstehen und Opfer für sie bringen soll. Doch gerade weil die Sache so ernst ist, müssen wir frohen Mutes an die Arbeit gehen. Dazu reicht es nicht, daß Ost- und Westdeut-

sche sich gelegentlich auf Mallorca begegnen. Dazu reicht es auch nicht, daß man monatlich ein paar hundert Mark Solizuschlag entrichtet und wegen der Sonderabschreibung vielleicht sogar eine Eigentumswohnung an einem unbekannten Ort im Osten besitzt, aber das Interesse an Ostdeutschland damit sein Bewenden hat.

Daß die Wiedervereinigung heute in tristem Alltagsgrau betrachtet, ja mitunter als Belastung empfunden wird, verweist auf Probleme unserer Gesellschaft, die weitaus tiefere Wurzeln haben. Es geht um unsere Einstellung zur Zukunft. Die Erfahrung der Einheit – die Strategie und ihre Ergebnisse – ist symptomatisch für ein Land, das in der Gegenwart gefangen ist, weil es die Zukunft als Bedrohung wahrnimmt. Diese mentale Sperre ist nicht durch die vielbeschworene Solidarität zu überwinden, sondern nur durch Eigenverantwortung und Risikobereitschaft.

Ich sehe sehr wohl ein, wie schwierig ein solches Umdenken in einer im Grunde gesättigten Wohlstandsgesellschaft wie der deutschen ist. Es fehlt an der langfristigen Perspektive, die den Verzicht auf Gegenwartskonsum zugunsten von Investitionen ermöglicht, die sich erst in fernerer Zukunft auszahlen. Für die Nachkriegsgeneration war klar, daß sie es »einmal besser haben« wollte; wenn schon nicht sie selbst, dann die Kinder. Heute ist es anders. Wozu warten? Worauf? Konsumchancen gibt es zur Genüge. Die Verzichtsbereitschaft ist daher denkbar gering, selbst wenn es zusehends an Einkommenschancen mangelt. Doch dieser neue Hedonismus wird schon brüchig, kaum daß er sich entfalten konnte. Erst platzt die Wiedervereinigung wie ein Regiefehler in eine Gesellschaft, die gerade begonnen hatte, sich an ihren Wohlstand zu gewöhnen. Dann kommen wachsende wirtschaftliche Schwierigkeiten im internationalen Wettbewerb hinzu. Und nun führen fehlende Lösungen für diese beiden Problemkreise zu einer Eskalation der sozialen Folgelasten.

Eine Abkehr von dieser apokalyptischen Reise setzt jedoch voraus, daß man dem einzelnen, den Unternehmen und den großen Verbänden, allen voran den Tarifparteien, mehr Gestaltungs- und Entscheidungsfreiheit einräumt, ja zumutet. Was wäre passiert, wäre ein Sondertarifgebiet Ost mit der Freiheit betriebsbezogener Tarifflexibilität als befristete Übergangsregelung eingeführt worden? Dann wäre im »schlimmsten« Falle das Tarifkartell im Westen zusammengebrochen. Nun ist genau das im Osten eingetreten, wenngleich es offiziell nicht eingestanden wird. Die Tarifvereinbarungen im Osten sind längst »virtual reality«. Die Mehrzahl der ostdeutschen Betriebe hat sich vom Flächentarif verabschiedet, um ihr Überleben zu sichern. *Das* ist aktive, subsidiäre Selbsthilfe!

Aus meiner Sicht dient ein Unternehmen, das Löhne vereinbart, die es tatsächlich zahlen kann, der Volkswirtschaft mehr als ein Betrieb, der seine Beschäftigten mit Spitzengehältern in die Arbeitslosigkeit entläßt oder die Hand nach Subventionen aufhält, die letztlich nur dazu dienen, die überhöhten Löhne zu stützen. Jeder, der sich selbst hilft, statt sich vom Staat helfen zu lassen, tut diesem Land einen Dienst. Zugleich verbessert er seine eigenen Chancen im Wettbewerb und schafft die Basis für seinen langfristigen Erfolg. Dies gilt nicht nur für die Unternehmen, sondern ebenso für die Arbeitnehmer. Wer seinen Arbeitsplatz zu verlieren droht, handelt unter Umständen richtig, auf mehr Lohn oder sogar einen Teil seines bisherigen Einkommens zu verzichten. Warum sollte das, was die VW-Arbeiter bei der Vier-Tage-Woche kollektiv füreinander getan haben, nicht jeder einzelne für sich tun – ohne Kollektiv? Es lohnt sich für ihn immer dann, wenn er nicht leicht eine neue Stellung findet, weil er beispielsweise über keine stark nachgefragte Qualifikation verfügt, weil er nicht bereit ist, andere oder zusätzliche Aufgaben zu übernehmen, oder weil er an seinen Wohnort gebunden ist. Die Lohnhöhe ist keine Frage der subjektiven Ansprüche oder der gewerkschaftlichen Ehre, sondern hängt von der realen Leistungsfähigkeit von Unternehmen und Beschäftigten ab. Für beide Seiten muß das Hauptziel im Vordergrund stehen, mit ihren Möglichkeiten und Grenzen im Rennen zu bleiben, bis die Spielräume wieder wachsen. In den neuen Ländern sind wir auf dem Weg, dies zu erkennen und im Wettbewerb zu nutzen.

Selbstverständlich gibt es dabei soziale Grenzen, doch sind diese in Deutschland bisher eher zu eng als zu weit gezogen. Solange

Arbeitslosigkeit auch nur zeitweilig als Alternative zu begrenzten Einkommenseinbußen oder erhöhten Anforderungen am Arbeitsplatz in Frage kommt, ist die Grenze des sozial Vertretbaren nicht überschritten. Arbeitslosigkeit ist schlimm, doch noch schlimmer ist das Bemühen des Wohlfahrtsstaates, diesen Zustand erträglich zu gestalten. Arbeitslosigkeit ist unerträglich, so muß sie auch empfunden werden, nicht nur von den Betroffenen, sondern auch von den Tarifparteien und der Politik, die durch ihr Handeln die Situation auf dem Arbeitsmarkt maßgeblich bestimmen. Angesichts einer inoffiziellen Arbeitslosenziffer von über sechs Millionen Menschen werden bei vielen Deutschen ungute Assoziationen wach. Der Umstand, daß eine derart hohe Arbeitslosigkeit nicht annähernd zu den sozialen Spannungen wie vor siebzig Jahren führt, liegt natürlich im wesentlichen daran, daß wir dies durch Sozialleistungen abpuffern können. Das minimiert die sozialen und politischen Spannungen, doch andererseits wiegt es Politik und Tarifparteien in einer gefährlichen Sicherheit.

Deutschland steht vor der Herausforderung, einschneidende Maßnahmen zu ergreifen, ehe die Krise ein bedrohliches Ausmaß annimmt und tatsächlich der Marsch in eine andere Gesellschaft beginnt, wie er von Klaus Zwickel in sträflicher Leichtfertigkeit immer wieder heraufbeschworen wird. Eine solche Entwicklung wird nicht einsetzen, wenn die erforderlichen harten Maßnahmen vorgenommen werden; sie wäre vielmehr das Resultat einer Fortsetzung der bisherigen Politik maximaler Ansprüche und der Kannibalisierung zwischen den sozialen Gruppen und den Altersgenerationen.

Es würde mich übrigens nicht wundern, wenn der Osten sich gegenüber den Anfechtungen radikaler politischer Gruppen dann resistenter erwiese als der Westen. Gewiß hat die PDS als Milieu- und Protestpartei noch auf einige Jahre hinaus Bedeutung, doch gibt es eine klare Mehrheit dafür, sich im freiheitlichen System durchzuboxen und sich zu behaupten. Wenn die Bereitschaft zum Verzicht in Deutschland vorgelebt wird, dann in den neuen Ländern. Die Ostdeutschen tragen so das Ihrige dazu bei, sich eine Ausgangsbasis für die Zukunft zu schaffen. Dieser Verzicht wird sich in einigen Jahren auszahlen, und ich hoffe, daß wir dann keine neuerliche Neiddiskussion in den alten Ländern bekommen.

## Wachstum durch Wettbewerb

Die Wiedervereinigung ist lediglich das deutsche Vorspiel zu einem weitaus mächtigeren Stück mit den Sätzen Europa, Triade, globaler Markt. Viele unserer Nachbarländer haben das erkannt und längst die Konsequenzen daraus gezogen. Allen voran Großbritannien, das mit großer, vielleicht übertriebener Härte die Strukturen der Vergangenheit abgeschüttelt hat, Schweden, das sein »Volksheim« zu den Akten legte, oder die Niederlande, die ihren Arbeitsmarkt radikal flexibilisiert haben. All diese Länder befinden sich heute auf einem gesunden Weg. Selbst ein Land wie Portugal vermochte seine Wirtschaft in den letzten Jahren mit atemberaubendem Tempo auf Vordermann zu bringen und wird inzwischen als Gründungsmitglied der Europäischen Währungsunion gehandelt.

Ob die Währungsunion nun kommt oder nicht, diese Staaten haben enorme Fortschritte in ihrer Wettbewerbsfähigkeit gemacht; ihre Bürger blicken heute mit Zuversicht in die europäische und globale Zukunft. Nicht so der Musterknabe Deutschland. In völliger Verkennung der Tatsachen schieben wir unsere hausgemachte Misere auf den Euro, gerade so, als wäre das von uns verfolgte Ziel, eine stabile europäische Währung, von anderen erfunden worden, um uns vorzuführen. Eine der reichsten Nationen der Welt findet es unerträglich, welche Entbehrungen sie verkraften muß, nur um sich für den Euro zu qualifizieren. Kann das unser Ernst sein? In der gegenwärtigen Situation sollten wir dankbar sein für den Zuchtmeister Euro. Kann man sich doch unschwer ausmalen, welchen weiteren Entgleisungen die deutsche Finanzpolitik verfiele, hätte der Finanzminister nicht das Argument der Währungsunion, um messianische Steuersenker und notorische Sozialausgabenerhöher gleichermaßen in Schach zu halten. Erst recht nehmen sich unsere innerdeutschen

Diskussionen über Anpassung, Transfers und Solizuschlag vergleichsweise irrelevant aus.
Es kommt darauf an, daß wir unser Gemeinwesen in Ordnung bringen und unsere Wettbewerbsfähigkeit zurückgewinnen. Wir halten die deutsche Einheit immer noch für ein Binnenproblem, das wir durch viel Solidarität und Händchenhalten beheben werden. Doch womit? An allen Ecken und Enden fehlt dem Staat das Geld. Woher sollen die Aufbaumilliarden künftig kommen, wenn wir sie uns nicht im Wettbewerb verdienen? Darum helfen auch eine Einkaufsoffensive Ost oder ein neuer Beschäftigungspakt Ost nicht wirklich weiter. Das sind typische Ersatzveranstaltungen für den deutschen Bauchnabel, die nicht über das Wesentliche hinwegtäuschen können: Wir müssen unsere Produkte in aller Welt verkaufen, und unsere Arbeitsplätze müssen dem internationalen Vergleich bei der Produktivität standhalten. Da fragt niemand nach Ost und West. Wenn ich einem taiwanesischen Partner erzähle, daß ich einem ostdeutschen Unternehmen vorstehe, findet der das höchst interessant. Aber gleich darauf will er sich wieder über *geschäftliche* Dinge unterhalten. Einer industriell entwickelten Exportnation wie Deutschland bleibt auf Dauer keine Wahl: Entweder setzt sie sich auf dem Weltmarkt durch oder gar nicht. Dennoch kultivieren wir die Idee, als seien die Probleme des Ostens im Osten oder aber zumindest in Deutschland zu lösen. Das ist im Ansatz falsch!
Unser Ziel muß darin bestehen, gemeinsam eine neue Grundlage für wirtschaftliches Wachstum in Deutschland zu schaffen – in einem internationalen Umfeld, das sich rasant verändert. Unsere Wettbewerber sind hochgradig dynamisch, vital und risikobereit. Sie verfügen über eine Mentalität, die in Deutschland verschüttet scheint, nämlich Unternehmergeist. Er ist der Schlüssel zu Deutschlands Wohlstand in Vergangenheit und Zukunft! Darum kann uns der Erfolg unserer internationalen Konkurrenz nicht länger unberührt lassen. Erfahrungsgemäß beeindruckt es die Konkurrenten wenig, wenn wir sie als lästige Zumutung betrachten und sie mit dem Verweis auf die Unterschreitung unserer hohen Lohn- und Sozialstandards zu diskreditieren versuchen.

Wir müssen schon aktiv ins Spiel eingreifen und die Herausforderung annehmen, wollen wir auf dem Treppchen stehen.
Eine Fußballmannschaft kann nicht Weltmeister werden, wenn alle Spieler sich auf den Torwart verlassen. Der Gegner hat es leicht, wenn die Stürmer nicht über die Mittellinie kommen, das Mittelfeld ständig mit dem Schiedsrichter über die Regeln diskutieren will und die Abwehr Fußball sowieso für einen zu harten Sport hält. Und im Tor steht Vater Staat, der auf seine alten Tage einstecken muß, was die gegnerische Mannschaft an Treffern landet. Als unsere Elf noch Weltklasse war, hatte die deutsche Torbilanz ein dickes Plus. Doch die Spielfreude hat nachgelassen. Aus einer offensiven Elf ist ein Abstiegskandidat geworden. Die Mittelfeldfraktion hat bereits vorgeschlagen, einfach das Tor zuzunageln. Dann aber würde die Mannschaft von der FIFA gesperrt, und sämtliche Spieler müßten auf Schiedsrichter umlernen. Auf Anfrage ließ die FIFA wissen, daß so viele deutsche Schiedsrichter im Weltfußball nicht benötigt würden. Deshalb muß jeder Spieler auf auf seinem Platz Leistung zeigen, und die ganze Mannschaft muß das gemeinsame Ziel verfolgen, besser zu sein als die anderen.
Die gegenwärtige Ära wird vom Unternehmertum geprägt. Ob in Singapur, Tschechien oder den USA, überall ist die Atmosphäre durchdrungen vom unternehmerischen Pioniergeist, der in nie dagewesener Weise in die Welt ausgreift und sie durch neue Technologien rapide verändert. Alles deutet auf eine Welle grundlegender wirtschaftlicher Umgestaltungen hin, die bis in die Mitte des nächsten Jahrhunderts die Verhältnisse bestimmen werden. Solche Phasen sind durch das Auftreten des sogenannten Pionierunternehmers charakterisiert, der in einem Prozeß schöpferischer Zerstörung neue Faktorkombinationen entdeckt, die in neue Produkte, Verfahren und Organisationsweisen münden. Im Weltmaßstab ist dieser Unternehmertypus heute häufig anzutreffen, in Deutschland dagegen noch selten.
Unternehmerische Selbständigkeit und Pioniergeist müssen zusammentreffen, um Hergebrachtes abzuschütteln und einen echten Innovationsschub auf breiter Basis auszulösen. Wo aber sind Deutschlands Pionierunternehmer? Einige wenige ließen

sich nennen. Viele sind jedoch dadurch bekannt geworden, daß sie in die USA abgewandert sind oder zumindest ihr Unternehmen an die amerikanische Risikokapitalbörse NASDAQ gebracht haben. Sie alle können ein Lied singen von der Begeisterung, auf die sie hierzulande mit ihren Ideen gestoßen sind. Denn: »Am Standort Deutschland wird die Herausbildung des Willens zur Selbständigkeit mentalitätsmäßig gehemmt.« So die Beobachtung des Philosophen Hermann Lübbe.

In der Tat liegt an der Wurzel unserer scheinbar verfahrenen Situation ein mentales Problem. Bundespräsident Herzog hat es in seiner denkwürdigen »Berliner Rede« auf den Punkt gebracht: »Uns fehlt der Schwung zur Erneuerung, die Bereitschaft, Risiken einzugehen, eingefahrene Wege zu verlassen, Neues zu wagen.« Mit anderen Worten: Uns fehlen die unternehmerischen Tugenden. In einer Gesellschaft, in der 90 Prozent aller Erwerbstätigen abhängig beschäftigt sind und das wiedervereinigte Deutschland heute nicht mehr Selbständige vorweisen kann als die alte Bundesrepublik 1950, verwundert das nicht. Dies sind Indikatoren für die Wohlstandssättigung, die sich in Westdeutschland vor der Vereinigung breitzumachen begann. Wir waren dabei, uns eine risikofreie Gesellschaft zu schaffen.

Ein Lichtblick dagegen ist die Entwicklung in den neuen Bundesländern. Aus den angeblich durch 40 Jahre Sozialismus völlig kapitalismusentwöhnten Ostdeutschen ist in wenigen Jahren eine 550 000 Mann und Frau starke Unternehmerschaft hervorgegangen. Solcher Mut angesichts der ungewohnten Herausforderung verdient besondere Anerkennung. Dies gilt für die zahlreichen Einzelhändler und Handwerker ebenso wie für die Gründer oder Übernehmer industrieller Betriebe. Gerade im letztgenannten Sektor hat die Auflösung der Kombinate enorme schöpferische Energien freigesetzt. Denn viele der ostdeutschen Jungunternehmer sind weder sehr jung, noch hatten sie je mit dem Gedanken der Selbständigkeit gespielt. Für viele gab es schlicht keine andere Alternative außer der, ebenso wie ihre Kollegen den Arbeitsplatz durch Betriebsstillegung zu verlieren.

Doch auch in den alten Bundesländern müssen unternehmerische Talente nicht auf ihre Chance warten. In rund 300 000 mittelständischen Betrieben steht bis zum Jahr 2000 der Generationswechsel an. Die Nachkriegspioniere gehen in den wohlverdienten Ruhestand. Mutige Meister, Ingenieure und Kaufleute sind gefragt, die in die Fußstapfen der Gründergeneration treten und die Lücke ausfüllen.

Ein großes Manko besteht nach wie vor bei echten Neugründungen, die wir in den Zukunftsbranchen von Industrie und Dienstleistung brauchen. Der Bundespräsident hat in seiner erwähnten Rede das Beispiel Bill Gates angeführt, der in einer Garage das Weltunternehmen Microsoft gegründet hat. Roman Herzog hat darauf verwiesen, daß so etwas in Deutschland schon an der Gewerbeaufsicht scheitern würde.

Unternehmertum ist das Kernstück jeder Marktwirtschaft. Unternehmerisches Denken muß aber auch die Tätigkeit der Angestellten und Beamten leiten. Die Mentalität einer begierigen Erfolgsgesellschaft muß die einer selbstzufriedenen Neidgesellschaft verdrängen. Eine Gesellschaft, die sich hinter ihrem Wohlstand verschanzt, bleibt dem Millionenheer der Schwachen, in erster Linie den Arbeitsuchenden, den Studierenden und Auszubildenden, aber auch dem unternehmerischen Nachwuchs in Ost und West eine Perspektive schuldig. Eine solche Gesellschaft, die Innovation durch Kontinuität ersetzt, Karriere durch Laufbahn und Arbeit durch Kapital, verliert über kurz oder lang die Unterstützung durch all jene, die nicht zum Establishment zählen.

Es genügt nicht, unser Vermögen zur Bank zu tragen und es vermeintlich sicher anzulegen. Heute haben wir das Paradox, daß Deutschland mit seinen Anlagemilliarden den internationalen Kapitalmarkt speist und deutsche Unternehmensgründer sich ihr Startkapital von ausländischen Investmentbanken besorgen müssen. Mit einer solch kurzsichtigen Rentiersmentalität schaufeln wir unser eigenes Grab.

Wir brauchen wieder Pioniere, die in den Ring steigen und für ihre Visionen mit der Überzeugung kämpfen können, daß sie dabei die Unterstützung der gesamten Gesellschaft genießen. Wir müssen Neues wagen und uns aktiv daran beteiligen, statt furchtsam von der Zuschauertribüne aus zu beobachten, wie die Welt um uns sich verändert. Neugierde und Mut zum Experiment bedürfen der Wiederbelebung. Das heißt auch, Fehler als etwas Normales zu behandeln, als Gelegenheit zum Lernen und nicht als Grund zu Häme. Es muß wieder honoriert werden, Risiken zu übernehmen. Denn wer alle Risiken eliminiert, gibt zugleich alle Chancen auf.

Wenn wir in ganz Deutschland diesen mentalen Umschwung schaffen, werden wir die Ziele Wachstum und Beschäftigung ohne Zweifel erreichen. Doch wir brauchen Zuversicht, um aus der ängstlichen Defensive zu einer aktiven und offensiven Zukunftssicherung übergehen zu können. »Ohne Zuversicht«, schreibt Hermann Lübbe, »läßt sich keine Krise bestehen und die aktuelle Krise in der industriegesellschaftlichen Entwicklung unseres Landes erst recht nicht. Erst Zuversicht macht handlungsfähig, während der Mangel an Mut mutlos machende Verhältnisse schafft. Ins Wirtschaftliche übersetzt heißt das: Allzu risikoscheue Investoren tragen eben damit zur Verschärfung der allgemeinen Investitionsrisiken bei.«

Doch von den Investitionen hängt Deutschlands wirtschaftliches Schicksal ab. Wer investiert, setzt Geld, Zeit und Energie aufs Spiel, um ein künftiges, meist noch ungewisses Ziel zu erreichen. Die deutsche Bilanz der Direkinvestitionen spricht eine klare Sprache. Daß jährlich zwischen 25 und 55 Milliarden Mark für Investitionen ins Ausland fließen, ist ein natürliches Ergebnis der Globalisierung. Alarmierend ist jedoch, daß in der Regel weniger als ein Fünftel dieses Betrages von Ausländern in Deutschland investiert wird. Der Saldo der ausländischen Direktinvestitionen war 1996 sogar erstmals negativ. Mit anderen Worten: Ausländische Unternehmen haben mehr Kapital aus Deutschland abgezogen, als sie neu zu investieren bereit waren.

Doch Investoren muß man Anreize bieten. Investivkapital, mit dem man langfristige Bindungen eingeht, ist ein scheues Reh, das sehr genau die Umgebung prüft. Neben den »harten« Standortfaktoren wie Zinsniveau, Steuergesetzgebung, Arbeitskosten und dergleichen zählt vor allem die langfristige Gewinnerwartung, in der das zwangsläufig subjektiv geprägte Vertrauen in die künftige wirtschaftliche Entwicklung eines Landes zum Ausdruck kommt. Das Zögern ausländischer Anleger ist auf beide

Ursachenbündel zurückzuführen: Zum einen sind die Steuern, Löhne und Lohnnebenkosten in Deutschland so hoch wie nie zuvor, zum anderen – und das wiegt weitaus schwerer – schwindet offensichtlich das Vertrauen in unsere Fähigkeit zur Erneuerung.

Ich will an dieser Stelle nicht auf die einzelnen Maßnahmen eingehen, die erforderlich sind, um diese Entwicklung zu korrigieren. Der Verweis auf die großen Reformprojekte – die Steuerreform, die Reformen der Sozialversicherungssysteme, die Reform der Arbeitsmarktpolitik, die Reform des Flächentarifvertrages, um nur die wichtigsten zu nennen – mag hier genügen.

Statt die Reformdebatte zu vertiefen, möchte ich zwei weitere Bereiche ansprechen, die für die internationale Wettbewerbsfähigkeit Deutschlands von herausragender Bedeutung sind: Bildung und Innovation. Beides sind erstrangige gesellschaftliche Investitionssektoren mit Langfristperspektive. Ein Staat, der hier Geld abzweigt, handelt wie der Bauer, der sein Saatgut verfüttert. Doch mit der Aufwertung der beiden Ressorts zu einem »Zukunftsministerium« war gleichwohl der drastische Abbau der verfügbaren Haushaltsmittel verbunden. In der Bildungspolitik, die ohnehin Ländersache ist, ist ein krasses Ab- und Auseinanderdriften der Standards festzustellen, das sich in den letzten Jahren beschleunigt. In manchen Bundesländern existiert die Lehrmittelfreiheit nur noch auf dem Papier. Die mangelnde Ausstattung unserer Schulen mit Computern ist vollends ein Armutszeugnis. Ausgerechnet dort, wo die künftigen Leistungsträger ausgebildet werden, scheint die Zeit in Deutschland rückwärts zu laufen!

Es muß endlich ins Bewußtsein einer breiten Bevölkerung dringen, daß hierzulande ein akuter Bildungsnotstand besteht. Von den Grund- und Hauptschulen bis zu den Universitäten herrschen teils katastrophale und für ein hochentwickeltes Land wie die Bundesrepublik verhängnisvolle Zustände. Internationale Vergleiche bestätigen dies. Hinsichtlich des Anteils der direkten öffentlichen Bildungsausgaben am Bruttosozialprodukt liegt Deutschland mit 4,5 Prozent unter den 27 erfaßten OECD-Staaten gleichauf mit Spanien auf dem 23. Rang, dicht gefolgt von Mexiko

mit 4,1 Prozent. Ausländische Studenten meiden die Bundesrepublik, weil sich die mangelhaften Studienbedingungen herumgesprochen haben. Kann sich ein Hochlohn- und Hochtechnologiestandort wie Deutschland solche Reklame leisten?
Auch die Facharbeiterausbildung in Deutschland ist längst nicht mehr, was sie einst war. Der Modernisierungsbedarf ist enorm. Viel zu spät wurde damit begonnen, Berufsbilder und Ausbildungsgänge in der modernen Informationsverarbeitung einzurichten. Kritiker meinen gar, daß sich das Modell der deutschen Lehrlingsausbildung zum Beispiel in China so großer Anerkennung erfreue, weil es dem dortigen industriellen Entwicklungsstand so gut entspreche. Wir bilden heute noch Schuhmacher aus, obwohl die Lehrlinge längst in koreanischen Turnschuhen ihren Dienst antreten. Wir bringen noch jedem Werkzeugmacher Schruppen und Schlichten bei, obwohl er anschließend in der Praxis CAD-Programmierung für seine NC-gesteuerte Maschine beherrschen muß. Und bei alledem wundern wir uns, daß die Unternehmen nicht mehr Lehrlinge ausbilden.
Von den Hauptschulabsolventen bis zu den Studienabgängern wird den jungen Menschen von den Unternehmen eine im Durchschnitt unzureichende berufliche Vorbereitung bescheinigt. Wir bilden unsere jungen Menschen nicht nur schlecht, sondern teils völlig an der Realität vorbei aus. Wir halten unsere Schüler und Studenten weitaus länger als unsere Hauptwettbewerber vom Arbeitsmarkt fern. Wir stehlen ihnen buchstäblich Lebenszeit, wie der Bundespräsident es formuliert hat. Auch hierin drückt sich unsere defensive Perspektivlosigkeit aus. Kann unser Kalkül denn lauten: lieber mehr Langzeitstudenten als mehr Langzeitarbeitslose?
Es ist geradezu erschreckend, daß dieses Thema bislang keine öffentliche Resonanz gefunden hat. Statt dessen beschäftigen wir uns intensiv damit, wie wir das Rentenniveau meiner Generation absichern können. Wenn wir unserer Jugend keine Perspektive eröffnen können, brauchen wir die Rentendiskussion gar nicht fortzuführen. Unsere Rente steht und fällt mit den Erwerbschancen, die wir für unsere junge Generation und mit ihr schaffen!

Etwas besser sieht es derweil auf dem Feld von Forschung und Entwicklung aus, wenngleich auch hier der erforderliche Wandelungsprozeß noch weitgehend vor uns liegt. Immerhin ist die Notwendigkeit von Innovationen inzwischen weithin erkannt, und die öffentliche Meinung scheint sich Themen wie der Informations- und Biotechnologie zu öffnen. Die wachsende Akzeptanz von wissenschaftlich-technischen Neuerungen kann gar nicht genug begrüßt werden. Hier scheint allmählich ein Stück Zuversicht wiederzukehren, was die Gestaltbarkeit der Zukunft angeht – eine Entwicklung, die durch sachgerechte Aufklärung weiter gestärkt werden muß.

Das Innovationssystem unserer Volkswirtschaft hat seine gravierenden Funktionsmängel dennoch nicht überwunden. Diese liegen nicht so sehr in Schwächen der einzelnen Glieder der technologischen Nahrungskette, sondern in deren Zusammenspiel, beginnend bei der universitären Forschung. »Noch immer gibt es in Deutschland Residuen akademischen Lebens«, bemerkt Hermann Lübbe, »in denen die Erwartung, daß die Wissenschaft sich nützlich zu machen habe, als Zumutung gilt. Humboldtianisch ist das keineswegs, wohl aber weltfremd.« Häufig erweist sich schon der Stafettenwechsel von der Grundlagen- zur Anwendungsforschung als unüberwindliche Hürde, erst recht der Übergang zur produktbezogenen Entwicklung. Die Behebung dieser Schnittstellenprobleme verlangt neue Anreizmechanismen, vor allem in der öffentlich finanzierten Forschung, und neue Formen der Zusammenarbeit zwischen Wirtschaft und Wissenschaft. Die vom Bundesforschungsminister in jüngster Zeit entwickelten Ansätze verstärkter Einbindung industrieller Partner weisen den richtigen Weg, auf dem es couragiert weiter voranzuschreiten gilt.

Bildung und Innovation hängen engstens miteinander zusammen. Ohne leistungsfähige Ausbildung und Forschung gerät der Innovationsmotor ins Stocken. In einigen Bereichen sind die fatalen Folgen bereits spürbar, die sich ergeben, wenn der Anschluß bei Schlüsseltechnologien verlorengeht. Hier ist jetzt höchste Aufmerksamkeit geboten. Denn das Wachstum der Wirtschaft im 21. Jahrhundert wird wesentlich stärker als bisher wissensbasiert sein. Aus diesem Grund ist Innovation das stärkste unternehmerische Mittel, an diesem Wachstum teilzuhaben und an der Spitze des Wettbewerbs zu marschieren. Der Verlust der Technologieführerschaft erweist sich dagegen immer mehr als strategischer Nachteil, der nur mit immensen Anstrengungen wettzumachen ist.

## Denk' ich an Deutschland in der Nacht...

Die Wiedervereinigung ist nur ein Steinchen in dem sich neu formenden weltpolitischen Mosaik. Doch wer da glaubt, daß gerade die Deutschen besonders wach an den säkularen Verschiebungen teilnehmen, irrt sich gewaltig. Fast scheint es so, als wolle niemand wahrhaben, was sich um uns herum abspielt. Wir sind von unserem nationalen Schicksal nicht inspiriert, sondern absorbiert, was um so befremdlicher ist, als gerade unsere Geschicke engstens mit dem weltpolitischen Kontext verwoben sind. Wir Deutschen, reich an Erfahrungen aus zwei Systemen, sollten wie keine andere Nation die Zeichen der Zeit verstehen und anderen eine Orientierung sein. Statt dessen stehen wir uns gegenseitig im Wege. Zwar werden die übergeordneten Herausforderungen allmählich erkannt, doch Ostdeutschland wird dabei immer noch als »Sonderproblem« ausgeklammert. Zu groß, so scheint es, sind die deutsch-deutschen Eitelkeiten, als daß man nach nur sieben Jahren Ehe alle Vorbehalte fallenließe, um wirklich offen über die *gemeinsamen* Probleme und Herausforderungen zu sprechen.

Statt dessen gibt es nicht nur in den großen Organisationen, wie den Gewerkschaften, sondern selbst in staatlichen Organen wie Bundestag und Bundesrat inzwischen eine »Ost-Fraktion« als Interessenvertretung der neuen Länder. Als ob eines unserer Probleme dadurch einer Lösung näherkäme, daß es eine Ost- und eine Westmeinung dazu gibt. Im Hinblick auf unsere gemeinsamen Aufgaben ist das ein grober, gefährlicher Unfug und ein Beweis dafür, daß von der Überwindung der Teilung durch Teilen bis zum heutigen Tage nicht die Rede sein kann. Was wir teilen

müssen, sind nicht in erster Linie materielle Güter, sondern Verantwortung! Doch weit davon entfernt steuern wir auf eine neuerliche Teilung Deutschlands in zwei Einflußzonen mit einer jeweiligen Interessenpolitik zu.
Ein gutes Beispiel dafür war der Kompromiß im westdeutschen Steinkohlebergbau vom April dieses Jahres. Während in der ostdeutschen Braunkohle mehr als 100 000 Kumpel entlassen wurden, wird der unsinnige Steinkohleabbau im Westen weiterhin mit Milliardensummen subventioniert. Warum wird derart eklatant mit zweierlei Maß gemessen?
Vor diesem Hintergrund wird die Herausbildung einer Ost-Fraktion gewiß verständlich. Aber die Lösung kann doch nicht darin bestehen, daß die Ostdeutschen künftig ihre Haut teurer verkaufen, damit die Fehlleitung von Ressourcen im Osten der im Westen angeglichen wird. Hier wird die Zukunft Deutschlands auf dem Altar regionaler Sonderinteressen geopfert! Die besondere Tragik besteht darin, daß es sich hier um mehr als einen föderalen Interessengegensatz handelt, der bei der Steinkohle auch zwischen Bayern und Nordrhein-Westfalen besteht. Was gegenüber den neuen Ländern geschieht, ist so, als würden die Kumpel im Saarland entlassen und die im Ruhrgebiet weiter staatlich gefördert. Man stelle sich ruhig einmal vor, was dann im Westen los wäre!
Weder haben die alten Länder sich bisher auch nur eine Mark für den Aufbau Ost abgespart (denn die Kosten dafür spiegeln sich 1 : 1 im Anstieg der Staatsverschuldung wider), noch haben sie eine Vorbildfunktion bei den notwendigen Einschnitten und Strukturanpassungen übernommen. Im Westen meinten viele, die Einheit vom Fernsehsessel aus beobachten zu können. Wie soll da ein Geist patriotischer Gemeinsamkeit entstehen? Wie soll daraus eine Vision für unsere gemeinsame Zukunft in Deutschland erwachsen? Die Ost-West-Debatte ist ein Armutszeugnis für uns alle, insbesondere für die Elite dieses Landes. Sie ist eine Kapitulation vor den wirklichen Aufgaben, die es zu bewältigen gilt.
Vielleicht war es das Unglück der Einheit, daß in den neuen Ländern nur ein Fünftel der deutschen Bevölkerung lebt. Wie wäre es

mit der Wiedervereinigung gelaufen, würde Ostdeutschland bevölkerungsmäßig ein Drittel oder gar die Hälfte Deutschlands ausmachen? Hätten die »Wessis« dann im Einheitsvertrag das Dreiklassenwahlrecht für ihre ostdeutschen Landsleute festschreiben lassen? Wohl kaum. Sie müßten sich damit auseinandersetzen, daß in keinem demokratischen Gremium ein Beschluß gegen die ostdeutschen Repräsentanten gefaßt werden könnte. Eine Einigung in allen Fragen wäre somit zwangsläufig. Wie würden wir dann in Deutschland miteinander umgehen? Hätten wir dann Bürgerkrieg oder wahre Teilung der Verantwortung?

Wir müssen in Deutschland wieder *echten staatsbürgerlichen Gemeinsinn* entwickeln. Kein Staat kann eine Herausforderung wie die Wiedervereinigung nach dem Motto »Jeder macht das Seine« bewältigen. Die Verantwortung für unser Land tragen Ost- und Westdeutsche gemeinsam, wobei ihre gesellschaftliche Position keine Rolle spielt. Ob wir unsere historische Chance nutzen oder vergeben, wir sind stets gemeinsam dafür verantwortlich und werden gemeinsam die Folgen tragen.

Eine Nation ist eine Schicksalsgemeinschaft. Und wenig spricht dafür, daß diese Nation sich in absehbarer Zeit auflöst oder durch ein supranationales Gebilde abgelöst wird. Wir Deutschen haben es in der Hand, uns das Zusammenleben sprichwörtlich zur Hölle zu machen oder unsere gemeinsamen Aufgaben anzupacken und zu lösen.

Diese Welt ist offen wie nie zuvor und diese Epoche spannend wie kaum eine andere in der Menschheitsgeschichte. Sie braucht neue Regeln und Technologien des Zusammenlebens, des Wirtschaftens und des Umgangs mit der Natur – Regeln, die wir Deutschen mitgestalten müssen. Als einer der fortgeschrittensten Staaten der Welt, als europäische Führungsnation an der Schnittstelle zu Osteuropa und als ein durch seine geschichtliche Erfahrung gereiftes Land sind wir aufgerufen, unsere Rolle anzunehmen und auszufüllen. Wir Deutschen sind die Gewinner der jüngsten Geschichte, wir haben das Tor zur Zukunft aufgestoßen. Worauf warten wir?

# II
# Blühende Phantasien und harte Realitäten

## Perspektiven des Aufbaus in den neuen Ländern

# 2 Warten auf ein Wirtschaftswunder

## Sieben Jahre Aufbau Ost

Der Aufschwung Ost stagniert. Konnten uns bislang noch hohe Wachstumsraten über das geringe Ausgangsniveau der Wirtschaft in den neuen Ländern hinwegtrösten, schwinden inzwischen die letzten Hoffnungen auf eine rasche und geradlinige Aufwärtsentwicklung. Der Durchbruch zu selbsttragendem Wachstum im Osten liegt selbst nach sieben Jahren Einheit noch in weiter Ferne, und die Wirkung der Transfermilliarden verpufft, ohne weitere Impulse auszulösen. Die ermutigenden Zahlen der letzten Jahre – hervorgerufen durch einen überzüchteten Bauboom, geschönte Arbeitsmarktstatistiken und politischen Zweckoptimismus – weichen den harten Realitäten.
Das Wirtschaftswachstum in den neuen Bundesländern wird in diesem Jahr erstmals niedriger ausfallen als in Westdeutschland. Zu diesem Ergebnis kommen die fünf führenden deutschen Wirtschaftsforschungsinstitute in ihrem Frühjahrsgutachten 1997. Sie bestätigen damit frühere Warnungen und Prognosen, trotz deren eine durchgreifende Korrektur des wirtschaftspolitischen Kurses ausgeblieben ist. Die Aufholjagd des Ostens ist vorerst abgeblasen. Angesichts der in gewissem Sinne vergeblichen Anstrengungen seit der Wiedervereinigung macht sich Ratlosigkeit breit. Denn das Hauptziel, selbsttragendes Wachstum, wurde nicht erreicht. Für einen echten Take-off fehlt der ostdeutschen Wirtschaft schlicht die Grundlage. Da nutzt es wenig, immer wieder auf die enormen Summen zu verweisen, die der Osten

erhalten habe. Der Umfang der Unterstützung entschuldigt keineswegs seine mangelnde Wirksamkeit. Vielmehr muß gefragt werden, ob die Hilfen überhaupt dazu angetan waren, den neuen Ländern eine eigenständige wirtschaftliche Zukunft zu eröffnen.

Was wird wirklich aus der ostdeutschen Wirtschaft? Diese alles entscheidende Frage verdient eine eingehende Analyse und Projektion. Längst ist klar, daß es dabei um weit mehr geht als um ein ostdeutsches Sonderproblem. Das heutige Sozial- und Einkommensniveau in Deutschland ist nur zu halten, wenn der Osten den Durchbruch schafft. Mit der bisherigen Strategie wird das nicht gelingen, das macht die folgende Analyse deutlich. In den neuen Ländern sind grundlegende Änderungen erforderlich. Auch der Westen wird sich nicht um die Konsequenz drücken können. Die Abkehr vom wohlfahrtsstaatlichen Umverteilungssystem ist unabdingbar. Die Perspektive liegt in der Sozialen Marktwirtschaft als Leistungsordnung. Sie gilt es im Osten durchzusetzen und im Westen neu zu beleben. In der richtigen Antwort für die neuen Länder liegt die Zukunft für Deutschland.

## Die aktuelle Situation

Zwei Kennzahlen sind es vor allem, die im Bewußtsein der meisten Menschen die wirtschaftliche Lage charakterisieren: Wachstum und Beschäftigung. Die Ergebnisse der Arbeitsmarktstatistik machen alarmierend deutlich, daß Deutschland in einer tiefen Krise steckt. Über 4,2 Millionen Menschen waren im Mai 1997 offiziell ohne Arbeitsplatz, 1,3 Millionen alleine im Osten. Rechnet man diejenigen hinzu, die aufgrund arbeitsmarktpolitischer Maßnahmen nicht bzw. nicht mehr als arbeitslos erfaßt werden, lag die tatsächliche Zahl noch weitaus höher. In den neuen Ländern ist die Zahl der Arbeitslosen von Mai 1995 bis Mai 1997 um erschreckende 30 Prozent angestiegen; die Quote ist von 13 auf 17 Prozent emporgeschnellt.

In dieser Situation entstand die Idee eines »Bündnis für Arbeit«, das zumindest in Westdeutschland – denn nur dafür war es kon-

zipiert – eine Lösung bringen sollte. Es weckte die Hoffnung auf eine Beseitigung der Arbeitslosigkeit bei vollem Belastungsausgleich für alle Beteiligten. Spätestens bei den Kanzlerrunden mußte jedem der Beteiligten die Aussichtslosigkeit eines solchen Unterfangens klarwerden, und so verwundert es nicht, daß sich keine Partner für ein solches Bündnis fanden. Die Bundesregierung hat daraufhin ein Bündnis mit sich selbst geschlossen und versprochen, die Arbeitslosigkeit bis zum Jahr 2000 zu halbieren. Doch die Stellungnahmen der Wirtschaftsforschungsinstitute zu dieser Aussage sind eindeutig, und die Bürger kennen den Wert politischer Versprechungen ohnehin auch ohne Fachgutachten.
Der letzte Höhepunkt dieses surrealistischen Schauspiels ist das im Mai 1997 in einer gemeinsamen Initiative von Politik und Tarifparteien in Berlin verkündete Bündnis für Arbeit Ost, das den neuen Ländern 100 000 neue Arbeitsplätze pro Jahr verordnet. Die Zahl der Erwerbslosen steigt indes unbeeindruckt weiter. Für dieses und das kommende Jahr rechnen die Institute damit, daß die Zahl der Erwerbslosen sich deutlich über der Marke von einer Million verfestigt. Die Arbeitslosenquote dürfte im Jahresdurchschnitt über 17 Prozent liegen. Das sind 7 bis 8 Prozentpunkte mehr als im Westen.
Doch nun zur zweiten Kennzahl, dem Wachstum, das binnen nur eines halben Jahres ebenso jäh abgestürzt ist wie das wirtschaftliche Klima in Deutschland. Der Jahreswirtschaftsbericht 1996 ging noch von 4 bis 6 Prozent Realwachstum für Ostdeutschland aus. Die Ergebnisse haben jedoch die hochfliegenden Erwartungen eingeholt: Das Statistische Bundesamt hat für das vergangene Jahr nur einen vorläufigen Wert von 2 Prozent ermittelt. Das Frühjahrsgutachten kommt für 1997 ebenfalls auf 2 Prozent für die neuen Länder und läßt damit erstmals ein schwächeres Wachstum als für Westdeutschland (2,25 Prozent) erwarten. In 1998 wird es nicht anders sein. Dieses Wachstum reicht weder für mehr Beschäftigung noch für die Annäherung an westdeutsche Kennzahlen. Die Wirtschaftsleistung je Einwohner in den neuen Ländern stagniert bei rund 55 Prozent des Betrages, der in den alten Ländern erreicht wird.

Die neuen Länder kommen nicht mehr voran. Zwar leben dort knapp 20 Prozent der erwerbstätigen Deutschen, doch sie erwirtschaften nur 10 Prozent des gesamtdeutschen Bruttoinlandsproduktes und 2 Prozent aller Exporte. Unter diesen Voraussetzungen kann der Osten nicht auf die Beine kommen.

## Aufbau Ost – ohne Plan zum Markt?

Wie konnte es zu dieser Situation kommen? Warum sind trotz der erheblichen Transferleistungen keine Fortschritte mehr erkennbar? Verantwortlich dafür ist die wirtschaftspolitische Strategie der deutschen Einheit, die jedoch nirgendwo explizit formuliert ist. Ein Generalplan der Bundesregierung für den Aufbau Ost existierte nicht, selbst ein ungefähres Szenario des Aufbau- und Anpassungsprozesses vermißt man bis heute. Allenfalls in Teilbereichen, wie der Privatisierung, ist eine gewisse Programmatik erkennbar, die aber im politischen Prozeß verwässert wurde. An Stelle eines umfassenden Plans für den Osten gibt es unzählige Programme, von denen die meisten die Vorsilbe »Förder-« tragen. Daher möchte ich den Versuch unternehmen, aus den zahlreichen Maßnahmenplänen der Bundesregierung eine Strategie Ost herauszulesen.

In diesem Zusammenhang ist die prominente Rolle, die der Staat nach wie vor in der ostdeutschen Wirtschaft spielt, ein augenfälliger Ansatzpunkt. Das herausragende Instrument, um die private bzw. privatisierte Wirtschaft in Ostdeutschland in Schwung zu bringen, ist die staatliche Förderung auf allen Ebenen. Dem liegt die Überzeugung zugrunde, die unzureichende Kaufkraft der Ostdeutschen sei ein entscheidendes Manko für den Aufschwung.

Demzufolge konnte deren geringes Vermögen in Verbindung mit den niedrigen Einkommen aus DDR-Zeiten keine Wirtschaft auf dem Niveau Westdeutschlands hervorbringen. Der günstige Umtauschkurs für Sparguthaben in DDR-Mark und die Anhebung der Löhne und Sozialeinkommen schufen einen Ausweg aus dem Dilemma. Auf diese Weise konnte Nachfrage erzeugt werden, die zunächst nicht durch die Wirtschaftsleistung der neuen Länder gedeckt sein mußte. Mithin ein typisch keynesianisches Szenario. Dieses Vorgehen wurde durch die Erwartung gerechtfertigt, daß der privatisierte und erneuerte Unternehmenssektor auf diese Weise Wachstumsimpulse erhalten würde. So könnten Arbeitsplätze gesichert und rasch steigende Erwerbseinkommen geschaffen werden. Bald schon, so die Erwartung, würde der Staat sich schrittweise aus seiner Geberrolle zurückziehen können.

Analog war das Vorgehen in der Bauwirtschaft, die im Osten einen nie gekannten Boom erlebte. Durch das Instrument der Sonderabschreibungen wurde auf dem Umweg über westdeutsche Investoren und Kapitalanleger Nachfrage in den neuen Ländern geschaffen. Wie erwartet hat das Baugewerbe sich rasch zur größten Stütze von Wachstum und Beschäftigung in Ostdeutschland entwickelt. Investitionen in diesem Bereich machten 1995 etwa 43 Prozent des Bruttoinlandsproduktes aus. Damit war der Anteil des Baugewerbes an der Wertschöpfung rund dreimal und an der Beschäftigung rund doppelt so hoch wie in den alten Ländern. Von der guten Baukonjunktur profitierte besonders das Handwerk, das eine atemberaubende Renaissance erlebte. Die Zahl von 420 000 Beschäftigten vor der Wende hatte sich bereits 1992 verdoppelt und bis 1996 auf 1,3 Millionen mehr als verdreifacht. Damit ist das Handwerk der beschäftigungsintensivste Wirtschaftszweig in den neuen Ländern. Die Handwerkerdichte hatte schon Ende 1993 Westniveau erreicht.

Neben Bau und Handwerk hat als weiterer, typischerweise binnenorientierter Wirtschaftszweig die personenbezogene Dienstleistung von der eingeschlagenen Strategie profitiert. Durch die staatlich gestärkte private Nachfrage schossen Geschäfte, Bankfilialen und Restaurants wie Pilze aus dem Boden. Auch an Kinos, Autosalons und Sonnenstudios herrscht im Osten kein Mangel mehr. Die private Dienstleistung ist seit der Wende kontinuierlich gewachsen und hat die Zahl ihrer Beschäftigten nahezu verdoppelt. Dennoch sind die reinen Dienstleistungen an der Bruttowertschöpfung im Osten erst mit 24 Prozent gegenüber 37

Prozent im Westen beteiligt. Hier liegt also noch unausgeschöpftes Wachstumspotential.
Zusammenfassend läßt sich die bisherige Strategie als Binnenmarktentwicklung durch massive staatliche Stützung der Nachfrage charakterisieren. Dieser Strategie kann und soll man ihre Erfolge nicht absprechen. Die staatlich induzierte Nachfrage hat tatsächlich zu einem Wachstumsschub, dem bekannten »Wiedervereinigungsboom«, geführt. Nutznießer dieses wirtschaftspolitischen Kurses war zunächst die lokale Wirtschaft in Ostdeutschland. Damit sind all jene Betriebe gemeint, die auf dem Markt »vor ihrer Haustür« anbieten. Profitiert haben nicht zuletzt auch die alten Länder, deren Wirtschaft vor einem Abschwung stand und unerwartet neuen Auftrieb bekam. Ihr Wachstum nahm zwischen 1989 und 1991 von 3,6 auf 5,0 Prozent zu, die Arbeitslosigkeit ging im selben Zeitraum um 350 000 zurück. Der Grund dafür: Ein großer Teil der Transfers (Steuern und Abgaben nicht einmal gerechnet) fand sofort als Güternachfrage seinen Weg zurück in den Westen bzw. das westliche Ausland. Selbst bei unseren europäischen Nachbarn erhöhte sich das Wachstum durch den warmen Regen der ostdeutschen Überschußnachfrage um bis zu einem Prozentpunkt. In erster Linie war aber die breite Bevölkerung in der ehemaligen DDR Adressat dieser Strategie. Sie sollte rasch am westdeutschen Wohlstand teilhaben können – ein Gebot der Gerechtigkeit, wie es in dem berühmten Ausspruch Willy Brandts, die Teilung durch Teilen überwinden, zum Ausdruck kommt. Zum anderen wollte man sozialen Spannungen durch ein zu krasses Wohlstandsgefälle zuvorkommen.
So weit, so gut. Die anfänglichen Erfolge waren beeindruckend. Doch auf längere Sicht geht die geschilderte Strategie nicht auf. Haben die Götter der Marktwirtschaft die Bundesregierung im Stich gelassen? Oder hat sie auf die falsche Formel gesetzt? Zudem bleibt die Frage nach den Schattenseiten der bisher verfolgten Strategie. Waren die Belastungen, die sich daraus ergaben, nicht höher als der Nutzen? Was haben die neuen Länder für ihre künftige Entwicklung gewonnen, und worauf muß sie beruhen?

## Die nachfrageorientierte Strategie auf dem Prüfstand

Die wohl traurigsten Kennzahlen für die Perspektiven des ostdeutschen Aufbauprozesses sind die Lohnstückkosten. Sie sind ein Maß für die Wertschöpfung, gemessen an den Kosten der dafür eingesetzten Arbeit. Ihr Wert wird voraussichtlich selbst 1998 noch knapp 30 Prozent höher liegen als im Westen. Mit anderen Worten: Im Osten wird um rund ein Drittel teurer produziert, und dies seit fünf Jahren in Folge, denn seit 1993 sind die Lohnstückkosten im Osten gegenüber dem Westen unverändert. Darin spiegelt sich der Stillstand in seiner ganzen Tragweite!

Schuld sind nicht fehlende Fortschritte bei der Produktivität, sondern deren Aufzehrung durch die fortgesetzten Lohnanpassungen. Denn die wirtschaftliche Gesamtleistung konnte trotz hoher Wachstumsraten mit den Einkommenssteigerungen nicht Schritt halten. Ohnehin mußten die neuen Länder mit einem Einkommensniveau an den Start gehen, das keinesfalls produktivitätsorientiert war. Es wäre daher nur vernünftig gewesen, die Ostunternehmen in ihrer Leistungsfähigkeit erst einmal aufholen zu lassen, ehe weitere Lohnerhöhungen stattfanden. Doch das verfügbare Einkommen je Einwohner, das 1991 bei 49 Prozent des Westeinkommens lag, betrug 1996 schon etwa 70 Prozent. Dagegen nahm das Bruttoinlandsprodukt pro Einwohner im selben Zeitraum lediglich von 29 auf 44 Prozent des westdeutschen Wertes zu. Die Einkommen sind also wie erwünscht der realen Wirtschaftsentwicklung im Osten vorausgeeilt, doch sie haben sich nicht als Stimulans, sondern als Toxikum für die Wirtschaftsentwicklung erwiesen.

Durch die bisherige Lohnpolitik im Osten wurde der Anpassungsdruck zusätzlich erhöht und die dafür verfügbare Zeit der Unternehmen unnötig verkürzt. Betrachtet man beispielsweise die Tarifanpassung in der Metallindustrie Sachsen-Anhalts, die vom Institut für Wirtschaftsforschung Halle stellvertretend für alle neuen Länder analysiert wurde, so hat sich der Monatsecklohn seit 1992 von einem Ausgangsniveau von 63 Prozent des niedersächsischen Referenztarifs in mehreren Schritten um durchschnittlich 7,5 Prozent pro Jahr erhöht. Mitte 1996 wurde die Anhebung auf 100 Prozent des Niedersachsentarifs vollzogen. Ganz ordentlich, könnte man denken. Dem hohen Wachstum in den neuen Ländern durchaus angemessen. Tatsächlich aber ergibt sich wegen der Lohnnebenkosten, die für die Betriebe hinzukommen, aus diesen Anhebungen eine wesentlich höhere Belastung. Die ersten beiden Ecklohnanhebungen um 9 bzw. 11 Prozent in den Jahren 1992 und 1993 entsprachen tatsächlichen Lohnkostensteigerungen um jeweils rund 20 Prozent. 1994 wurde daher die Anpassung auf 100 Prozent auf Wunsch der Arbeitgeber zunächst um zwei Jahre auf 1996 verschoben. Der letzte Schritt bedeutete eine nochmalige Anhebung um 6 Prozentpunkte, die gleichbedeutend mit rund 12 Prozent Mehrbelastung ist. Dies können sich nur Unternehmen mit Traumrenditen leisten – oder mit sehr geringer Arbeitsintensität. Für zusätzliche Beschäftigung besteht so jedenfalls keinerlei Anreiz.

Durch den Vorlauf der Löhne verbleiben den Unternehmen kaum Überschüsse für Investitionen und damit für künftige Arbeitsplätze. Die fortgesetzte Überbeanspruchung läßt den Betrieben oftmals keine andere Wahl, als den Weg der passiven Sanierung zu beschreiten. Darunter versteht man die Steigerung der Produktivität durch Entlassung von Personal statt durch Investitionen. Das Ziel höherer Wettbewerbsfähigkeit bleibt dennoch unerreichbar, weil auch die Produktivitätsgewinne aus dem Arbeitsplatzabbau durch eine verfehlte Lohnpolitik stets auf neue zunichte gemacht und damit weiter vorangetrieben werden. Durch diese gewerkschaftliche Strategie der »Produktivitätspeitsche« werden die Betriebe in die chronische Sanierung getrieben, und immer mehr müssen schließlich aufgeben. Für 5 800 ostdeutsche Unternehmen führte 1995 der Weg zum Konkursrichter, mehr als doppelt so viele wie im Rezessionsjahr 1993. Im Jahre 1996 gab es einen weiteren Zuwachs um rund ein Viertel auf 7 400 Insolvenzen. Vielen Unternehmen, vor allem im produzierenden Gewerbe, steht das Wasser bis zum Halse. Rüdiger Pohl, Präsident des Instituts für Wirtschaftsforschung Halle, sah 1996 jeden vierten Betrieb in den neuen Ländern akut in seiner Existenz bedroht.

Ein weiteres Manko der bisherigen Strategie wird erkennbar,

wenn man die Wirtschaftsstruktur näher betrachtet, die seither in Ostdeutschland entstanden ist. Die Verwerfungen in den neuen Ländern sind augenfällig. Der öffentliche Dienst ist immer noch größer als im Westen, obwohl seit 1989 ein Drittel der Stellen gestrichen wurden. Die Industrie konnte sich bislang nicht von ihrem tiefen Einbruch erholen, und bei den Dienstleistungen ist vor allem im industrienahen Bereich weiterhin erhebliches unausgeschöpftes Potential vorhanden. Der dominierende Sektor der ostdeutschen Wirtschaft ist eindeutig das bereits erwähnte Baugewerbe, dessen Dimensionierung alle bisher gekannten Maßstäbe sprengt. Eine Betrachtung der Arbeitsplatzrelation unterstreicht dies. Während im ostdeutschen Baugewerbe 17 Prozent aller Beschäftigten arbeiten, sind es im Westen nur 7 Prozent. In der Industrie ist die Relation dagegen umgekehrt: Nur noch 16 Prozent im Osten stehen 27 Prozent im Westen gegenüber.

Inzwischen mehren sich die Anzeichen, daß eine Normalisierung der Bautätigkeit einsetzt, die dieser ungesunden Relationen wegen jedoch als krasser Einbruch erlebt wird. Die Bauinvestitionen sind seit 1993 um die Hälfte gesunken. Nicht zuletzt deshalb haben 1996 etwa 2700 Unternehmen des Baugewerbes Konkurs angemeldet, 42 Prozent mehr als noch im Vorjahr. Auch für die kommenden Jahre wird mit einem Sinken der Bauinvestitionen gerechnet. Im Wirtschaftsbau herrscht weitgehend Bedarfsdekkung, in einzelnen Bereichen – wie bei Bürogebäuden – ist bereits ein Überangebot festzustellen. Der Zentralverband des Deutschen Baugewerbes erwartet hier einen deutlichen, im öffentlichen Bau einen schwächeren Investitionsrückgang, weil Länder und Gemeinden vielfältigen Sparzwängen ausgesetzt sind. Auch der Wohnungsbau wird voraussichtlich deutlich abnehmen.

Im gesamten ostdeutschen Baugewerbe waren Mitte 1996 rund eine Million Menschen tätig. Geht man von einer Angleichung an übliche Verhältnisse aus, werden dort auf lange Sicht jedoch kaum mehr als 750000 Beschäftigte dauerhaft benötigt. Allein für 1997 rechnet die Bundesanstalt für Arbeit mit einem Abbau von 55000 Stellen, wodurch auch andere, baunahe Branchen in Mitleidenschaft gezogen werden. Für eine Stabilisierung der Entwicklung in den neuen Ländern kann man künftig also nicht

auf den Bausektor setzen. So nützlich er zur kurzfristigen Schaffung von Wachstum und Arbeitsplätzen war, so sehr macht ihn seine unkontrollierte Aufblähung nun zum Risikofaktor.
Ein weiteres Problem der bisherigen Strategie liegt darin, daß sie Branchen begünstigt hat, die überwiegend auf lokale Märkte ausgerichtet sind. Eine 1996 im Auftrag der Bundesregierung erschienene Untersuchung weist nach, daß ostdeutsche Unternehmen 1994 über 50 Prozent ihres Absatzes in den neuen Bundesländern tätigten, mehr als ein Drittel davon sogar in einem Radius von nur 30 km. Lediglich 30 Prozent der erstellten Waren und Dienste gehen auf westdeutsche Märkte und nur 20 Prozent ins Ausland. Entsprechend gering ist, wie erwähnt, die ostdeutsche Exportquote. Wollen die neuen Länder eines Tages eine positive Leistungsbilanz ausweisen, und dieses Ziel ist keinesfalls unrealistisch, müssen sie nach derzeitigen Verhältnissen rund 200 Milliarden Mark mehr erwirtschaften, zum größten Teil durch den Export ins Ausland bzw. in die alten Bundesländer. Das bedeutet mindestens eine Verzehnfachung der derzeitigen Ausfuhren.
Wie kann ein solches Ziel erreicht werden? Die Sektoren, die bisher durch die Politik begünstigt wurden, leisten offenbar keinen entscheidenden Beitrag dazu. Wenn einige Ost-Erzeugnisse den Weg auf den westdeutschen Markt finden, ist das schwerlich als echter Exporterfolg zu werten. Ein Vergleich der alten Leipziger Frühjahrsmesse mit der Konsumgütermesse, die im Zuge des Bündnis für Arbeit Ost stattgefunden hat, offenbart den Verlust internationaler Geltung für die ostdeutsche Wirtschaft. Ohne weiterführende, zukunftsweisende Initiativen droht der eigene Binnenmarkt auf Dauer das dominierende Absatzgebiet ostdeutscher Unternehmen zu bleiben. Man kann sich unschwer ausmalen, welche Auswirkungen es hat, wenn Thüringer Handwerker in Thüringen Häuser bauen oder Brandenburger Frisöre Brandenburgern die Haare schneiden. Daraus ergibt sich eine Stabilisierung der einheimischen Wirtschaft auf niedrigem Niveau. Die Zukunft der neuen Länder als fortgeschrittener Industrieregion läßt sich durch diese höhere Form der Subsistenz aber nicht gewinnen. Der Osten darf nicht zu einem in sich geschlossenen Wirtschaftssystem entwickelt werden, das allein auf einer staat-

lich gestützten Binnennachfrage basiert. Eine innerdeutsche Arbeitsteilung nach dem Prinzip »Der Osten versorgt sich selbst und der Westen die ganze Welt« ist nicht haltbar und hätte verheerende Folgen. Der Import hochwertiger Güter nach Ostdeutschland darf keine Einbahnstraße bleiben; ihm muß eine vergleichbare Exportkapazität gegenüberstehen. Eigene Exporteinnahmen müssen erwirtschaftet werden und an die Stelle der Transferleistungen treten.

Einen wichtigen Beitrag dazu muß ein Wirtschaftszweig leisten, der bislang kaum erwähnt wurde: die Industrie. Für den Aufbau einer vitalen, exportstarken Wirtschaft in den neuen Ländern kommt ihr strategische Bedeutung zu. Um so mehr muß ihre nach wie vor prekäre Lage beunruhigen. Beschäftigte sie 1989 noch über ein Drittel aller ostdeutschen Erwerbstätigen, sind es heute nur mehr rund 16 Prozent. Hinter diesen Zahlen steht der Verlust des Arbeitsplatzes für 2,4 Millionen Menschen bzw. eines Viertels aller Erwerbstätigen. Die industrielle Basis der neuen Länder hat sich, gemessen an der Zahl der Arbeitsplätze, vom Transformationsschock nicht wieder erholt. Immerhin ist auf diesem niedrigen Niveau zunächst Stabilität eingekehrt; das Gespenst einer Deindustrialisierung des Ostens scheint gebannt. Dieser Eindruck kann jedoch trügen. Nach meiner Einschätzung ist derzeit rund die Hälfte der ostdeutschen Unternehmen des verarbeitenden Gewerbes in ihrer Existenz akut gefährdet, und selbst unter günstigeren Umständen wäre der Umbruch in der Industrie längst nicht beendet. Stabilität kann angesichts der noch bestehenden Strukturdefizite nur heißen, daß Auf- und Abbau von Arbeitsplätzen einander die Waage halten, bis die internationale Wettbewerbsfähigkeit überall erreicht ist. Für ein neuerliches Aufholen gegenüber Westdeutschland und eine durchgreifende Besserung auf dem ostdeutschen Arbeitsmarkt bezeichnen es die Gutachter als entscheidend, »daß sich im verarbeitenden Gewerbe eine große Dynamik entwickelt«. Diese Dynamik kann nur vom industriellen Export ausgehen.

Die Industrie wurde von der bisherigen Strategie nur in Teilbereichen begünstigt. Auftrieb erhielten die bau- und konsumnahen Industriezweige, die nun unter der stagnierenden Binnennach-

frage leiden. Exportfähige Kapazitäten sind dagegen nur sehr selektiv entstanden, vorwiegend in kapitalintensiven Branchen, wie der Mikroelektronik und der Chemie, die von Investitionszulagen profitierten. Zudem wurden auch hier keineswegs nur zukunftsweisende Branchen begünstigt. Vielmehr besteht der Verdacht, daß im Osten stagnierende Industrien systematisch konserviert wurden und ein Strukturwandel in Richtung Vergangenheit stattgefunden hat. Das jedenfalls ergibt sich aus dem Ost-West-Vergleich der Investitionen im verarbeitenden Gewerbe, den das Münchner Ifo-Institut für die Jahre 1991 bis 1995 angestellt hat. Der Schiffbau und die Mineralölverarbeitung erweisen sich als die einsamen Spitzenreiter. In diesen Branchen liegt das am westdeutschen Wert gemessene Investitionsniveau um mehr als 40 Prozentpunkte höher als im Durchschnitt aller ostdeutschen Industriebereiche. Zugleich handelt es sich um die beiden höchstsubventionierten Wirtschaftszweige in den neuen Ländern überhaupt. Es gehört zu den Paradoxien des Aufbau Ost, daß ausgerechnet zwei Branchen, die unter weltweiten Überkapazitäten leiden und kaum Wachstumspotential besitzen, einen regelrechten Investitionsboom erleben.
Zudem begünstigte das bisherige System der ostdeutschen Wirtschaftsförderung einseitig im Westen ansässige Investoren, da in der Regel nur sie an ihren Stammsitzen Gewinne erwirtschaften, die sie gegen die Sonderabschreibung verrechnen können. Ihnen war es möglich, sich mit hohen staatlichen Subventionen in den ostdeutschen Markt einzukaufen, in dem subventionierte ostdeutsche Verbraucher ihre Produkte nachfragen. Offenbar hatten die Architekten des Aufbau Ost mit ostdeutschen Industriellen, die ihre Erzeugnisse auch im Westen verkaufen wollen, zuletzt gerechnet. Für sie ist das Fördersystem jedenfalls nicht konzipiert. Innovative ostdeutsche Gründer sind die Underdogs beim Aufschwung Ost. So wird es erneut sein, falls die Bundesregierung den Plan verwirklicht, daß Gewinne nur noch beschränkt gegen aufgelaufene Verluste aus Vorjahren aufgerechnet werden können. Für alle Ostunternehmen, denen es nach hartem Ringen gelungen ist, profitabel zu arbeiten, wäre das ein Schlag ins Gesicht. Denn die westdeutsche Konkurrenz, die sich schließlich nicht erst

hocharbeiten mußte, konnte ihre Anlaufverluste sieben Jahre lang voll aufrechnen. Mit dieser Neuregelung würden die verlängerten Werkbänke ein weiteres Mal zum bevorzugten Zuwendungsobjekt einer westorientierten Wirtschaftsförderung.
Die bislang unzureichende Entwicklung im industriellen Sektor macht sich auch bei den hochwertigen industrienahen Dienstleistungen bemerkbar, bei denen weiterhin krasse Defizite bestehen. Für eine moderne Wirtschaft aber sind sie von besonderer Bedeutung. Nur durch die Verknüpfung der physischen Produktion mit modernsten Beratungs-, Forschungs- und Kommunikationsdiensten können die Anforderungen hinsichtlich Flexibilität, Innovation und Tempo im internationalen Wettbewerb künftig noch erfüllt werden. Für beide, Produzenten und Dienstleister, entstehen hieraus erhebliche Chancen. In den neuen Ländern gibt es jedoch gerade in diesem Bereich ein Reihe von Handikaps, die sich hemmend auf die Dynamik der weiteren Entwicklung auswirken. So besteht ein gravierendes Defizit an Leitungszentralen großer Unternehmen, die Nachfrager hochwertiger Dienstleistungen sind. Das Problem verlängerter Werkbänke findet seine Fortsetzung darin, daß Leistungen wie Forschung, Marketing, EDV, Finanzierung etc. im Westen oder doch vom Westen aus erbracht werden. Das gilt im übrigen auch für viele der hochsubventionierten industriellen Kerne. Ein weiteres Beispiel bieten die Vermittlungszentralen der neuen Telekommunikationsanbieter oder der Direktbanken, die voraussichtlich sämtlich in den alten Ländern entstehen werden, wo die Mutterkonzerne ihren Sitz haben. Im Osten erhält sich dadurch ein Defizit an hochwertigen Dienstleistungen, die häufig auch international handelbar wären und zur Verbesserung der schwachen Außenhandelsposition der neuen Länder beitragen könnten.

## Fazit

Was läßt sich als Fazit der bisherigen Strategie für den Aufbau Ost festhalten? Die Förderung der Nachfrage genoß anfangs aus einleuchtenden Gründen Priorität. Die Anhebung des allgemeinen Lebensstandards sowie die Modernisierung der Bausubstanz und der Infrastruktur waren in den ersten Jahren wirtschaftlich und sozial gleichermaßen dringlich. Für die umfassende Entwicklung der ostdeutschen Wirtschaft kann dieses Programm jedoch nicht ausreichen. Es ist längst an der Zeit, daß die Strategie der Binnenmarktentwicklung mittels staatlich subventionierter Nachfrage verlassen wird. Angesichts angespannter öffentlicher Kassen ist deren Fortführung allein aus finanziellen Gründen nicht praktikabel. Die Aufhebung der Sonderabschreibungen, die dem Staat allein zwischen 1993 und 1996 Steuerausfälle in Höhe von über 27 Milliarden Mark beschert haben, ist inzwischen beschlossen. Die jährlichen Nettotransfers sind schon länger, nämlich seit 1993, rückläufig. Ihr Umfang war 1996 bereits um 30 Milliarden Mark geringer als im Spitzenjahr 1993, und dieser Trend wird sich fortsetzen. 1997 sollen sie um weitere 6 Milliarden Mark sinken. Vieles weist darauf hin, daß die Ausgabenpolitik nach der Devise »Verteilen, ohne zu teilen« nicht mehr durchzuhalten ist.

Ihr Ergebnis, eine extrem verzerrte Wirtschaftsstruktur, bietet erkennbar keine Grundlage, auf der die neuen Länder ohne öffentliche Unterstützung existieren können. Dem Abbau der Transferzahlungen sind durch das Fehlen einer exportfähigen Industrie und der sie begleitenden hochwertigen Dienstleistungen enge Grenzen gesetzt. Der Staat ist in einer strukturellen Subventionsfalle gefangen, die er selbst durch ein Übermaß an wohlmeinender Hilfe geschaffen hat. Sinken die Zuwendungen an einheimische Konsumenten und westdeutsche Immobilienanleger, kommt das Wachstum in den neuen Ländern unmittelbar zum Erliegen, der Aufschwung Ost verkehrt sich in sein Gegenteil. Dies verdeutlicht, welch fragiles Kunstgebilde die ostdeutsche Wirtschaft bislang geblieben ist.

Die verzerrte Relation zwischen Arbeitseinkommen und Produktivität wird durch die erwähnten Lohnstückkosten unterstrichen. Sie sind wesentlich für die anhaltend hohe Arbeitslosigkeit verantwortlich. Darüber hinaus haben sie maßgeblich zur Fixierung auf jene Binnenbranchen beigetragen, in denen schnelle, wenn auch teuer erkaufte Effekte zu erzielen sind. Wichtige Branchen können sich aber nur als Segment einer differenzierten internationalen Arbeitsteilung entfalten. Für die Exportbranchen im Osten hat die nachfrageorientierte Hochlohnstrategie dagegen enorme Hürden errichtet. Seit Jahren verbaut sie ihnen durch fortwährende Lohnerhöhungen den Weg zu wenigstens innerdeutscher Konkurrenzfähigkeit. De facto kommt dies einem Wettbewerbsverbot auf überregionalen Märkten gleich, nach dessen Nutznießern man nicht lange zu suchen braucht.

Wirtschafts- und Tarifpolitik bilden so einen Teufelskreis, aus dem sich die ostdeutsche Wirtschaft dringend befreien muß. Die Vorstellung, daß sich der wirtschaftliche Entwicklungsprozeß in Ostdeutschland durch politischen Beschluß wie im Zeitraffer verkürzen und in seiner natürlichen Abfolge umkehren läßt, muß zu den Akten gelegt werden. Der Kampf um echte Wettbewerbsfähigkeit auf internationalen Märkten muß ausgetragen werden. Die Alternative wäre die Verfestigung der deformierten Wirtschaftsstruktur, der sie begleitenden Massenarbeitslosigkeit und der dadurch unverzichtbaren staatlichen Hilfen. Lokale Wirtschaftskreisläufe allein bieten für ein fortgeschrittenes Industrieland keine Perspektive. Der Durchbruch zum Weltmarkt muß darum gleichzeitig ein Befreiungsschlag der neuen Länder aus dem Geflecht ihrer goldenen Fesseln und ein Abschied von den Blütenträumen eines ökonomischen Idylls nach dem Muster der alten Bundesrepublik sein.

Die neuen Länder müssen ihren eigenen Weg finden, ohne sich dabei in vorgefundene Schemata pressen zu lassen. Mit dem »Modell Westdeutschland« ist die Politik einer fixen Idee nachgejagt. Eine solche Vorstellung vergißt völlig, worauf das Wirtschaftswunder in den fünfziger Jahren gegründet war: Risiko- und Verzichtsbereitschaft, Selbstvertrauen und unternehmerischer Pioniergeist.

Wer die alten Bundesländer einholen will, darf gerade *nicht* ihren erstarrten Status quo kopieren, er muß ihn vielmehr radikal in Frage stellen. Aufholen kann nur heißen, neue Ansätze in einer neuen Zeit zu finden. Ein zweites Westdeutschland en miniature wird es im Osten nicht geben.

# 3
# Eine Charta für den Umschwung

Wachstumsschwäche und Massenarbeitslosigkeit kennzeichnen die Lage in alten und neuen Bundesländern gleichermaßen. Sie prägen das Gesamtbild unseres Landes so sehr, daß man im Ausland von der »deutschen Krankheit« spricht. In der Tat, nicht nur die Symptome, auch die Ursachen sind bundesweit die gleichen. Sie liegen in einer Wirtschafts- und Tarifpolitik, die staatliche Fürsorge über private Vorsorge stellt, Regulierung über Marktdynamik und Einkommens- über Beschäftigungsmaximierung. Eine solche Politik provoziert das Versagen des Marktes, weil sie es gedanklich immer schon voraussetzt. Überdies führt sie den Staat in die Krise, weil sie ihn systematisch mit Aufgaben überfordert, zu denen es seiner in einer funktionierenden Marktwirtschaft nicht bedarf.

Beschleunigt durch den Beitritt der neuen Länder, droht dieses Szenario in Deutschland zu eskalieren. Die Politik ist mit ihrem interventionistischen Latein am Ende. Nicht die Wirtschaft, sondern der deutsche Wohlfahrtsstaat hat im Aufschwung Ost einen unerreichten Gipfel erklommen. In den neuen Ländern ist die Nachfrage als konjunkturpolitisches Instrument nun ausgereizt, die Binnenmarktorientierung erweist sich als Sackgasse, und die öffentliche Subventionierung des Ganzen läßt sich kaum länger aufrechterhalten. Dieser Policy Mix war in der Ausgangssituation von 1990 aus politischen Gründen vertretbar, doch seiner problematischen wirtschaftlichen Konsequenzen mußte man sich schon damals bewußt sein. Dennoch wartet man bis heute vergebens auf den Umstieg von der kurzatmigen

Förderpolitik zu einer langfristig angelegten Wachstumsstrategie.
Die staatlichen Hilfen lösen die Wachstums- und Beschäftigungsprobleme im Osten ebensowenig, wie sie es im Westen vermocht haben. Sie sind vielmehr Bestandteil des wirtschaftlichen Kardinalproblems, an dem Deutschland krankt, nämlich der systematischen Verschleppung des Strukturwandels. Für den Umbau im Osten ist eine schier unübersehbare Fülle an Fördermaßnahmen ins Leben gerufen worden, die inzwischen vor allem dazu dienen, die verfahrene Lage zu stabilisieren. Die Strukturveränderungen, die sie bewirkt haben, erweisen sich als Anpassung an Sonderabschreibungen, nicht aber an Zukunftsmärkte. Die ostdeutsche Wirtschaft ist strukturell zum Krüppel der westdeutschen Förderpolitik geworden. Der vielbeschworene Mezzogiorno-Effekt ist vorprogrammiert, sofern nicht ein klarer wirtschaftspolitischer Kurswechsel erfolgt.
Die Deutschen erkennen inzwischen, daß eine Politik des staatlichen Füllhorns keine Lösungen auf Dauer bietet. Nur private Initiative kann jene Kräfte mobilisieren, die Deutschlands Wirtschaft wieder flottmachen. Sie verlangt kein Mehr an staatlicher Hilfe, sondern mehr Freiräume für Unternehmer und Investoren. Dem Osten kommt eine Vorreiterrolle dabei zu, diesen Weg zu beschreiten. Was künftig in den neuen Ländern geschieht, wird die Entwicklung der alten Länder vorprägen. Vertagen wir die Probleme im Osten, haben wir sie in wenigen Jahren in ganz Deutschland zu lösen. Gelingt der wirtschaftspolitische Paradigmenwechsel aber, wird damit für alle das Tor zu mehr Wachstum und Beschäftigung aufgestoßen. Eine Wirtschaftspolitik für Deutschland muß an den neuen Ländern Maß nehmen. Sie sind der Prüfstein, an dem sich zukunftsfähige Konzepte für unser Land zu bewähren haben.
Vor diesem Hintergrund gewinnt die Frage nach dem weiteren Weg der neuen Länder gesteigertes Gewicht. Welche Faktoren sind ausschlaggebend, damit der Aufbau Ost erfolgreich fortgesetzt und abgeschlossen werden kann? Wie muß ein schlüssiges Gesamtkonzept für die neuen Länder aufgebaut sein? Und welches veränderte Umfeld brauchen wir ganz allgemein, damit es

in Deutschland insgesamt und im Osten besonders schnell wieder aufwärtsgehen kann?

## Der Schlüssel: Investitionen

Deutschlands Wirtschaftskraft bedarf der Erneuerung auf breiter Front. Es gilt, sowohl die Wettbewerbsfähigkeit in etablierten Branchen zurückzugewinnen als auch in zukunftsträchtige Sektoren zu expandieren. Der Strukturwandel muß in ein Gleichgewicht kommen, welches Rationalisierung und Arbeitsplatzabbau auf der einen Seite durch neue Aktivitäten und Beschäftigungschancen auf der anderen ausbalanciert. Damit der Strukturwandel keine Einbahnstraße in die Arbeitslosigkeit bleibt, ist Wirtschaftswachstum eine wichtige Voraussetzung. Nur wenn es mit dem Zuwachs der Produktivität und der Erwerbsbevölkerung schritthält, ist ein konstantes Beschäftigungsniveau gewährleistet; es entsteht keine zusätzliche Arbeitslosigkeit. Dieses Gleichgewicht markiert die sogenannte Beschäftigungsschwelle. In einer Studie des Münchner Ifo-Instituts über den Zusammenhang von Wachstum und Arbeitslosigkeit wird für Westdeutschland ein Schwellenwert von etwa 2,3 Prozent genannt. Erst bei stärkerem Wirtschaftswachstum geht die Arbeitslosigkeit zurück – um rund 0,5 Prozent je Prozentpunkt, den das Wachstum über dem Referenzwert liegt. Bei einem Wachstum von 3,3 Prozent beispielsweise sinkt die durchschnittliche Arbeitslosenquote also von 9,5 auf 9 Prozent.

Wie aber läßt sich das Wachstum auf die erforderliche Höhe bringen, um die Arbeitslosigkeit zurückzudrängen? In erster Linie durch Investitionen, so die Empfehlung der Studie. Denn die hohe Arbeitslosigkeit geht überwiegend darauf zurück, daß in der Volkswirtschaft keine ausreichenden oder nicht die richtigen Produktionskapazitäten vorhanden sind. Verantwortlich dafür sind Versäumnisse, die weit in die Vergangenheit zurückreichen. Die westdeutsche Investitionsquote ist seit den sechziger Jahren rückläufig. Die jahresdurchschnittliche Zuwachsrate des Kapitalstocks hatte in den achtziger Jahren noch 3,5 Prozent betragen, inzwischen ist sie auf nur noch 2,5 Prozent gefallen. »Bei einer solch niedrigen Kapitalakkumulation werden zu wenige Arbeitsplätze geschaffen«, so das Fazit der Ifo-Experten. Effektive Maßnahmen für ein beschäftigungswirksames Wachstum müssen daher angebotsseitig ausgerichtet sein und auf die Stimulierung von Investitionen in Menschen, Maschinen und Innovationen abzielen.

Diese Ansatzpunkte machen bereits deutlich, daß eine beschäftigungswirksame Politik langfristig, das heißt auf zehn bis fünfzehn Jahre, anzulegen ist. Denn Investitionen, egal ob in die Qualifikation von Arbeitskräften, in neue Maschinen und Anlagen oder in Forschungs- und Entwicklungsprojekte, kosten zunächst einmal Geld. Die Früchte dagegen können erst nach einer gewissen Reifezeit, der »gestation period«, geerntet werden. Briten, Amerikaner und Niederländer haben diese Erfahrung einer Durststrecke nach einem lange verzögerten Strukturwandel bereits hinter sich. Sie mußten den Gürtel einige Jahre deutlich enger schnallen und werden dafür nun mit einem langanhaltenden inflationsarmen und beschäftigungswirksamen Wachstum belohnt. Dieser Weg steht auch Deutschland offen, doch nicht ohne entschlossene Anstrengungen.

Gilt das aber auch für die neuen Länder? Die Antwort ist ein klares Ja. Für sie geht es mit doppelter Dringlichkeit darum, die Investitionen anzukurbeln, vor allem in industriellen und industriebezogenen Bereichen. Zum einen müssen neue Kapazitäten entstehen, um die Produktionslücke zu füllen, die der Zusammenbruch des planwirtschaftlichen Systems gerissen hat. Zum anderen besteht eine Produktivitätslücke bei den vorhandenen Kapazitäten, die geschlossen werden muß, ehe dauerhaft zusätzliche Arbeitsplätze entstehen. Der ostdeutsche Kapitalstock muß also qualitativ und quantitativ ein deutlich höheres Niveau erreichen, damit auch die Beschäftigung wächst.

Doch die Stimmung für Investitionen ist gerade in Ostdeutschland schlecht. Wie ist das möglich? Die Nachfrage in den neuen Ländern ist doch, wie gesehen, um ein Drittel höher, als es der eigenen Wirtschaftskraft entsprechen würde. Hinzu kommen extrem niedrige Zinsen in Deutschland und eine zumal für auswärtige Investoren attraktive öffentliche Förderung. Sind das nicht Investitionsanreize genug? Offensichtlich nicht. Investitionen – und damit der Erfolg einer angebotsorientierten Strategie – hängen nicht oder nur zum Teil von all diesen Faktoren ab. Für ein Unternehmen, das investiert und sich damit langfristig bindet, steht an erster Stelle die Aussicht auf Gewinne, damit sich die Kosten, etwa für neue Anlagen, amortisieren. Ohne diese positive Erwartungshaltung wird ein Unternehmer selbst bei niedrigsten Zinsen und höchsten Subventionen keine Mark investieren. Hohe Kosten durch Löhne, Lohnnebenleistungen, Steuern und Abgaben sowie arbeits- und zeitaufwendige Regulierungen schmälern aber den »Return on Investment«. Sie sind die Hauptverantwortlichen für die Zurückhaltung bei Investitionen in Deutschland.

Wenn aber selbst die potenten auswärtigen Investoren ausbleiben, um wieviel schwerer muß es den einheimischen Betrieben fallen, unter den gegebenen Bedingungen zu wachsen und aus eigener Kraft Investitionskapital zu erübrigen. In der Tat ist die Finanzkraft der ostdeutschen Unternehmen an der Zerreißgrenze angelangt. Rund 40 Prozent der Betriebe in den neuen Ländern weisen eine Eigenkapitalquote von weniger als 10 Prozent auf; im Westen sind es nur 27 Prozent. Besonders Betriebe ohne westdeutsche oder ausländische Beteiligung haben bei der Innenfinanzierung von Investitionen das Ende der Fahnenstange erreicht, da sie mangels Gewinnen auch von den Sonderabschreibungen kaum profitieren. Auf dieser Basis sind ihre Möglichkeiten, Fremdkapital aufzunehmen, gleichfalls gering, da die Kreditvergabe durch Banken auf dinglichen Sicherheiten beruht. Die meisten ostdeutschen Betriebe stehen seit ihrer Gründung vor dem Dilemma, daß sie einerseits ohne Investitionen nicht rentabel werden, sich andererseits aber durch ihre Investitionstätigkeit rasch an den Rand der Illiquidität bringen. Bleiben die erwarteten Umsätze dann aus, reicht die Substanz nicht zur Überbrückung einer Durststrecke.

Wie erwähnt, fehlt es gerade im Osten nicht an Förderungs- und Linderungsprogrammen. Doch sie alle lösen nicht das Problem, sondern versuchen, es erträglich zu gestalten. Noch 1995 schloß jedes vierte Unternehmen mit Verlust ab. So ist zu erklären, daß trotz vielfältiger Fördermaßnahmen immer mehr ostdeutschen Unternehmen der Atem ausgeht. Gewiß, es gibt ein Eigenkapitalhilfeprogramm, ein ERP-Beteiligungsprogramm, zusätzlich Beteiligungs- und Konsolidierungsprogramme der Länder und neuerdings einen Beteiligungsfonds Ost. Auf diese Programme könnte man jedoch inzwischen weitgehend verzichten, würden die elementaren Rahmenbedingungen stimmen, die es den Unternehmen ermöglichten, Gewinne zu erwirtschaften, aus denen sie ihre Investitionen bestreiten können. So konnte es den ostdeutschen Betrieben bislang nicht gelingen, ihr Produktivkapital, das durch die Wiedervereinigung entwertet wurde, auch nur annähernd zu ersetzen. Dazu war anfangs ihr Eigenkapital zu schwach; überdies waren die spezifischen Standortprobleme Ost ein großes Wachstums- und Investitionshindernis. Inzwischen sind diese Probleme aber in vielen Bereichen überwunden; die Unternehmen müßten allmählich auf eigenen Beinen stehen können.

Die Wirklichkeit jedoch sieht anders aus. Nie ging es den ostdeutschen Firmen so schlecht wie heute, da neue Standortnachteile an die Stelle der alten getreten sind; dazu gehört insbesondere die Anpassung der Löhne und Sozialleistungen an das Westniveau. Hinzu kommen die allgemeinen steuerlichen und regulatorischen Rahmenbedingungen, die auch die westdeutschen Unternehmen belasten. Der Osten ist in der mißlichen Lage, sich gleichzeitig mit einer Kombination ost- und westdeutscher Standortprobleme auseinandersetzen zu müssen.

## Standortpolitik für mehr Beschäftigung

Für die breite Mehrheit der Deutschen lautet das Kardinalziel der Wirtschaftspolitik schlicht »Arbeitsplätze«. Deren Zahl in Deutschland ist zu gering, besonders in den neuen Ländern. Zwar haben dort, gemessen an der Bevölkerung, kaum weniger Menschen eine Beschäftigung als im Westen. Doch wegen der

höheren Zahl von Frauen, die berufstätig sind bzw. in den Beruf möchten, ist die Arbeitslosigkeit weitaus höher. Wie kann generell neue Beschäftigung in Deutschland entstehen? Woran liegt es, daß den Deutschen die Arbeitsplätze ausgehen?
Die Hauptursache wurde bereits genannt: die unzureichende Kapitalakkumulation, also ein Defizit an Investitionen. Arbeitsplätze sind nicht das Ergebnis politischer Beschlüsse, sondern unternehmerischer Investitionsentscheidungen. Deshalb erfordert eine wirksame Beschäftigungspolitik zunächst eine klare Vorstellung von der Vielzahl inner- und außerbetrieblicher Faktoren, die ein Unternehmen bei Investitionsentscheidungen berücksichtigen muß. Denn neue Jobs entstehen nicht an einem anonymen Arbeitsmarkt, sondern in konkreten Betrieben, die mit einem zusätzlichen Mitarbeiter neue Chancen verbinden. Beschäftigung ist daraus *abgeleitete* Nachfrage. Diese Einsicht muß eine wirksame Tarif- und Arbeitsmarktpolitik leiten. Erst Investitionen, die sich rechnen, bedeuten Arbeitsplätze, die im Wettbewerb bestehen können. Insofern ist eine investitionsfördernde Standortpolitik ein Stück aktiver Arbeitsmarktpolitik, die jedoch erfordert, daß eine Vielzahl von Faktoren ineinandergreifen: ein Steuersystem, das Leistungsanreize bietet, eine Gesetzgebung, die dem Markt Spielraum läßt, eine Verwaltung, die Wege ebnet, statt Hürden zu errichten, ein Sozialsystem, das für Arbeitgeber und Arbeitnehmer bezahlbar ist, und nicht zuletzt eine Lohnpolitik, die den Arbeitslosen ebenso verpflichtet ist wie den Arbeitsplatzbesitzern. Die über Jahrzehnte angestauten Defizite der alten Bundesrepublik in diesen Bereichen wurden in potenzierter Form auf den Osten übertragen.
Als Standortrisiko mit besonderer Tragweite sind die Fehlentwicklungen in der Tarifpolitik zu werten. Sie wiegen um so schwerer, als der Weg zu mehr Beschäftigung für die neuen Länder ohnehin mit zusätzlichen Hürden versehen ist. Zur höheren Frauenerwerbsbeteiligung kommt nämlich die erwähnt hohe Beschäftigungsschwelle. Aufgrund der durchschnittlich geringeren Produktivität ostdeutscher Betriebe schieben diese eine hohe Rationalisierungsreserve vor sich her, die abgebaut werden muß, ehe Bewegung in den Arbeitsmarkt kommen kann. Nicht

durch hohe Löhne, sondern nur durch ein hohes, investitionsgetriebenes Wachstum können im Osten neue Jobs entstehen.

Die Autoren des Frühjahrsgutachtens 1997 lassen keinen Zweifel daran, daß sie diese Auffassung teilen. Nicht etwa fehlende Nachfrage, sondern die unzureichende Konkurrenzfähigkeit als Folge der hohen Lohnstückkosten wird von den federführenden Instituten als das Kernproblem der ostdeutschen Wirtschaft bezeichnet. Beides – die hohen Lohnstückkosten und die mangelnde Konkurrenzfähigkeit – verfestige sich in gleichem Maße. Durch staatliche Hilfen für die Unternehmen glaubte man einen Ausgleich für diese Fehlentwicklung schaffen zu können. »Der Staat ist jedoch überfordert, wenn er dauerhaft für eine überzogene Lohnpolitik eintreten soll«, so das Fazit der Gutachter. Echte Wettbewerbsfähigkeit läßt sich nicht simulieren, sie muß hart erkämpft werden. Erst bei Erfolg kann es mit Wachstum, Beschäftigung und Einkommen dauerhaft aufwärtsgehen.

Dennoch hört man vor allem von gewerkschaftlicher Seite immer wieder das Kaufkraftargument. Den Ostdeutschen müßten höhere Löhne gezahlt werden, damit sie über die Nachfrage die Wirtschaft beleben. Damit kann nur die auswärtige Wirtschaft gemeint sein. Denn wo keine angebotsfähige heimische Wirtschaft existiert, wie in den neuen Ländern, kann die Überschußnachfrage nur durch Importe gedeckt werden. Die Kosten der heimischen Betriebe würden dagegen über steigende Arbeitskosten weiter in die Höhe getrieben. Eine fürwahr gelungene Empfehlung, wie man sich international aus dem Markt katapultiert. Offenbar steckt dahinter die Vorstellung, die ostdeutsche Wirtschaft könne überwiegend durch die eigene Binnenmarktnachfrage aufgebaut werden. Ausgerechnet den westdeutschen Exportweltmeistern fällt nichts Besseres an die Adresse ihrer ostdeutschen Kollegen ein! Diese müssen ganz im Gegensatz dazu das schon im Westen praktizierte Erfolgsrezept verfolgen, das darin besteht, im internationalen Maßstab wettbewerbsfähig zu werden und weltweite Nachfrage nach ihren Waren und Leistungen zu schaffen. Bei den geltenden Lohnstückkosten ist das schwer genug; würde man den Gewerkschaftsthesen folgen, wäre es schlechterdings unmöglich.

Das Frühjahrsgutachten 1997 erklärt die Lohnpolitik vollkommen zu Recht zum »Dreh- und Angelpunkt« für die Wiederbelebung des Aufholprozesses. Es fordert eine Lohnpolitik, »die es den Unternehmen erlaubt, Gewinne im Markt zu erzielen«. Eine an sich triviale Forderung. Um so nachdenklicher stimmt es, daß in einer der sozialsten Demokratien der Welt bei einer für die Zukunft des Landes so wichtigen Richtungsentscheidung nicht wenigstens ein befristeter Konsens möglich ist. Weder Arbeitgeberverbände noch Gewerkschaften mögen sich über die verheerenden Konsequenzen täuschen, die sie durch ihren tarifpolitischen Parforceritt für die Zukunft Deutschlands anhäufen.

## Flächentarif in der Zerreißprobe

Die Belegschaften und Unternehmer in den neuen Ländern warten angesichts dieser Problematik keineswegs verzagt auf Hilfe »von oben«. Mangels Einsicht in den Führungsetagen von Gewerkschaft und Arbeitgeberverbänden hat die Mehrheit der Unternehmen gehandelt und den Ausweg der untertariflichen Bezahlung gewählt. Ihr Ziel ist weder »Profitmaximierung« auf der einen Seite noch die Angleichung an ein abstraktes »Westniveau« auf der anderen. Ihnen geht es schlicht darum, ihren Betrieb mit möglichst wenig Entlassungen über die Runden zu retten. Genaue Angaben über das Ausmaß der Tarifflucht sind bislang nicht zu erhalten. Allerdings häufen sich neuerdings Aussagen prominenter Arbeitgebervertreter, wonach sich ganze Branchen praktisch vom Tarif verabschiedet haben; vielfach wird dort bis zur Hälfte weniger gezahlt. Schon im Frühjahr 1995 erbrachte eine gemeinsame Erhebung dreier Wirtschaftsforschungsinstitute, daß ein Drittel aller ostdeutschen Industriebetriebe unter Tarif bezahlt.
Welche Bedeutung kommt dem Flächentarif in Ostdeutschland angesichts solcher Entwicklungen noch zu? Für wen gilt das Tarifritual in den neuen Ländern noch? Das sind Fragen, die sich jeder Unternehmer im Osten angesichts der grotesken Verbandstarife stellen muß. Unternehmen und Arbeitnehmer in den neuen

Ländern sehen sich angesichts dieses Szenarios auf Selbsthilfe angewiesen. Betrieblich vereinbarte untertarifliche Löhne sind zwar kein Idealzustand und dem bewährten Flächentarif keineswegs vorzuziehen, wohl aber einem tarifpolitischen Dogmatismus, der mit dem Ziel der Beschäftigungssicherung nicht vereinbar ist. Wenn westdeutsche Tarifniveaus wichtiger sind als ostdeutsche Arbeitsplätze, gibt die Vernunft jenen Belegschaften und Betrieben im Osten recht, denen die Sicherung der Arbeitsplätze wichtiger ist als die des Flächentarifs. Die Verbandsaustritte der Bauarbeitgeber in Berlin-Brandenburg, Mecklenburg-Vorpommern und Thüringen haben gezeigt, daß der Flächentarif einer ganzen Branche an einer solchen Politik zerbricht. Der neue Tarifvertrag, der nur noch in den verbleibenden Länder Sachsen und Sachsen-Anhalt gilt, erkennt diese simple Wahrheit endlich an, indem die Löhne eingefroren und sogar Unterschreitungen bis zu 10 Prozent zugelassen werden. Das kann aber nur ein erster Schritt bei der Annäherung an die Realität sein. Wird dieser Weg nicht konsequent fortgeführt und auch von den Tarifparteien anderer Branchen eingeschlagen, kann das Beispiel der Bauwirtschaft leicht Nachahmung finden. Man muß kein Prophet sein, um vorherzusehen, daß dies nicht ohne Rückwirkungen auf die Tarifpolitik im Westen bliebe.
Den Unternehmen in den neuen Ländern muß eine Brücke gebaut werden, über die sie Tarifbindung und Existenzsicherung miteinander verbinden können. Meine Empfehlung lautet daher: Aussetzung des Flächentarifvertrages in Ostdeutschland für wenigstens fünf Jahre und Einführung von betriebsindividuellen Tarifen, die der jeweiligen Situation angemessen sind. Nach Ablauf dieser Frist münden alle Betriebe wieder in den Flächentarif. Dank der zwischenzeitlichen Flexibilisierung der Tarifstrukturen in den alten Bundesländern wird es dann keine Schwierigkeit mehr darstellen, die Tariflandschaften einander anzugleichen. Die Unternehmen brauchen diese Atempause an der Lohnfront, um für ihr Überleben an der Wettbewerbsfront zu sorgen. Sie brauchen Spielraum für Investitionen, weil es nur so eine Perspektive für bestehende und künftige Arbeitsplätze gibt. Anderenfalls ist der weitere Abbau vorgezeichnet. Deshalb ist es

ein Stück aktiver Zukunftssicherung im Osten, daß man beim Lohnzuwachs eine Weile die Zähne zusammenbeißt und sie erst einmal der Konkurrenz im Wettbewerb zeigt. Auch im Westen wird man das wieder lernen müssen. Gerade in solchen Situationen aber muß sich das Flächentarifsystem bewähren und für ein berechenbares und konzertiertes Vorgehen nach innen zugunsten der Sicherung der Wettbewerbsfähigkeit nach außen sorgen. Mit einem tarifpolitischen Wildwest im Osten ist keiner Seite gedient – weder in den neuen noch in den alten Ländern.

## Aufbau Ost – Start- statt Sterbehilfe

Von zentraler Bedeutung ist natürlich die Frage, wie es mit der finanziellen Unterstützung der neuen Bundesländer weitergehen soll und welche Rolle sie in einem künftigen Konzept spielen wird. Würde endlich ein aufrichtiger Umgang mit diesem Thema in Deutschland einkehren, ließen sich die sogenannten Osttransfers sofort auf ein Viertel reduzieren. Eine genaue Betrachtung macht deutlich, daß überwiegend Leistungen aufgerechnet werden, die in keiner Weise spezifisch oder gar exklusiv für den Osten sind. Kajo Schommer, Sachsens Wirtschaftsminister, hat vor einiger Zeit anschaulich gemacht, auf welche Weise beim Thema Transfers in Deutschland mit zweierlei Maß gemessen wird: Bekäme Theo Waigels Frau ein Kind, würde Familie Waigel Kindergeld erhalten. Gleiches steht zwar auch Familie Schommer für ihren Nachwuchs zu, allerdings mit dem Unterschied, daß deren Kindergeld von der Bundesregierung als »Osttransfer« verbucht würde.
Analog verhält es sich beim Bau von Autobahnen und anderen Infrastrukturprojekten. Das Bundesfinanzministerium hat sich sogar dazu verstiegen, die Steuerersparnis, die westdeutschen Kapitalanlegern aufgrund ihrer Ostimmobilien zufließt, als Transfer zu deklarieren. Ein genauerer Blick auf den wahren Inhalt der Entwicklungshilfe aus dem Westen lohnt sich also und nährt den Eindruck, daß derartige Statistiken in erste Linie eine Alibifunktion haben. Denn längst nicht alles, was unter der Rubrik »Aufbau

Ost« erscheint, stellt mehr als eine bloße Selbstverständlichkeit dar.

Das gilt insbesondere für die Sozialtransfers, auf die rund 74 Milliarden von insgesamt etwa 184 Milliarden Mark Transfersumme entfielen, die nach vorläufigen Berechnungen der Deutschen Bundesbank 1996 in die neuen Länder flossen. Auch der Posten Subventionen, der mit 16 Milliarden Mark zu Buche schlägt, dürfte durch eine in vielen Fällen sozialpolitisch motivierte Industriepolitik einen hohen Sozialanteil beinhalten. Der weitaus größte Teil der Transfers löst somit kein spezifisch ostdeutsches Problem. Wer die sogenannten Osttransfers in Frage stellt, macht sich in Wahrheit Gedanken über die Reform des sozialen Umverteilungssystems in ganz Deutschland. Denn die Voraussetzungen für soziale Unterstützungszahlungen sind nicht einseitig nur für den Osten veränderbar. Der ausufernde Wohfahrtsstaat muß insgesamt hinterfragt werden, und zwar ganzheitlich. Die deutsche Krankheit läßt sich nicht in ein Ost-, Nord-, Ruhr- und Saarproblem aufteilen. Es gilt, das Anspruchsdenken hier wie dort abzubauen und der Eigeninitiative neue Geltung zu verschaffen.

Kommen wir also zu jenem Teil der Anpassungshilfen, bei dem der Osten tatsächlich bevorzugt wird, nämlich der Investitionsförderung. 39 Milliarden Mark werden dieses Jahr voraussichtlich für die Erweiterung und Modernisierung des Kapitalstocks bereitgestellt – gerade ein Fünftel der gesamten Bruttotransfers. Natürlich müssen mittelfristig auch in diesem Bereich die eingesetzten Mittel behutsam zurückgeführt und vor allem sinnvoll eingesetzt werden. Dies unterstreicht eine aktuelle Untersuchung des Instituts für Weltwirtschaft an der Universität Kiel, in der festgestellt wird, daß die Finanzhilfen konzentriert in Krisenbranchen und Binnensektoren geflossen seien, in denen ein Schutz vor Weltmarktkonkurrenz bestehe. Dies habe die ostdeutsche Wirtschaft gezielt in die falsche Richtung gelockt und einer verzerrten Wirtschaftsstruktur Vorschub geleistet. Die Kehrseite seien Entwicklungsrückstände gerade in der Industrie und bei modernen Dienstleistungen. »Die Einsicht, daß die hohen allgemeinen Finanzzuweisungen an die Länderhaushalte Ostdeutschlands aufgrund der zentralistisch verordneten Subventionspolitik letztlich so verwendet werden, daß das Entstehen moderner Produktionsstrukturen gehemmt wird, sollte einen wirtschaftspolitischen Kurswechsel nach sich ziehen.« So das Fazit der Studie. Dieser Kurswechsel muß im Osten schnellstens eingeleitet werden. Er darf aber beileibe nicht dort haltmachen. Gefordert ist eine Wirtschaftspolitik für Ost *und* West, die den Strukturwandel durch Investitionen beschleunigt, statt ihn durch Subventionen zu verhindern. Dazu muß staatliche Unterstützung künftig selektiv und im Rahmen regionaler Entwicklungskonzepte erfolgen, die Start- statt Sterbehilfe leisten. Ein solcher Umschwung muß seine Fortsetzung in einer Standortpolitik finden, die Haushalte und Unternehmen in Deutschland entlastet, die private Initiative stärkt und den Umfang staatlicher Aktivitäten generell zurückschraubt.

Dabei sind auch die sogenannten Osttransfers auf die dargelegte Weise kritisch zu hinterfragen. Deren Abbau ist aus meiner Sicht keineswegs ein Tabu. Entsprechende Forderungen sind aber nur dann seriös, wenn damit die Weichen für Deutschlands wirtschaftliche Zukunft insgesamt neu gestellt werden, und zwar in eine Richtung, die auch den neuen Ländern eine Perspektive bietet. Alles, was bundesweit einheitlich gekürzt werden kann, stößt daher auf keine ostdeutschen Einwände. Insbesondere die Rückführung des wohlfahrtsstaatlichen Leistungsniveaus ist in Deutschland generell erforderlich und ein sinnvoller Beitrag zur Stärkung des Standorts. Nicht einfach streichen kann man dagegen die echten Osthilfen. Es wäre unverantwortlich, die neuen Länder mit den disparaten Wirtschaftsstrukturen alleine zu lassen, die eine Industriepolitik nach westdeutschem Modell dort hervorgebracht hat. Die Hilfen müssen vielmehr effizienter eingesetzt werden, damit sie endlich dem Aufbau einer neuen, tragfähigen Wirtschaftsbasis zugute kommen. Nicht dem Osten muß die Unterstützung entzogen werden, sondern einer Wirtschaftspolitik, die allerorten überkommene Strukturen konserviert und keine Zukunftschancen für Deutschland schafft.

## Fahrplan für den Umschwung

Wie kann die ostdeutsche Wirtschaft wirklich auf die Beine kommen? Welche Richtung muß die Wirtschaftspolitik verfolgen, damit der Strukturwandel im Osten wieder in Gang kommt? Die klare Antwort darauf lautet: Der Aufschwung Ost muß weiter von Investitionen getragen werden. Da aber große Investitionen von außen allenfalls noch sporadisch zu erwarten sind, gilt es, die Investitionskraft der heimischen Unternehmen zu stärken. Die Politik muß sich von den bis heute gehätschelten Dinosauriern des Industriezeitalters verabschieden, deren Niedergang sich auch im Osten nicht abwenden läßt. Statt industrieller Kerne müssen künftig dynamische Mittelständler und innovative Existenzgründer im Mittelpunkt des Interesses stehen. Der Mittelstand braucht aber keine Industriepolitik alten Schlages, sondern eine moderne, regional differenzierte Strukturpolitik. Nur auf diese Weise können im Osten neben den verlängerten Werkbänken auch wieder starke, eigenständige Unternehmenszentralen entstehen, die Kristallisationskerne für eine neue Wirtschaftsstruktur sein werden.

Oft sind aber gerade die vielversprechendsten Unternehmen im Mittelstand ihrer angespannten Finanzlage wegen nicht in der Lage, ihr Marktpotential offensiv zu erschließen. Die Eigenkapitaldecke der meisten Betriebe ist so dünn, daß damit langfristige Risiken und eine zukunftsorientierte Geschäftspolitik gar nicht möglich sind. Schon die Annahme eines Großauftrages bedeutet ein unkalkulierbares Risiko, und die Gefahr von Zahlungsverzögerungen schwebt wie ein Damoklesschwert über vielen ostdeutschen Betrieben. Die Beschaffung von Kapital ist das Entwicklungshemmnis Nummer eins für mittelständische Wachstumsunternehmen in Deutschland. Was in den USA nahezu ein Kinderspiel ist, fällt hierzulande oft unendlich schwer. Für Betriebe in den neuen Ländern gilt dies in doppeltem Maße. Unser Kapitalmarkt ist in keiner Weise auf die Anforderungen junger Unternehmen eingestellt, die neue Wirtschaftssektoren erschließen und unserem Land die Zukunft eröffnen. Beim Aufbau Ost wurden auch hier die Dinge auf die Spitze getrieben; die

Sonderabschreibungen sind geradezu ein Sinnbild für die deutsche Rentiersmentalität. Statt eine Risikokapitalbörse oder Venture-Fonds für ostdeutsche Unternehmen einzurichten, hat der Westen sich auf die Ost-Immobilien gestürzt. Der industrielle Mittelstand ist dabei auf der Strecke geblieben. Doch im Osten kommt er ohne Risikokapital nicht voran, und auch westdeutsche Mittelständler sollten nicht nur die Wahl zwischen Verkauf an einen Großkonzern oder Abwanderung an die amerikanische NASDAQ haben. Falls es gelingt, für den Osten eine funktionsfähige Lösung zu finden, ist das Kapitalproblem in ganz Deutschland überwunden.

Der Staat kann hier eine wichtige Funktion übernehmen, indem er bei der Eigenkapitalbeschaffung Brücken zwischen Betrieben und den Anlegern baut. Dabei ist nicht einmal erforderlich, daß der Staat selbst als Geldgeber auftritt. Oft reicht eine Bürgschaft oder ein steuerlicher Anreiz für den Kapitalanleger. Die klassische Wirtschaftsförderung beschränkt sich darauf, notleidende Betriebe vor dem endgültigen Aus zu bewahren. Doch es wird zu wenig Energie und Kreativität darauf verwandt, aussichtsreichen Wachstumsunternehmen über die privaten Märkte zu Kapital zu verhelfen. Zwar vergeben die öffentlichen Förderbanken, die Kreditanstalt für Wiederaufbau und die Deutsche Ausgleichsbank, langfristige und eigenkapitalähnliche Darlehen. Der Ansatz des »Beteiligungsfonds Ost« ist im Grunde richtig, sein Volumen aber zu gering. In seinem Rahmen werden drei Jahre lang jeweils bescheidene 500 Millionen Mark von privaten Anlegern eingeworben. Die Einlagen haben eine Laufzeit von 10 Jahren und werden durch eine Steuerbefreiung in Höhe von 12 Prozent des eingesetzten Kapitals und eine nominale Verzinsung von 4,75 Prozent belohnt. Die Rendite für den Kapitalanleger beträgt damit im günstigsten Fall rund 8 Prozent – ohne jegliches Risiko.

Nach demselben Muster müssen echte Risikokapitalsammelstellen geschaffen werden, die haftendes Eigenkapital für befristete Zeit bereitstellen und dafür steuerlich großzügiger begünstigt werden. In einer Zeit, in der öffentliche Mittel knapp sind, privates Kapital aber im Überfluß bereitsteht, kommt es darauf an, den

Privatsektor bei der Neuorientierung der ostdeutschen Wirtschaft stärker einzubinden. Warum gründen wir keine Börse für ostdeutsche Unternehmen mit Sitz in Leipzig oder Erfurt, deren Anlagebeträge begünstigt sind?
Weitere Möglichkeiten der Risikokapitalbereitstellung können durch die überfällige Liberalisierung der deutschen Kapitalmarktgesetzgebung erschlossen werden. In den USA gibt es längst einen florierenden Markt für Beteiligungen, den auch immer mehr junge Firmen aus Deutschland nutzen. Auch hierzulande sind die Voraussetzungen dafür vorhanden. Allein in den nächsten fünf Jahren stehen in der Bundesrepublik 2,6 Billionen Mark zum Vererben an. Doch Unternehmer, die in die Zukunft investieren wollen, müssen sich das erforderliche Kapital im Ausland suchen. Wie soll ein Land, das nicht dazu fähig ist, sein gehortetes Vermögen für Wachstumsaufgaben zu mobilisieren, seine wirtschaftlichen Kräfte erneuern und gar die Herausforderungen des Aufbaus in Ostdeutschland bewältigen? Das kann nur gelingen, wenn es in Deutschland wieder den Mut zum Experiment und die Bereitschaft zum Risiko gibt. Deshalb plädiere ich dringend dafür, zumindest im Kapitalmarktsektor ein Deregulierungsgebiet Ost zu schaffen und dort rasch alle innovativen Formen der Unternehmensfinanzierung über Risikokapital aufzubauen, die wir in den nächsten Jahren überall brauchen werden. Sicherlich bedarf es dazu partieller staatlicher Förderung, doch viel wichtiger wird es sein, vernünftige Rahmenbedingungen für Investoren zu schaffen, damit sowohl private als auch institutionelle Anleger einen Teil ihres Vermögens in Risikokapitalfonds einlegen können.
Noch weitere Bedingungen müssen erfüllt sein, um einem neuen Mittelstand im Osten zum Durchbruch zu verhelfen. Herausragende Bedeutung kommt einer Infrastruktur zu, die auf die heimischen Wachstumsbereiche ausgerichtet ist. Dabei gilt es, die Innovationsfähigkeit der Unternehmen in technischer und organisatorischer Hinsicht zu unterstützen, mithin ein Umfeld zu schaffen, welches das Wachstum aus eigener Kraft fördert. Mit dem Ausbau der allgemeinen Infrastruktur, der Straßen, Bahnstrecken und Telefonverbindungen, darf es daher nicht getan

sein. Vielmehr ist es an der Zeit, die Bildung regionaler Cluster zu unterstützen, in denen mittelständische Unternehmen den optimalen Rahmen für ihre Entwicklung finden.
Mit dem Zusammenbruch der industriellen Monostrukturen der großen Kombinate zerfielen zugleich die wirtschaftlichen Gravitationszentren ganzer Regionen, auf welche die ansässigen Universitäten, Forschungseinrichtungen, Ausbildungsstätten, ja selbst medizinische und soziale Einrichtungen ausgerichtet waren. Die Erfahrungen zeigen, daß diese »industriellen Kerne« nicht wiederbelebt werden können. Subventionen sind auf Dauer kein Ausgleich für fehlende Standortfaktoren; sie müssen vielmehr dazu eingesetzt werden, den altindustriellen Regionen ein neues Profil zu geben. Die Hinterlassenschaft der Kombinate muß völlig neu geordnet werden. An die Stelle der alten Gravitationszentren müssen dezentrale Verbünde von Produktion, Dienstleistung, Forschung, Ausbildung und Technologietransfer treten, die sich frei organisieren, statt zentral gelenkt zu werden. Der neue Mittelstand im Osten braucht diese innovative Infrastruktur, doch er kann sie nicht selbst installieren. Hier liegt die künftige Aufgabe der Wirtschaftsförderung, die sich bislang zu stark auf die einzelbetriebliche Förderung und die Schaffung konventioneller Gewerbegebiete konzentriert hat, denen die entscheidenden Differenzierungsmerkmale fehlen. Im Vordergrund muß der Aufbau von Strukturen mit innovativen Inhalten und identifizierbarem Profil stehen. Grundlage der Förderung im Osten müssen darum abgestimmte regionale Entwicklungskonzepte sein, die die Stärken des Mittelstandes bündeln und seiner Vielfalt, Flexibilität und Dynamik qualifizierte Unterstützung bieten.
Die bisher praktizierte Wirtschaftsförderung auf Bundes- und Länderebene hegt hingegen immer noch große Scheu vor Konzepten einer regionalen Strukturpolitik. Die flächendeckende Gleichbehandlung nach dem Gießkannenprinzip erscheint vielen am unverfänglichsten, und nicht selten begegnet man auch der Ansicht, daß diejenigen Regionen die größte Förderung erfahren müßten, die über die geringsten Entwicklungschancen verfügen. Einer solchen Förderphilosophie, wie sie in der erfolg-

ten Kürzung der Investitionshilfen in einzelnen ostdeutschen Regionen zum Ausdruck kommt, muß klar widersprochen werden. Wirtschaftsförderung ist keine Ersatzsozialpolitik und Profillosigkeit keine Grundlage, um Investitionen zu stimulieren. Der Zweck der Unterstützung für die neuen Länder muß künftig darin bestehen, ihre wirtschaftliche Eigenständigkeit durch den Aufbau von Wachstumspolen voranzutreiben. Einzelne Städte und regionale Großräume müssen als erste den Durchbruch erreichen und dann sukzessive weitere Gebiete nach sich ziehen. Gäbe es nur fünf solcher Boomregionen in den neuen Ländern, wäre nicht nur die Lage, sondern auch die Stimmung eine ganz andere. Der Osten braucht Erfolgsbeispiele, die aufstrebende Unternehmen und hochqualifizierte Arbeitskräfte anziehen. Doch ein solches Ziel läßt sich ohne klare Konturen und stimmige Konzeptionen, die jeweils vor Ort entwickelt werden müssen, nicht erreichen. An solchen Konzepten muß sich eine neue Wirtschaftsförderung im Osten künftig beteiligen und orientieren. Denn alle Experten sind sich darin einig, daß die Transferzahlungen an die neuen Länder allenfalls dann zurückgefahren werden können, wenn parallel dazu die Effizienz der Mittelverwendung gesteigert wird. Regionale Förderkonzepte sind hier der richtige Ansatz.
Mit dem »Beteiligungsfonds Ost« hat die Bundesregierung einen ersten Schritt zu einer zielgerichteten Förderpolitik angedeutet. Ab 1999 werden ferner die Sonderabschreibungen durch Investitionszuschüsse ersetzt, die den ostdeutschen Betrieben weitaus stärker zugute kommen. Durch die ergänzende Konzentration der Mittel auf die Industrie und andere strategisch wichtige Bereiche wird eine höhere Effizienz der Hilfen erreicht. Diese Maßnahmen sind im Ansatz richtig, weil sie ein investitionsgetriebenes Wachstum aus eigener Kraft fördern. Sie bleiben jedoch Stückwerk. Es fehlt weiterhin ein durchgängiges Konzept, das diese vereinzelten und zögerlichen Ansätze bündelt und wirksam verstärkt. Wenige leistungsfähige Programme, die vor allem zu privatem Engagement Anreize geben, müssen an die Stelle des ostdeutschen Förderdschungels treten. Ergänzend bedarf es regionaler Entwicklungskonzepte, die das Umfeld be-

reiten, in dem sich ein innovativer Mittelstand optimal entfalten kann. Wenn schließlich eine weitblickende Tarifpolitik diese Strategie flankiert, kann im Osten eine ungeheure Dynamik mit Langzeitwirkung entstehen. Das ist die Quintessenz des geschilderten angebotsorientierten Weges zu Wachstum und Beschäftigung.

Grundlegende Voraussetzung dafür aber ist die durchgängige Erneuerung der deutschen Wirtschaftspolitik im Geiste Ludwig Erhards. Eine Wachstumspolitik, wie ich sie für die neuen Länder zu schildern versucht habe, kann nicht regional begrenzt sein – weder von den Ausgangsbedingungen noch von der Wirkung. Das muß dringend verstanden und beherzigt werden! Der Aufbau Ost kann nur gelingen, wenn die Rahmenbedingungen am Standort Deutschland insgesamt in Ordnung kommen. Die wesentlichen Schritte dazu will ich im folgenden schildern.

## Der Standort Deutschland steht und fällt im Osten

Die Gleichung »Aufbau Ost = Transferzahlungen« geht nicht auf. Der Aufschwung in den neuen Ländern ist eine Herausforderung für den Wirtschaftsstandort Deutschland in all seinen Facetten, angefangen bei den Sozialsystemen über das Steuersystem, das Tarif- und Beschäftigungssystem bis hin zum Innovations- und Bildungssystem. Um all diese wirklichen Zukunftsfelder ist es in unserem Land schlecht bestellt. Das bekommt man im Osten besonders deutlich zu spüren.

In der bereits angesprochenen Tarifpolitik muß das rechte Augenmaß wiedergefunden werden. Die 1991 abgeschlossenen Stufenanpassungsverträge sind Makulatur; diese Einsicht muß im Osten dringend greifen. Damals ging man von Wachstumsraten nahe 10 Prozent aus, in diesem Jahr werden es vielleicht noch 2 Prozent sein. Es kann nicht angehen, daß die Gewerkschaften im Osten opulente Lohnerhöhungen durchsetzen wollen, während sie gleichzeitig im Westen um Reallohnsicherung kämpfen. Die Erneuerung der Tarifpolitik ist inzwischen eine gesamtdeutsche Notwendigkeit, in deren Rahmen auch im westdeut-

schen Tarifsystem differenziertere Lösungen gefunden werden müssen. DGB-Chef Schulte hat diese Einsicht im Mai dieses Jahres erkennen lassen und wurde dafür von einigen Einzelgewerkschaften heftig angegriffen. Dennoch müssen diese zunächst unangenehmen Einsichten akzeptiert werden, damit wieder Bewegung in die Beschäftigungsfront kommen kann.
Hier könnte der Staat durch ein leistungsfreundliches Steuersystem und bezahlbare Sozialversicherungsbeiträge einen erheblichen Beitrag leisten. Doch die großen Reformen der Sozialversicherungen verdienen diesen Namen entweder nicht oder enden wie das Hornberger Schießen. Die Renten- und die Krankenversicherung wird hierzulande inzwischen im Jahresrhythmus reformiert, doch die Beiträge steigen immer weiter. Ein Bruttoeinkommen an der Beitragsbemessungsgrenze wird bereits zu 42 Prozent allein von den Sozialversicherungsbeiträgen aufgezehrt, die Arbeitnehmer und Arbeitgeber entrichten. Man darf trotz aller berechtigten Kritik an den Tarifparteien nicht vergessen, daß nicht so sehr die Löhne, sondern weitaus mehr die Lohnnebenkosten das katastrophale Abschneiden der deutschen Arbeitskosten im internationalen Vergleich ausmachen.
Ähnlich verfahren ist das Bild bei der Steuerreform, in die zu Recht große Hoffnungen gesetzt wurden. Man muß sie als vorerst gescheitert betrachten. Von der Formel »leistungsfreundliche Tarifsenkung bei Verbreiterung der Bemessungsgrundlage« wäre zweifellos eine Signalwirkung für den Standort Deutschland ausgegangen. Inzwischen ist die Vorlage zum Spielball gabenverteilender Haushalts- und Sozialpolitiker geworden, die ihre jeweilige Klientel vor Einschnitten bewahren wollen. Insbesondere die geplante Unternehmenssteuerreform wurde als zu teuer geopfert, während für eine unnötige Nettoentlastung bei der privaten Einkommensteuer neue Schulden aufgenommen werden mußten. Eine solche Politik paßt nicht mehr in unsere Zeit. Es ist fatal, daß selbst eine Reform dieser Tragweite zum Vehikel einer unverändert kurzfristigen und konzeptionell falschen Konjunkturpolitik umfunktioniert wird.
Die Politik hat damit wichtige Chancen für eine Verbesserung des Standorts und eine Erneuerung der Gesellschaft verspielt. Immer

größere Teile des Volkseinkommens geraten in den Strudel der Umverteilungspolitik und fehlen dem Staat für Investitionen in die Zukunft unseres Landes. Die Diskussionen um Steuerreform und Haushalt 1998 haben den Eindruck verstärkt, daß der Staat von der Hand in den Mund lebt und der politische Planungshorizont um so kürzer wird, je näher die nächste Wahl rückt. Die erhoffte Tendenzwende am Standort Deutschland wird so nicht erkennbar. Das Signal für die dringend erforderliche Investitionsoffensive ist ausgeblieben. Vielmehr wächst die Planungsunsicherheit bei den Unternehmen, seit neben der Effizienz neuerdings auch die Berechenbarkeit des wirtschaftlich relevanten Ordnungsrahmens in Frage steht.

## Für ein Gemeinschaftswerk »Aufschwung Deutschland«

Die deutsche Wirtschaftspolitik muß sich dringend von der Vorstellung lösen, die neuen Länder könnten als klassisches Industrieland wiederaufgebaut werden. Das Resultat wäre zwangsläufig die Rekonstruktion einer Vergangenheit, von der sich die alten Länder gegenwärtig in einem schmerzhaften Prozeß des Strukturwandels lösen. Unser Land kann sich der weltweiten säkularen Umwälzung nicht entziehen. Mit den Begriffen »Globalisierung« und »Dritte Industrielle Revolution« ist nur unzureichend beschrieben, worum es sich dabei handelt: um eine völlige Neuordnung der internationalen Arbeitsteilung, in der auch Deutschland neuerlich seinen Platz finden muß.

Diese Neuordnung bedingt die Schrumpfung traditioneller industrieller Bereiche, die bis zur Schließung oder Verlagerung ins Ausland führen kann. Dieser negative Teil des Umbruchs ist im Osten bereits weitgehend abgeschlossen. Andererseits entstehen durch die Metamorphose der Wirtschaft neue Felder industrieller Betätigung. Diese zu erschließen ist dagegen in den alten wie in den neuen Ländern bislang weitgehend versäumt worden. Zu sehr war die Wirtschaftspolitik darauf fixiert, Vorhandenes zu sichern und sich unter Aufbietung aller staatlichen Ressourcen dem

Strukturwandel entgegenzustemmen. Dieses Paradigma wohlfahrtsstaatlicher Anspruchswahrung muß überwunden werden! Die neuen Länder werden dabei Vorreiter sein und ihren Teil dazu beitragen, daß verkrustete Strukturen aufgebrochen werden. Längst sind sie aber integraler Teil des Standorts Deutschland, dessen Probleme zusätzlich auf ihnen lasten. Ihre Stagnation zeigt, daß sie diese Last auf Dauer nicht tragen können. Im Osten wird sich zuerst entscheiden, wie Deutschland in zehn Jahren wirtschaftlich dastehen wird. An die Stelle der wohlfahrtsstaatlichen Prozeßpolitik muß eine wettbewerbsorientierte Standortpolitik treten, die berechenbar ist und die Eigenverantwortung aller in der Wirtschaft stärkt. Gepaart mit flexiblen Arbeitszeitmodellen, privatem Risikokapital und einer zielgerichteten Wirtschaftsförderung, kann so in den neuen Ländern in wenigen Jahren das entstehen, was Deutschland dringend braucht: ein Stück gelebter, erfahrbarer Zukunft.

# III
# Chancen im Osten – der Osten als Chance

## Erwartungen und Perspektiven der Anfangsjahre

# 4
# Befangen in der Welt von gestern

## Die Wiedervereinigung als politisches Projekt

Der Prozeß der Wiedervereinigung ist politisch richtig abgelaufen. Der damals eingeschlagene Weg war der einzig mögliche, um die gebotene Chance zu nutzen. Die damit verbundenen Herausforderungen, vor allem die wirtschaftlichen, sind Aufarbeitungsprobleme. Wahrscheinlich waren die vielen Fehler, die wir im ökonomischen Bereich gemacht haben, nicht zu vermeiden. Allerdings läßt sich Kontinuität der Fehlerfortsetzung vermeiden.

Warum aber haben wir in der Politik im Zuge der Wiedervereinigung alles richtig, wirtschaftlich hingegen vermutlich alles falsch gemacht – immer mit der Einschränkung, daß wir diese Fehler wohl machen *mußten*? Meine Antwort lautet: Weil wir in der ersten Phase nicht eine einzige Entscheidung allein aus wirtschaftlichen Erwägungen treffen konnten. Alle Entscheidungen beruhten auf politischen Erwägungen. Etwa die Einführung der D-Mark in Ostdeutschland. Es gibt Untersuchungen, die zu belegen versuchen, was für ein klar durchdachtes Konzept dahintergestanden habe. Doch es gab kein Konzept. Die Situation war die, daß wir im Westen Angst bekamen vor den Schildern der Demonstranten im Osten: »Kommt die D-Mark, bleiben wir, kommt sie nicht, dann kommen wir.« Da haben wir gesagt: »Gebt ihnen schnell die Mark, die kommen wirklich.« Das war die einzige Argumentation. Es war nackte Reaktion, eine Abwehrreaktion.

Die D-Mark wurde eingeführt, und die Leute sind zum großen Teil geblieben, haben sie genützt und möglichst viel mit ihr gemacht. Dann stellten wir fest: Die Leute sind doch voller Hoffnung. Wir haben sie darin sogar bestärkt mit der Aussage, daß in wenigen Jahren blühende Landschaften bei ihnen entstehen werden und wir das Ganze aus der Portokasse finanzieren. Zugleich haben wir ihnen die Perspektive vermittelt, sie würden in wenigen Jahren das westliche Lohnniveau erreichen. In der großen Begeisterung schlossen Arbeitgeber und Gewerkschaften entsprechende Tarifverträge ab. Doch nichts ist so gekommen, wie es kommen sollte. Heute betragen die Löhne im Osten zwei Drittel des Westniveaus, aber die Produktivität beläuft sich nur auf ein Drittel. Oder anders gesagt: Die Lohnstückkosten sind doppelt so hoch wie im Westen, was nicht gerade ein verlockendes Argument für die Ansiedlung von Produktionsbetrieben ist. Wenn ich denen im Westen sage: »Kommt alle nach Jena. Mit der Autobahn ist es zwar noch ein bißchen schwierig und die Kommunikation ein wenig umständlich, aber dafür sind die Lohnstückkosten doppelt so hoch« – da können Sie sich vorstellen, wie die Leute freudestrahlend Schlange stehen und überzeugt sind: »Da müssen wir hin.« Zumal, wenn sie zu Hause ihren Betrieb nur zu 70 Prozent ausgelastet haben.

## Schwierige Annäherung an den Markt

Deshalb fragen heute so viele: Warum entwickelt sich dort drüben alles so schwierig? Bei doppelt hohen Lohnstückkosten ist das nicht weiter verwunderlich. Es gibt da aber ein breites Spektrum. Nehmen wir Opel in Eisenach, das berühmte Beispiel. Wenn jemand eine westdeutsche Fabrik nach dem neuesten technischen Stand jenseits der alten Grenze auf die grüne Wiese baut, bleibt der Erfolg nicht aus. Die Ostdeutschen sind ja nicht ungeschickt. Sie arbeiten sich in vier Wochen ein und sind dann so gut wie die Westdeutschen. Es wird immer noch so getan, als gäbe es ein Mentalproblem. Diese Vorstellung sollten wir endlich aufgeben. Die Frage ist vielmehr, ob die gleichen Bedingungen vor-

handen sind. Ein Investor, der – im Gegensatz zu Opel – einen Treuhandladen gekauft hat, mußte sich verpflichten, soundso viele Leute zu beschäftigen, die keine Arbeit haben, und soundso viel zu investieren, was er nach kurzer Zeit nicht mehr kann, weil er das Geld für Lohnsubventionen ausgegeben hat. Nach einem Jahr kommt dann die große Überraschung. Deshalb gibt es jetzt die »Flops« am Fließband. Belastend kommt hinzu, daß wir uns von der Idee leiten ließen, die im Osten sollten im Rahmen der Eingliederung alles genauso machen wie wir im Westen – etwa bei der Regelung der Arbeitslosenunterstützung, die sich nach der Einkommenshöhe orientiert. Zufällig hatte in Jena das Stasi-Ehepaar ohne Kinder das höchste Einkommen. Deshalb bekommt es jetzt auch die höchste Arbeitslosenhilfe. Und dann wundern wir uns, wenn der Strukturprozeß nicht richtig läuft!
Ich habe in meinem Unternehmen in Jena 16 000 Leute entlassen, aber ich finde zur Zeit keinen Bauarbeiter. Warum wohl? Die Sozialhilfe beträgt inzwischen 95 Prozent des Westens, die Löhne erreichen aber nur 70 Prozent. Das hat natürlich Folgen. Wenn man zum Beispiel einen Arbeiter nimmt, verheiratet, zwei Kinder, mit 3 100 DM brutto, dann hat er im Westen immer noch 80 DM netto mehr, verglichen zum Betrag der Sozialhilfe. Im Osten ist die Sozialhilfe bei nahezu gleichem Haushaltseinkommen um 170 DM höher als sein Nettogehalt. Das hat Folgen. Deshalb soll man nicht immer so theoretisch fragen, warum alles so schwierig ist. Es ist so schwierig, weil wir eine Menge Fehler gemacht haben. Und die müssen wir korrigieren. Das bräuchten wir nicht, wenn wir genügend Geld hätten. Der Staat kann überhaupt die Menschen nur anständig behandeln, solange er genügend zu verteilen hat. Wenn er aber nichts mehr hat, muß er die Leute schlecht behandeln, damit sie tun, was notwendig ist. Während sie vorher mit Prämien bedient wurden, werden sie jetzt mit schlechter Behandlung bedient. Das ist das Problem, und da will niemand so richtig ran. Wir investieren zuwenig im Osten trotz aller Investitionsprogramme, weil wir zuviel verkonsumieren.

## Neue Bundesländer: Industriegesellschaft ohne Industrie?

Nehmen wir die Arbeitsplatzsituation. Die Arbeitsplätze in den neuen Ländern sind zwei Kategorien zuzuordnen. Die erste Kategorie sind die Dienstleistungsarbeitsplätze. Die sind binnenmarktabhängig und funktionieren deshalb hervorragend. Ich habe noch nie so viele Makler erlebt wie im Osten. Versicherungsvertreter, unglaublich! Aber auch der seriöse Teil ist da. Viele Bankfilialen. Jeder kann entscheiden, ob er zum Italiener oder zum Chinesen essen gehen will. Um Leipzig herum werden so viele Einkaufszentren gebaut, daß mit der Innenstadtsanierung gar nicht erst begonnen werden muß. Alles, was wir im Westen falsch gemacht haben, übertragen wir auf den Osten. Bald wird der Zustand erreicht sein, daß die ersten Läden schon wieder schließen, bevor die letzten aufmachen. Doch das ist Marktwirtschaft, erklären wir jetzt auch denen im Osten, damit sie wissen, wie die richtig funktioniert. Es wird mit steuerlicher Unterstützung viel fehlsubventioniert. Aber lassen wir das alles einmal beiseite. In drei oder vier Jahren wird die Qualität der Dienstleistung im Osten das westliche Niveau erreicht haben. Die drei bis vier Jahre brauchen wir eigentlich nur, um die größeren Einkaufszentren vollends zu bauen; alles andere ist schon da. Von den sieben Millionen Arbeitsplätzen, die wir in Ostdeutschland brauchen, werden wir bald vier Millionen im Dienstleistungssektor haben.
Das Restproblem bildet die zweite Kategorie, die drei Millionen Arbeitsplätze in der Produktion. Und das heißt schon etwas, denn bisher hatten wir im Osten ein Verhältnis von 20 Prozent Dienstleistung zu 80 Prozent Produktion. In drei, vier Jahren werden wir ein Verhältnis von 60 bis 65 Prozent Dienstleistungen zu vielleicht 35 Prozent Produktion haben. Aber die Produktionsarbeitsplätze müssen allesamt dieselbe Wertschöpfung erbringen wie im Westen. Denn auch wenn jetzt die Tariffrist für die Anpassung der Löhne an das Westniveau von 1994 auf 1996 verlängert wurde: Sofern jemand heute, also 1993, im Osten in eine Fabrik investiert, weiß er, daß es bis 1996 dauert, bis sie richtig läuft. Doch dann muß er mit denselben Kosten rechnen wie im Westen.

Es ist ein Irrtum zu glauben, wir seien im Osten die Konkurrenten von Griechenland, Portugal und Tschechien. Wir sind die Konkurrenten Westdeutschlands. Inzwischen können wir schon mit Frankreich gar nicht mehr konkurrieren, weil wir im Osten teurer sind. Deshalb, es hilft alles nichts, müssen wir Produktionen mit der Qualität des Westens haben. Wie aber schafft man Produktion, wenn die Nachfrage fehlt? Zuerst haben uns die Produkte gefehlt. Jetzt beginnen wir, Produkte zu entwickeln, aber für die fehlt uns die Nachfrage. Wir müssen also genauso in der Exportindustrie tätig sein und uns Märkte im Ausland schaffen.

## Zwischen industriellen Kernen und verlängerten Werkbänken

Wir im Osten haben drei Kategorien von Unternehmen, von denen eine, nämlich die des eigenständigen Ostunternehmens, allerdings nur mit Jenoptik vertreten ist. Alle anderen sind entweder Treuhand-Unternehmen oder Westtöchter. Ob die Treuhand-Unternehmen laufen werden, ist zweifelhaft. Das hängt immer davon ab, wieviel »cash« noch vorhanden ist. Im Moment scheint der auszugehen. So wird es bei den Treuhand-Unternehmen immer enger und enger. Nun sollen industrielle Kerne erhalten werden. Doch um was für Kerne handelt es sich dabei? Wer hat sie näher bestimmt? Im Augenblick lautet die Definition: »Wenn wir jetzt noch mehr Leute entlassen, gehen die auf die Straße. Also erklären wir, was noch da ist, zum industriellen Kern.« Das ist vielleicht politisch lobenswert, sachlich führt es aber überhaupt nicht weiter. Die Strategie müßte nicht heißen, beliebige alte industrielle Kerne zu erhalten, sondern neue aufzubauen. Mit den Treuhand-Unternehmen schaffen wir das nicht, und die anderen sind alle Töchter von Westunternehmen. Die Töchter von Westunternehmen laufen nach dem Prinzip: Forschung und Entwicklung bleiben im Westen, die Produktion geht in den Osten. Mit dem Ergebnis, daß immer die schwächsten Teile nach Osten kommen, also auch die, die sofort in Gefahr geraten, sobald der Wettbewerbsdruck durch die benachbarten Billiglohnländer größer wird.

Mit anderen Worten: Wir schaffen bereits wieder gefährdete Arbeitsplätze. Deshalb ist die Frage des Aufbaus einer Infrastruktur eigenständiger Ostunternehmen überhaupt die zentrale Frage. Aber darüber hat niemand nachgedacht.
Nehmen wir als Beispiel die Jenoptik. Wir haben mit 27 000 Leuten angefangen. 3 000 haben wir ausgegliedert zu Zeiss-Jena; das ist ein Typ Westtochter, von Oberkochen gesteuert. Weitere 6 000 Leute haben wir bei 114 meist mittelständischen Neugründungen in Jena untergebracht. Wir haben inzwischen eine hohe technologische Kompetenz erworben. Jeder zweite im produktiven Zweig ist Wissenschaftler. Die hervorragende Forschungskapazität ist vorhanden. Aber jetzt entwickeln Sie einmal aus dem Stand hochtechnologische Produkte. Im Westen sagt mir jeder: »Dafür brauchst du vier bis fünf Jahre.« Aber dafür ist keine Zeit in den Sanierungsplänen vorgesehen. Wir sind jetzt nach 18 Monaten mit hochmodernen Produkten auf dem Markt, etwa in der Medizintechnik oder der Mikromechanik. Wir haben große Erfolge auf den Messen in Seoul, San Francisco und Tokio. Doch nun stellen unsere neuen Kunden die komische Frage, wo denn unser Servicenetz sei. Um in Amerika und Japan in die Vertriebs- und Wartungsnetze zu kommen, muß man dort Firmen kaufen oder strategische Allianzen eingehen. Sonst kann ich mit meinen Technologieprodukten überhaupt nicht konkurrieren. Die Westunternehmen haben selbstverständlich ihre Märkte, in die sie ihre Osttöchter einbeziehen – aber natürlich vom Westen aus.
Die nächste große Schwierigkeit: Wir haben eine hochinteressante Produktion im Bereich der Industriekeramik hinzugekauft. Aber wir müssen den Billigteil möglichst schnell in Billiglohnländer verlegen, um konkurrenzfähig zu bleiben. Nun gehen Sie einmal in Jena hin und sagen: »Ich baue ein tolles Unternehmen auf, aber als erstes verlege ich einen Teil der Produktion nach China und Tschechien, damit unsere anderen Arbeitsplätze wirtschaftlich bleiben.« Die Konkurrenten aus dem Westen fragt keiner, warum sie nach China gehen. Uns fragt jeder. In Shenzen traf ich vor kurzem einen Deutschen, der von Hongkong dorthin gezogen ist. Er ließ in Hongkong arbeiten, weil dort sieben Chinesen für den Lohn schaffen, den ein Deutscher kostet. In Shen-

zen arbeiten sieben Chinesen für den Lohn, den der Mann für einen Chinesen in Hongkong zahlt. Jetzt produziert er mit der Bürde von 2,5 Prozent unserer Löhne. Man muß also den Ostdeutschen verständlich machen, daß nicht nur Arbeitsplätze in Jena, sondern auch in China geschaffen werden müssen, um konkurrenzfähig zu bleiben.
An solche unvermeidlichen Entwicklungen haben wir alle nicht gedacht, als wir darüber diskutierten, eine wettbewerbsfähige Produktion in Ostdeutschland aufzubauen.

## Einheit zum Nulltarif?

Wir bräuchten wieder drei Prozent Wachstum. Das werden wir auch schaffen – wenn wir wieder schaffen. Im Augenblick sind wir in Deutschland noch in der Überlegungsphase, ob es sich lohnt, überhaupt noch mal so richtig zuzupacken, oder ob wir nicht noch öfter in Urlaub fahren sollten, um uns von den Schrekken zu erholen, die uns hier täglich begleiten. Aber, und das ist das Problem: Drei Prozent Wachstum bedeutet für den Arbeitsmarkt höchstens ein Prozent. Denn zwei Prozent Wachstum werden durch Produktivitätssteigerung absorbiert. Nehmen wir an, wir erreichen mittelfristig am Arbeitsmarkt ein Wachstum von einem Prozent im Jahr. Wir haben 35 Millionen Jobs in Deutschland, ein Prozent macht 350 000. Nehmen wir an, daß 100 000 neue Stellen im Westen und 250 000 im Osten entstehen. Dort brauchen wir aber drei Millionen neue Arbeitsplätze. Nach Adam Riese dauert es also etwa zwölf Jahre bis zu einer Vollbeschäftigung. Man kann es auch anders formulieren. Wenn wir im Osten ein Drittel des Produktivitätsniveaus haben wie im Westen, dann müssen wir mit den jetzigen Arbeitskräften in den kommenden fünf bis sechs Jahren dreimal soviel schaffen, um dieselbe Produktivität wie im Westen zu erreichen. Wir können die dreifache Produktion mit den jetzigen Arbeitskräften schaffen. Es schlummern genug Reserven im derzeitigen Arbeitsmarkt. Wir müssen den Ostdeutschen deshalb offen und ehrlich klarmachen, welchen Prozeß wir durchlaufen.

Und im Westen verhält es sich nicht anders. Den Westdeutschen müssen wir sagen: Ihr müßt zahlen! Jedes Jahr. Niemand braucht sich moralisch zu entrüsten, denn es wird bezahlt. Keiner kann für sich entscheiden, ob er zahlen will oder nicht. Die Wiedervereinigung ist passiert. Nur haben das noch nicht alle begriffen. Es gibt keinen Ausschlußparagraphen, nur einen Beitrittsparagraphen im Grundgesetz. Zuweilen habe ich den Eindruck, manche überlegen, ob es nicht doch einen Ausschlußparagraphen gibt. Den gibt es nicht. Wir können nur noch entscheiden, ob wir fröhlichen Herzens mitmachen oder mit Wut im Bauch. Eine andere Alternative haben wir nicht. Da kann ich nur zur Fröhlichkeit raten. Denn Sie wissen ja, wozu Wut im Bauch auf die Dauer führt, und Krankheitskosten gehören zu den zentralen Nachteilen im Lohnnebenkostenbereich des Standortes Deutschland. Also machen wir es fröhlich.

Wir haben die letzten drei Jahre mit Schulden bezahlt. Wenn wir die Nettokreditaufnahme seit 1990 nehmen, können wir feststellen, daß die Summe aller Transferleistungen in etwa der Summe der Neuverschuldung der öffentlichen Körperschaften entspricht. Die erheblichen Opfer, die wir bringen müssen, haben wir bisher über die Kreditinstitute erbracht oder gewissermaßen unseren Kindern gutgeschrieben. Das wird sich ändern. Und zwar dramatisch. Die bisherigen Spielereien können wir alle vergessen. Gemessen an dem, was auf uns zukommt, war der Solidarpakt eine lustige Veranstaltung darüber, wer denn nun zahlt. Erst waren die Ministerpräsidenten unter sich und sagten, der Westen zahlt nichts, der Osten erhält mehr, und bezahlen soll es der Bund. Es war eine Einigung auf Kosten des Abwesenden. Dann kam der Bund dazu und sagte, er zahle auch nicht. Daraufhin gab es ein großes Erschrecken, und man einigte sich auf Kosten eines abwesenden Dritten, des Steuerzahlers, daß der bezahlt. Schließlich vertreten wir ihn und haben sein Mandat, beschließen also seine Zustimmung. Das war der Solidarpakt I. Jetzt sind wir beim Solidarpakt II. Der umfaßt die grandiose Summe von 20 Milliarden. Ein Tropfen auf den heißen Stein. Der Solidarpakt III, der unausweichlich ist, müßte mit etwa etwa 60 bis 70 Milliarden der angemessenen Größenordnung entsprechen.

Ein solcher Solidarpakt müßte aus etwa 20 Milliarden Subventionsabbau – und zwar mit der Säge – bestehen. Alles andere ist Illusion. Subventionen können nur abgebaut werden, wenn jeder so unmittelbar betroffen ist, daß er dem anderen gar nicht mehr zuhört. Sonst haben sie sofort die Solidarität an der falschen Stelle. Jeder muß aufschreien und im allgemeinen Lärm ebenso lamentieren und dem Nächsten zurufen: »Was der Staat dir antut, ist gar nicht so schlimm. Stell dir vor, was der Staat mir antut.« Nur so wird ein Subventionsabbau zum Erfolg führen. Anschließend muß ohnehin ein Viertel der geplanten Kürzungen wieder zugestanden werden, und die geschmerzten Betroffenen reagieren wie der Hund, der nicht mehr geschlagen wird, ganz beglückt, weil es nicht ganz so schlimm kam, wie sie befürchtet haben. Anders wird es nicht gehen.
Parallel dazu muß die Politik in die Sozialhilfe eingreifen. Und zwar im Osten und im Westen. Der Sozial-Etat kann nicht mehr tabu sein. Man muß nur klar sagen: ein Drittel im Osten und zwei Drittel im Westen. Ich bin auch im Osten für Kürzungen. Das müßte eine Summe von 20 bis 25 Milliarden DM bringen. Ferner müssen wir den Gewerkschaften drei Nullrunden zumuten, nicht bloß im öffentlichen Dienst, und den Solidarzuschlag sofort erheben, statt diese nahezu komische Konjunkturdebatte zu führen. Der Steuerzahler hatte sich gerade an den Solidarzuschlag gewöhnt, als er wieder abgeschafft wurde. Man soll den Deutschen nichts wegnehmen, an das sie sich gewöhnt haben. Sie werden es locker tragen. Dann hätten wir noch einmal 15 Milliarden und nähern uns langsam der Größenordnung, die wir brauchen. So könnte etwa ein Solidarpakt aussehen, der diesen Namen verdient.

## Kreative Lösungen gesucht

Es wird uns gar nichts anderes übrigbleiben. Haben wir das geschafft, sollten wir vielleicht ein paar vernünftige Ideen entwickeln, was wir im Osten wirklich machen können. Denn was wir bisher machen, ist immer nur die Übertragung des Westzustandes auf den Osten. Dafür zur Anregung zwei Beispiele. Wir wissen alle, in welch katastrophaler Situation unsere Verkehrspolitik steckt. Wir wissen alle, daß wir die Lkws auf die Schiene bringen müssen. Wir wissen auch, daß die Schiene nicht attraktiv ist, weil sie viel zu langsam ist. Wir haben es in den letzten 25 Jahren geschafft, immerhin die Durchschnittsgeschwindigkeit im Güterverkehr einschließlich der Rangierzeiten auf achtzehn Stundenkilometer zu bringen. Die kann man mit dem Fahrrad machen. Im Osten sind wir bei sechs. Das ist verschärfter Fußmarsch. Wir hätten sagen sollen: Wir bauen ein völlig neues System auf. Verkehrsleitsysteme, Containersysteme – alles, was wir über modernen Verkehr wissen, bauen wir modellhaft im Osten, weil ohnehin alles neu werden muß. Das haben wir nicht getan.

Oder nehmen wir die Hochschulen. Im Osten hätten wir die einmalige Chance, die Reformen, über die im Westen seit Jahrzehnten diskutiert wird, mit einem Mal durchzuführen und eine völlig neue Hochschullandschaft aufzubauen. Was glauben Sie, welche Eigeninitiative davon ausgehen würde! Als ich das aber 1992 vor dem deutschen Hochschultag – der wohlgemerkt in Erfurt getagt hat – gesagt habe, war der Beifall gering.

Anschließend fragten mich einige: »Meinst du das ehrlich? Du warst doch sonst ganz normal!« Ich sagte: »Ja, das meine ich.« Die Antwort: »Das geht doch nicht, dann hätten die ja bessere Universitäten als wir.« So machen wir Ostpolitik, ostdeutsche Politik! So weit reichen unsere Kreativität und unser Einfallsreichtum für die deutsche Wiedervereinigung!

Die Wiedervereinigung und die Rezession sind nur Erscheinungsformen, die uns zeigen, wo im Tieferen die deutschen Probleme insgesamt liegen. Wir haben uns schlicht zu einer Wohlstands- und Konsumgesellschaft entwickelt, die den Staat nach allen Regeln der Kunst ausnimmt. Er gab ja einen regelrechten Parteiwettbewerb darüber, wer sich am deutlichsten auf die Seite der Ausnehmenden stellt, unter welchen Aspekten auch immer – Leistungsaspekte sind es nicht, eher Gerechtigkeitsaspekte. Jetzt kommt der Katzenjammer. Wir haben über unsere Verhältnisse gelebt und müssen das in Ordnung bringen. Wir müssen über

neue Strategien nachdenken, um vor allem den Wirtschaftsstandort Deutschland wieder attraktiv zu machen.
Wir reden immer von den Japanern und ihrer »lean production«. Die Japaner leben vor allem davon, daß sie um sich herum lauter Billiglohnländer haben. Während wir in Deutschland die Menschenrechtsfrage in China abschließend lösen, bauen sich die Japaner – wie sie es schon vorher in Korea und Taiwan gemacht haben – dort Freihandelszonen auf, wo sie für 59 Pfennig die Stunde produzieren. Und wir wundern uns, wenn sie mit einem strategischen Preismix auf unsere Märkte kommen, der für uns nicht zu schlagen ist. Was läge näher, als Osteuropa zu unserem Billiglohnsystem zu entwickeln. Das ist keine Ausbeute der Leute. Vielmehr ist es viel ausbeuterischer, wenn wir dauernd sagen: »Für das, was ihr mit Öl bezahlen könnt, kriegt ihr Maschinen.« Wir sollten nicht dauernd auf deren Rohstoffe schauen, sondern Arbeitschancen für sie entwickeln. Dann heißt es immer bei uns: »Ja, um Gottes willen, die im Osten, die können das ja gar nicht. Die haben noch nie etwas von Marktwirtschaft gehört. Die sind vom Zaren zum Lenin gekommen. Wie sollen die Marktwirtschaft begreifen?« Offenbar haben unsere Arbeiter die Marktwirtschaft mit aller Perfektion verinnerlicht. Fragt man allerdings einen Monteur bei Daimler: »Na, Junge, Marktwirtschaft?«, dann hält der kein Grundsatzreferat über Geldmengentheorie, sondern antwortet normalerweise: »Du zahlst, ich schaff'. Du zahlst mehr, ich schaff' mehr. Du zahlst nichts, ich hau' ab.« Und das sollten die Russen nicht lernen?
Warum errichten wir keine Freihandelszonen für Osteuropa? Warum machen wir darüber keine Verträge? Warum bauen wir nicht ganz systematisch die Dienstleistungen auf, die bei uns unterentwickelt sind? Technologieberatung zum Beispiel. In Moskau laufen viel mehr Amerikaner, Japaner und Koreaner als Deutsche herum. Wir raunen immer nur von der Gefahr, die Osteuropäer könnten alle zu uns kommen. Deshalb ändern wir das Asylrecht. Das hätten wir vor fünf Jahren machen sollen. Was wir jetzt beschlossen haben, kommt mir alles sehr bekannt vor. Nur, das hilft nichts gegen die Wanderung. Was machen wir, wenn ein paar Millionen kommen? Also, entweder die kommen,

oder wir helfen ihnen, ganz analog zur Devise: Kommt die D-Mark, bleiben wir, kommt sie nicht, so kommen wir. Wir müssen endlich Konzepte für die Stabilisierung des Ostens entwerfen. Diese Mühe nehmen uns die Amerikaner und Japaner nicht ab. Wir Deutschen müssen da durch!

Das geht nur mit klaren Vorstellungen auch über unsere Rolle bei diesem Geschäft. Wir müssen uns zum Beispiel ganz ernsthaft überlegen, wie wir wieder auf eine vernünftige Kostenebene gelangen. Unsere Situation läßt sich am besten anhand von Volkswagen erläutern. VW produziert zur Zeit für 44 DM in Wolfsburg, für 32 DM in Zwickau, für 21 DM in Barcelona und für 4,80 DM bei Skoda in Tschechien. Man macht die Grenzen auf, und was passiert dann? So schlecht können die Arbeiter bei Skoda gar nicht sein, daß dort die Arbeitslosigkeit entsteht. Der Ausweg der deutschen Industrie ist ganz einfach: Wir können entweder automatisieren – dann fallen Arbeitsplätze weg –, oder wir können die Arbeitsplätze für Komponenten ins Ausland verlagern. Es wird beides geschehen. Die Kosten werden auch in Ordnung kommen, sie werden gedrückt. Am Anfang haben die Mittelständler gesagt: »Da kommt ein Kostensenkungsdruck von 30 Prozent auf uns zu. Wir gehen alle kaputt.« Stimmt nicht! Von dreien gehen zwei kaputt, und der dritte erhält den größeren Auftrag. Und was macht der? Der setzt Druck an. Der muß mit diesen Kosten auskommen.

Vielleicht werden wir auch eines Tages unsere Gesetze flexibilisieren. Es fängt bei den Arbeitszeiten schon an. Wir haben den Sonntagsschutz Gott sei Dank nicht nur für die Menschen, sondern auch für die Roboter und Maschinen, die in die Kirche wollen. Es handelt sich um eine typische deutsche Diskussion. Nirgends gibt es einen größeren Abbau von Sonntagsarbeit als in den deutschen Produktionsbetrieben. Wie viele Menschen mußten noch vor zwanzig Jahren am Wochenende in der Chemie arbeiten, weil die Anlagen nur betrieben werden konnten, wenn soundso viele Menschen am Wochenende arbeiteten. Inzwischen ist dort alles automatisiert, da passiert gar nichts mehr. Die Zahl der Menschen, die am Sonntag arbeiten, hat rapide abgenommen. Wir bräuchten gar nicht viele, um die automatischen Anlagen auch sonntags durchlaufen zu lassen. In der Dienstleistung dagegen ist die Zahl der Wochenendarbeiter explodiert. Vom Fußballstadion über die Gastwirtschaften bis zu den Freizeiteinrichtungen. Beginnen Sie darüber einmal eine Diskussion, etwa mit dem Ziel, die Gastwirtschaften am Sonntag zu schließen, weil eben Sonntag sei. Den Kirchenrat, der das verlangt, den möchte ich sehen. Wir diskutieren über die Sonntagsruhe oder Sonntagsarbeit von Robotern und Maschinen. Aber die Kellnerin darf sonntags von morgens bis abends im Biergarten schaffen.

## Um die Zukunft Deutschlands streiten

Ich zeige nur, was unser System alles hervorbringt. Die Lebensentwürfe verändern sich zunehmend. Der Dienstleistungsanteil wird auf 70 bis 75 Prozent ansteigen. Fragt man junge Leute nach ihren Lebensentwürfen, dann entsprechen sie gar nicht mehr dieser Produktionsgesellschaft. In Rheinhausen etwa streiken 2 500 Menschen. Machen Sie einmal eine Umfrage, ob dort der Sohn eines Streikenden Stahlarbeiter werden möchte. Also kämpfen die dort für die Arbeitsplätze von gestern. Es tut mir leid, wir werden unter einem unheimlichen Druck unsere Gesellschaft verändern müssen, und zwar zu einer Individualgesellschaft. Kreativität wird gefragt sein, die Kulturgesellschaft. Ich will das nicht vertiefen, aber der Prozeß läuft ab. Auch wir Deutschen werden wieder erfolgreich sein. Allerdings werden wir gut acht Jahre lang nichts zu verteilen haben. Die entscheidende Frage ist allerdings, ob die Menschen stabil genug sind, diesen Prozeß risikobereit durchzustehen. Die Ostdeutschen sind es. Sie sind es gewöhnt, daß schlecht mit ihnen umgegangen wird. Sind aber auch die Westdeutschen stabil genug? Sie kennen den Umgang mit schlechterer Behandlung gar nicht mehr. Möglicherweise nehmen sie es den Parteien deshalb so übel und legen ein extremes Wahlverhalten an den Tag. Das ist die Frage, mit der wir uns auseinandersetzen müssen.
Mein dringender Wunsch ist, endlich über diese Zukunft miteinander zu diskutieren. Aber was tun wir? Wir diskutieren unun-

terbrochen die Fragen von gestern. Wir diskutieren mißmutig, warum die Wiedervereinigung uns getroffen hat, und blicken nostalgisch auf die Zeit zurück, als die Verhältnisse so klar und übersichtlich waren. Damals konnte man auf die Straße gehen wegen der Atomraketen; jetzt sind sie weg. In diesem lustlosen Deutschland müssen sich Tausende von Spezialisten mit den Feinheiten des Erbschaftssteuerrechts beschäftigen. Das muß was mit der neuen Armut zu tun haben. Ein ungeheures Vermögen wird in den kommenden Jahren auf die nächste Generation übertragen. Ob der das immer so guttut, daran kann man seine Zweifel haben. Aber eines steht fest: Es braucht sich niemand zu schämen. Doch wer in einer Gesellschaft mit solcher Vermögenssubstanz die Versicherungsprämie für Stabilität nicht bezahlen will, der hat die Dimension des Problems nicht begriffen, die Umbruchsituation nach der Wiedervereinigung und was sie für unsere Wettbewerbsfähigkeit bedeutet.

Wir müssen endlich begreifen und es allen unerschrocken verständlich machen, daß wir abgestiegen sind, daß wir nicht mehr in der ersten Liga spielen. Die Wiedervereinigung mit ihren Folgen brachte uns in die zweite. Wir sind in Europa nicht mehr die Nummer eins, sondern die Nummer fünf. Wir sind in der Welt nicht mehr die Nummer drei, sondern die Nummer zwölf. Es kann vorkommen, daß man absteigt, aber wir diskutieren so lange über die Problematik des Abstiegs, bis wir in der Amateurliga gelandet sind, statt daß wir energisch unsere Leistung erhöhen mit dem eisernen Willen, wieder hochzukommen, und zwar zusammen. Wenn in der Fußballmannschaft immer acht von elf sagen, wir wollen wieder aufsteigen, aber die anderen drei sollen, bitte, in die Amateurklasse, dann werden die acht übrigen in der deutschen Bundesliga erfolglos bleiben. Ohne die anderen drei ist die Mannschaft unvollständig, auch wenn sie die Schwächeren sind. Das dürfen die Westdeutschen nicht vergessen. Ich bin trotz allem optimistisch, denn die Deutschen sind in der Regel unglaublich gut, wenn es ihnen so richtig schlechtgeht. Unser Problem ist – so weit sind wir noch nicht.

# 5
# Deutschland – ein waghalsiges Unternehmen

## Wirtschaftliche Perspektiven der neuen Länder

Wenn man die Stimmungslage analysiert, die sich derzeit im gesamten Land breitmacht, so kommt man zu dem Eindruck: Deutschland ist in der Defensive. Resignatives Jammern über die ach so schlimme Lage vereint die Deutschen emotional wie kaum etwas anderes. Die deutsche Einheit hat nicht Aufbruchstimmung, sondern Katerstimmung hinterlassen. Kein Wunder, möchte man sagen. Was wurde den Deutschen schon an Dynamik und Risikobereitschaft abverlangt?! »Business as usual« lautete die Devise, nachdem die verschmähte Einheits-Euphorie der ersten Monate glücklich verpufft war. Meine zentrale Frage lautet daher: Wagen wir eigentlich zuwenig – insbesondere in den neuen Bundesländern? Oder wagen wir vielleicht überhaupt zuwenig in der deutschen Politik und Gesellschaft? Haben wir zu wagen verlernt und tun uns deshalb so schwer mit der deutschen Einheit?
Das Unternehmen Deutschland steht und fällt mit den Menschen, die hierzulande etwas unternehmen wollen. Jean-Jacques Rousseau scheibt, daß es zwei Gründe gibt, die einen Menschen in Lethargie verfallen lassen: zum einen, wenn er nichts erlangen will, zum anderen, wenn ihm das, was er will, unerreichbar ist. Daß in Deutschland so wenig passiert, daß Verunsicherung statt produktiver Unruhe um sich greift und der zündende Funke der Einheit nicht überspringt, muß damit zu tun haben.
Ich will daher gleich den ersten Grund für abwartende Zurückhaltung ausräumen, nämlich die Befürchtung, daß wir die Wie-

dervereinigung nicht schaffen könnten. Wir können und werden es schaffen. Wir Deutschen sind so gut – wenn's sein muß. Und jetzt *muß* es sein! Ein größeres Deutschland verlangt auch größere Anstrengungen. Unser angestammter deutscher Spitzenplatz ist nicht ererbt. Er muß vielmehr täglich und jetzt von neuem hart erarbeitet werden. Doch statt Visionen für eine Zukunft zu entwerfen, die nach Jahrzehnten der Mauer endlich wieder nach allen Seiten offen und gestaltungsfähig ist, denken wir mit Unwillen und Aversion an die Herausforderungen, die es zu bewältigen gilt.

Liegt also, um auf Rousseau zurückzukommen, der Grund für unsere Lethargie darin, daß wir für die Zukunft nichts erstreben, nichts wagen? Daß wir uns nur noch – jeder für sich – an das Erreichte klammern, wie wenig es auch sei? Daß wir deshalb keine Vision entwickeln, wie unser Land in zehn Jahren aussehen kann, wenn wir gemeinsam neu aufbrechen? Für diesen Fall möchte ich im folgenden ein paar Anregungen geben, die – wenn auch nur punktuell und für einzelne Teilbereiche – neue und deshalb gewagte Lösungen aufzeigen. Eines ist dabei klar: Westdeutschland ist keineswegs das unbedingte Vorbild. Vom Reformmodell für die neuen Länder ist es selbst zu einem Reformkandidaten geworden. Was wir deshalb brauchen, ist eine gesamtdeutsche Zukunftsdebatte. Mir kommt es mit meinen Vorschlägen vor allem darauf an, daß durch solche unkonventionellen Ansätze insgesamt ein positives Klima geschaffen würde, in dem auch andere sich trauen, ausgetretene Pfade zu verlassen und Neuland zu erobern. Jetzt ist noch die Chance gegeben, daß wir Deutschen gut sind, ehe es uns wirklich schlecht geht. Jetzt müssen wir uns zusammenraufen und das Unternehmen Deutschland zum gemeinsamen Erfolg führen.

Das besondere Problem in den neuen Ländern besteht darin, daß durch das Zusammenfügen zweier so unterschiedlicher wirtschaftlicher Systeme ein Strukturbruch entstanden ist, für den es kein Vorbild gibt. Insbesondere die Tatsache, daß die neuen Länder die alten hinsichtlich der Lohnkostenentwicklung rasch einholen werden, die Wertschöpfung aber selbst bei exorbitanten Steigerungsraten erst in 10 bis 15 Jahren dem westlichen Standard entsprechen kann, macht in diesem Zeitraum eine enorme finanzielle Unterstützungsleistung erforderlich. Diese sogenannten Transfers wurden bislang nicht aus dem Zuwachs des westdeutschen Sozialproduktes abgeschöpft und »in den Osten geschickt« – das wäre wegen der Rezession derzeit ohnehin nicht möglich –, sie wurden vielmehr praktisch ausschließlich kreditfinanziert und sind somit von allen Deutschen zu tragen bzw. abzutragen. Ich erwähne das, um hieran anknüpfenden Mißhelligkeiten von vornherein die Substanz zu entziehen. Die Grundlagen der Wiedervereinigung sind entschieden. Jetzt kommt es nur noch darauf an, wie bei Sicherung des sozialen Friedens Arbeitsplätze im Osten rascher geschaffen werden können, wie der Transfer stärker in Investitionen statt in Konsumausgaben gelenkt wird und wie die Wettbewerbsfähigkeit der Ostwirtschaft rascher gesichert werden kann.

Eine Voraussetzung dafür ist, daß die erforderliche Infrastruktur für hochtechnologische Produktionsbetriebe (insbesondere Qualifizierung und Forschung) den entsprechenden Weststandard erhält. Außer dem Werbeargument, daß nirgends auf der Welt so viele qualifizierte Arbeitskräfte wie in Ostdeutschland zur Verfügung stehen, gibt es wenig Gründe, Investitionen in den neuen Bundesländern zu tätigen. Die steuerlichen Vorteile halten sich im internationalen Wettbewerb in Grenzen. Für ausländische Investoren ist die Steuerbelastung in der Regel zu hoch. Die Infrastruktur ist vorläufig noch deutlich schlechter als im Westen und die Bürokratie vielfach ein Hemmnis. Die zur Zeit mangelnde Auslastung der Betriebe im Westen ist ebenfalls kein Argument, um im Osten auf Expansion zu setzen. Hinzu kommt, daß in der Wirtschaftspolitik, auch in der Strukturpolitik, vieles eine Frage der Psychologie ist und bisher die Investitionen in die Entwicklung Ostdeutschlands nicht mehr als eine einfallslose Kopie der Struktur im Westen darstellen. Es gibt wenig neue, zündende Ideen, die umgesetzt werden und so auch stimmungsmäßig zu einem zusätzlichen Engagement westlicher Investoren im Osten beitragen können. Die wirtschaftliche und strukturelle Entwicklung der neuen Bundesländer verläuft insgesamt höchst inflexibel, und Pioniergeist wird eher gebremst als gefördert.

Das gilt auch für die Standortbedingungen, von denen Wachstum und Beschäftigung maßgeblich abhängen. Diese müssen in den neuen Bundesländern so gestaltet werden, daß sie einerseits sozial gerecht sind, andererseits eine starke, arbeitsplatzschaffende Wirtschaftsdynamik auslösen. Um die Menschen zu veranlassen, umzuschulen und auch vorübergehend Arbeitsplätze geringerer Qualität anzunehmen, ist es notwendig, ein Tarif- und Sozialgefüge herzustellen, das den Flexiblen belohnt und denjenigen finanziell und sozial schlechterstellt, der gebotene Arbeitsplatzchancen nicht wahrnimmt.
Eine ganze Reihe von Entscheidungen im tarif-, sozial- und steuerpolitischen Sektor wird sicherlich – zumal angesichts sich verhärtender Fronten im Verteilungskampf – auf Widerstand stoßen, wenn die Vermutung besteht, daß damit soziale Besitzstände aufgekündigt werden sollen. Dem könnte dadurch entgegengewirkt werden, daß all diese Maßnahmen in spätestens fünf Jahren automatisch wieder außer Kraft treten. Damit würde der Verdacht beseitigt, man wolle unter dem Vorwand, im Osten flexibel zu sein, im Westen gewachsene Besitzstände zu Fall bringen.

## Regionale Verantwortung stärken

Die neuen Bundesländer sollten mit Landes- und Regionalentwicklungsgesellschaften die weitere Gestaltung der einzelnen Regionen übernehmen und dabei möglichst viele Strukturen schaffen, die rasch privatisiert werden können. Nur durch ein Zusammenwirken der Länder sowie der regionalen und kommunalen Ebenen können den örtlichen Bedürfnissen entsprechende neue Strukturen gestaltet werden. In diesem Zusammenhang ist es auch wichtig, daß einige eigenständige Ostunternehmen größerer Art entstehen, damit Ostfirmen nicht länger regelmäßig nur Ableger von Westfirmen werden.
Im Wettbewerb der einzelnen Bundesländer können die besten Strukturen gefunden werden, beispielsweise durch Konstruktionen zur Bereitstellung von Risikokapital, neuen Wegen über

staatseigene Unternehmen, die später privatisiert werden sollen, oder auch Stiftungsunternehmen oder Kooperationen zwischen Banken, Risikokapitalgebern und der öffentlichen Hand. Wenn am Schluß die einzelnen Länder die Risiken tragen, wird auch der Ruf nach Erhaltung der alten Strukturen geringer, weil es für die Länder sehr viel risikoreicher ist, die Folgen der Erhaltung alter Strukturen selbst zu tragen, als sie einem anderen Partner der öffentlichen Hand aufzuerlegen.
Bei der Frage nach dem Erhalt industrieller Kerne sollte man den Schwerpunkt auf den Aufbau neuer Strukturen legen und lieber Geld in den Aufbau technologischer Infrastrukturen investieren, anstatt alte, im Grunde nicht mehr sanierungsfähige Betriebe zu subventionieren. Der Druck auf den Erhalt industrieller Kerne ist auf die Tatsache zurückzuführen, daß es keine Möglichkeiten gibt, neue Strukturen zu schaffen, weil der Mut fehlt, und daß man deshalb relativ ideenlos den Erhalt der bestehenden Strukturen fordert. Würde man den Landesregierungen bestimmte Mittel zuweisen und ihnen die Entscheidung selbst überlassen, würde ein Wettbewerb einsetzen, bei dem sicher diejenigen siegen würden, die durch neue Strukturen die Voraussetzungen schaffen, daß die alten Strukturen allenfalls noch vorübergehend erhalten bleiben, um einen angemessenen Übergangszeitraum zu sichern.
Überlegt man, was allein im Universitäts-, Forschungs- und Weiterbildungsbereich unter Zugrundelegung westlicher Maßstäbe im Osten neu aufgebaut werden kann – ohne Schaden für die westlichen Einrichtungen, aber unter deren Verzicht auf Expansion für einige Jahre –, könnte sehr schnell neben dem Alten das Neue aufgebaut werden, und der Ruf nach Erhalt des Alten würde rascher verstummen. Im Westen hat sich jedenfalls eindeutig gezeigt, daß diejenigen, die Neues an die Stelle des Alten setzten, vor allem im Süden Deutschlands, erfolgreicher vorankamen als diejenigen, die alte Strukturen mit Subventionen erhalten haben. Der Vorsitzende des Sachverständigenrates, Professor Herbert Hax, hat zu Recht bemerkt: »Eine Politik der Erhaltung ›industrieller Kerne‹, ob sie nun an der Oder oder an der Saar liegen, hat nichts mit zukunftsorientierter Wirtschaftspolitik zu tun.« Aber

hier helfen keine theoretischen Beispiele und nicht die Erfahrungen anderer; diese Erfahrungen müssen in den einzelnen Regionen selbst gemacht werden.
In diesem Zusammenhang sollte man das Thema Industriepolitik nicht in derselben Weise in der Diskussion verfälschen wie im Westen. Immer wenn es darum geht, alte Strukturen mit hohen Subventionen zu erhalten, gilt das nicht als Industriepolitik. Doch immer dann, wenn die öffentliche Hand versucht, durch Bereitstellung von Risikokapital oder Beteiligung an neuen Strukturen diesen zum Start zu verhelfen, wird dies als unnütze Industriepolitik bezeichnet. Nicht der Erhalt der großen Leichen aus vergangenen Industriezeiten ist die Aufgabe, sondern die Unterstützung auch risikoreicher neuer Unternehmen, die auf zukünftige Produkte, Verfahren und Märkte ausgerichtet sind. Natürlich weiß die Verwaltung nicht besser als die Wirtschaft, was die richtigen unternehmerischen Entscheidungen sind. Es gibt aber genügend Betriebe im Westen, deren Forschungsabteilungen sich vor allem mit der Erforschung der möglichen öffentlichen Zuschüsse befassen statt mit neuen Produkten. Nicht die Pflege des Vorfeldes von Industriefriedhöfen kann unsere Aufgabe sein, sondern die Unterstützung all der Maßnahmen, die in den Geburtsstationen stattfinden. Dort sind die Risikofaktoren, vor allem bei Frühgeborenen, besonders groß. Aber manches Risikokind ist zu einer großartigen Persönlichkeit gereift.

## Erhaltung industrieller Kerne?

Die Frage nach dem Erhalt industrieller Kerne sollte daher – trotz aller Vorbehalte – nicht pauschal verneint werden. Zugegeben: Die ehemalige DDR war überindustrialisiert, so daß eine branchenmäßige und sektorale Umstrukturierung zumal unter Berücksichtigung des Trends zur Dienstleistungsgesellschaft unabdingbar war. Inzwischen ist das Produktionspotential Ostdeutschlands auf nur noch ein Drittel und die Beschäftigung um 3,7 Millionen auf weniger als zwei Drittel des DDR-Niveaus abgesunken. Von den derzeit noch rund 3 000 Betrieben im

Eigentum der Treuhand, darunter einige hundert, die man zum industriellen Kern der ostdeutschen Wirtschaft rechnen kann, dürfte bestenfalls noch die Hälfte, vermutlich aber nur ein Drittel privatisierbar sein. Das aber auch nur dann, wenn neue Modelle unternehmerischen Managements in Verbindung mit gezielten öffentlichen Finanzhilfen und strukturpolitischen Maßnahmen geschaffen werden. Wenn man sich vor Augen führt, daß jeder Industriearbeitsplatz drei weitere im Zuliefer- und Dienstleistungsbereich erhält, wird man einsehen, daß der Industrieanteil nicht mehr weiter absinken darf. Geben wir uns deshalb nicht der Illusion hin, daß sich der zunehmend wichtige Bereich produktionsorientierter Dienstleistungen ohne eine nennenswerte industrielle Grundlage entwickeln und produktionsunterlegte Arbeitsplätze ersetzen kann.
Wenn ich den Erhalt industrieller Kerne in Ostdeutschland befürworte, so möchte ich doch gleichzeitig die Betonung auf »Kerne« legen. Eine Rückkehr zum ehemaligen Niveau industrieller Beschäftigung ist weder möglich noch wünschenswert. Für viele Menschen bedeutet das gleichzeitig, daß sie in ihren angestammten Berufen nicht weiterbeschäftigt werden können. Der Erhalt industrieller Kerne kann also kein Endziel, sondern allenfalls eine zeitlich eng befristete Übergangsmaßnahme sein. Der Schwerpunkt einer solchen Strategie muß vielmehr darauf liegen, alternative Beschäftigungsmöglichkeiten durch eine zukunftsorientierte regionale Strukturpolitik zu schaffen. Die Rückführung ehemaliger Großbetriebe auf ihren erhaltenswerten Kern muß also Hand in Hand gehen mit der Schaffung investitions- und innovationsfördernder Rahmenbedingungen, so daß sich in deren Umfeld neue Wirtschafts- und Beschäftigungsstrukturen herausbilden können.
Man mag das Experiment, das wir in Jena mit der Jenoptik, die die rechtliche Nachfolge des Carl Zeiss Kombinates angetreten hat, wegen der hundertprozentigen Eigentümerschaft des Landes Thüringen mit ordnungspolitischem Unbehagen betrachten. Zweifellos wurde jedoch der Notwendigkeit zum Umbau alter Strukturen bei gleichzeitigem Aufbau neuer durch die Verknüpfung der genannten Bereiche – Erhalt des industriellen Kerns und

regionale Strukturentwicklung – und der Übertragung beider Aufgaben auf das Unternehmen optimal gelöst. Dies zeigt auch die Nachahmung, die das Modell Jena in jüngster Zeit gefunden hat: In Potsdam will man von der flächendeckenden Wirtschaftsförderung nach dem Gießkannenprinzip wegkommen und die Mittel statt dessen auf regionale Schwerpunkte konzentrieren. Auch der Sächsische Atlas-Fonds, der nach der Vorstellung des Bundeskanzlers von allen anderen Ländern übernommen werden soll, läuft im Grunde auf eine regionalisierte Industrie- und Strukturpolitik hinaus. Es ist schon seit langem meine These, daß wir die Anstrengungen zum Aufbau Ostdeutschlands auf die entwicklungsfähigen Zentren konzentrieren müssen, um in begrenzten Bereichen rasch Erfolge zu erzielen. Solche »Leuchttürme« würden durch ihre Ausstrahlungswirkung nach und nach auch die weniger entwicklungsfähigen Gebiete nachziehen. Zumal im derzeit schwierigen wirtschaftlichen Umfeld müssen wir die Anstrengungen regional bündeln und sozusagen »die Stärken stärken«. Daß die neuen Bundesländer sich in absehbarer Zeit flächendeckend entwickeln ließen, ist ein Irrglaube. Wenn wir uns nicht verzetteln, sondern uns zunächst auf die entwicklungsfähigen Regionen beschränken, werden wir für die Menschen im Osten auch rasch ermutigende Zeichen des Aufschwungs und der wirtschaftlichen Gesundung setzen können.

## Neue Chancen für altindustrielle Regionen schaffen

Wie soll solch eine regionale Strukturpolitik konkret aussehen? Wenn die Treuhandanstalt ihr operatives Geschäft abschließt, wird zwangsläufig eine Lösung für die noch nicht privatisierten Unternehmen gefunden werden müssen. Der siebte Bericht im Auftrag der Bundesregierung über »Gesamtwirtschaftliche und unternehmerische Anpassungsprozesse in Ostdeutschland« macht das Ausmaß der unbewältigten Probleme deutlich: Weit mehr als die Hälfte der Arbeitskräfte im verarbeitenden Gewerbe Ostdeutschlands ist nach wie vor bei Treuhandbetrieben beschäftigt. Noch sind mehr als 55 Prozent aller Betriebe in diesem Sektor in Treuhandbesitz; bei Unternehmen in der Größenklasse ab 200 Beschäftigten liegt der Anteil noch höher. Diese Betriebe in eine Staatsholding des Bundes oder der Länder einzubringen wäre der zweifellos schlechteste Weg. Statt die öffentliche Hand Sanierungspolitik betreiben zu lassen, sollten vielmehr umgekehrt private Sanierungsträger auch in der regionalen Strukturentwicklung gestalterisch aktiv werden können. Prinzipiell muß jedenfalls die unternehmerische Verantwortung aller fortbestehenden Treuhandunternehmen in die Hand eines privaten Managements gelegt werden. Auch wo kein westlicher Investor sich beteiligt, kann ja schließlich qualifiziertes Mangementpersonal auf dem Arbeitsmarkt rekrutiert werden. Man sollte daher nicht zögern, in diesen Bereichen entsprechende Anreize zu schaffen.

Ich komme nun zum zweiten, dem strukturpolitischen Aspekt. Wir müssen uns von der Vorstellung lösen, daß es beim Erhalt der industriellen Kerne um einzelne Unternehmen oder Branchen geht. Im Mittelpunkt muß die Entwicklung zukunftsfähiger Wirtschaftsstandorte stehen. Es ist ja inzwischen schon eine Binsenweisheit, daß die Konkurrenz auf dem Europäischen Binnenmarkt nicht mehr von nationalen Industrien, sondern von regionalen und zum Teil auch länderübergreifenden Wirtschaftsräumen ausgetragen wird. Standortpolitik ist daher kein Sonderproblem der neuen Bundesländer.

Warum begreifen wir die strukturpolitischen Möglichkeiten in Ostdeutschland nicht als Chance, um hier zukunftsweisende Neuansätze zu versuchen und die erfolgreichen Experimente später auf den Westen zu übertragen? Statt die seit Jahren fruchtlos geführte Debatte über den Wirtschaftsstandort Deutschland noch über Jahre weiterzuführen, könnten wir in Ostdeutschland mit konkreten Maßnahmen beginnen. So könnte zum Beispiel die längst überfällige Unternehmenssteuerreform zunächst einseitig in den neuen Bundesländern durchgeführt werden, wo sie sicherlich auf weniger gewerkschaftliche Kritik stoßen würde als im Westen. Eine ordnungsrechtliche Deregulierungszone in Ostdeutschland wird von allen Seiten immer wieder gefordert, doch statt hier, wo die Möglichkeit vielleicht noch besteht, die Reformen im öffentlichen Dienst anzupacken, wird die völlig überbesetzte DDR-Verwaltung mit der Administration komplizierter westdeutscher Verwaltungsnormen weiterbeschäftigt. Statt hier mit der Reform unserer Hochschulen zu beginnen und auf die regionalen Bedürfnisse abgestimmte Ausbildungs-, Forschungs- und Technologietransferstrukturen zu schaffen, wird das westdeutsche System in den Osten übertragen, wo die Überfüllung auch der dortigen Universitäten – gleichfalls nach westdeutschem Vorbild – absehbar ist.

Ich könnte mit derartigen Beispielen noch fortfahren. Sie alle zeigen, daß uns die Initiative fehlt, um verkrustete Strukturen aufzubrechen und einen Neuanfang in Deutschland zu wagen. Dabei sollte doch inzwischen eines klargeworden sein: Mit den bisher angewandten Rezepten ist Ostdeutschland nicht zu entwickeln. Die alten Bundesländer können kein Vorbild für die neuen sein, da es für die Transformation einer sozialistischen in eine marktwirtschaftliche Volkswirtschaft schlichtweg keine Vorbilder gibt.

## Praktische Experimente wagen

Es geht daher völlig an der Sache vorbei, wenn im Zusammenhang mit dem Erhalt industrieller Kerne die Verletzung marktwirtschaftlicher Ordnungsprinzipien bejammert wird. Diese Prinzipien sind gar nicht anwendbar, weil hierfür die Voraussetzungen fehlen: Mit der Einführung der D-Mark und der Übertragung unseres westdeutschen Tarif- und Sozialsystems haben wir die ostdeutsche Wirtschaft einem Schock ausgesetzt, der eine organische Entwicklung wie im Nachkriegsdeutschland völlig unmöglich macht. Es kann also gar nicht darum gehen, ob in Ostdeutschland Industrie- und Strukturpolitik betrieben wird, sondern nur darum, wie die dafür erforderlichen Mittel möglichst gewinnbringend eingesetzt werden. Ich halte insbesondere auch im Hinblick auf die künftige europäische Wettbewerbslage regionale Entwicklungskonzepte für am vielversprechendsten.

Der radikale Abbruch alter Strukturen, der durch die Treuhand vorbildlich bewältigt wurde, wird bislang nicht ausreichend durch den Aufbau neuer Strukturen ergänzt, für die wir unternehmerische Konzepte auf regionaler Ebene entwickeln müssen.
Wenn man sich vergegenwärtigt, daß die Kapitalausstattung je Arbeitsplatz, der der Treuhandanstalt zugesagt wurde, nur 115 000 DM gegenüber 200 000 bis 250 000 DM pro Arbeitsplatz in Westdeutschland beträgt, so wird deutlich, daß hier noch ein erheblicher Nachholbedarf besteht, um die ostdeutsche Industrie auf ein technologisch wettbewerbsfähiges Niveau zu bringen. Gleichzeitig wurden jedoch im Zuge der Treuhandprivatisierung zahlreiche Forschungsabteilungen aus den Unternehmen herausgelöst, so daß die Zahl der in der Industrieforschung Beschäftigten von 75 000 Anfang 1990 auf mittlerweile 15 000 zurückgegangen ist. Der Kahlschlag ist laut Aussage des Instituts für Wirtschaftsforschung Halle in den Kernbranchen besonders drastisch, wo die Belegschaft der Forschungsabteilungen bis zu 90 Prozent reduziert wurde. Eine solchermaßen kastrierte Industrie kann allenfalls noch in Teilen als verlängerte Werkbank genutzt werden. Die Entwicklung einer eigenständigen ostdeutschen Industrie wird dadurch verhindert und Ostdeutschland insgesamt zum Sozialfall.
Um die neuen Länder im internationalen Wettbewerb konkurrenzfähig zu machen, brauchen wir dynamische und eigenständige Unternehmen, deren Manager betriebswirtschaftlich entscheiden können, und dazu leistungsfähige Forschungsinstitute und Universitäten. Die notwendige Phase der Abwicklung nähert sich endgültig ihrem Ende. Doch für den nun entscheidenden Aufbau fehlen immer noch Konzepte. Ja, man weigert sich sogar aus ordnungspolitischen Gründen, über solche überhaupt nachzudenken. Dabei wäre es jetzt erforderlich, von der kurzsichtigen Arbeitsplatzzählerei weg das Augenmerk auf die qualitative Verbesserung der ostdeutschen Wirtschaft zu legen und dafür zu sorgen, daß Bund und Länder jeweils auf ihrer Ebene Rahmenbedingungen schaffen, damit sich neben den überlebensfähigen Resten der DDR-Wirtschaft neue Unternehmen ansiedeln. Hier-

bei besteht die konkrete Chance und Notwendigkeit, in Ostdeutschland mit zukunftsweisenden Modellreformen voranzugehen, anstatt zu warten, bis sich im Westen alle Besitzstandwahrer überhaupt dazu bereit finden, sich an einen Tisch zu setzen.

# IV
# Blieb Ludwig Erhard ohne Enkel?

## Auf der Suche nach dem Erbe der Sozialen Marktwirtschaft

## 6 Hat die Marktwirtschaft in den neuen Bundesländern versagt?

### Zweierlei Neubeginn

Die neuen Bundesländer lassen sich nicht nach dem Vorbild der alten Bundesrepublik entwickeln. Durch die Wirtschafts- und Währungsunion sowie die Übertragung des westdeutschen Sozial- und Tarifsystems wurden Ausgangsbedingungen für den Aufbau Ost geschaffen, die den Methoden Ludwig Erhards die Grundlage entziehen. Die Soziale Marktwirtschaft hat in Ostdeutschland nicht versagt; sie ist dort bislang kaum zur Anwendung gekommen. Dies will ich im folgenden näher begründen.
Durch den Zeitplan und die Modalitäten der wirtschaftlichen Wiedervereinigung wurde ein radikaler Strukturbruch der ostdeutschen Wirtschaft herbeigeführt, der an sich bereits einem marktwirtschaftlichen Pfad der Systemtransformation zuwiderlief, wie er von unseren osteuropäischen Nachbarn verfolgt wird. Dadurch war vorgezeichnet, daß auch der anschließende Umbau der ostdeutschen Wirtschaft nicht auf streng marktwirtschaftlicher Grundlage erfolgen konnte. Die damals vereinzelt bemühte Analogie zum westdeutschen Wiederaufbau nach 1945 erwies sich rasch als absurd. Um einen befürchteten sozialen und politischen Bruch im Gefolge der Wirtschafts- und Währungsunion zu vermeiden, sind besonders drei Grundentscheidungen gefallen, bei denen marktwirtschaftliche Imperative mißachtet wurden.

1. Die damalige DDR erhielt verabredungsgemäß die D-Mark, und zwar in einem Umtauschverhältnis, das ihrer wirtschaft-

lichen Leistungskraft keineswegs entsprach. Zwar wurde den Menschen dadurch der Systemwechsel erleichtert, doch für die Unternehmen war das Gegenteil der Fall: Die Umstellung auf die harte und uneingeschränkt konvertible D-Mark bedeutete für die ostdeutsche Wirtschaft eine De-facto-Aufwertung auf etwa das Dreifache. Es sei in diesem Zusammenhang nur daran erinnert, daß unter Ludwig Erhard die D-Mark gegenüber dem US-Dollar jahrelang künstlich unterbewertet wurde, um den Inlandsmarkt zu schützen und Exporte zu erleichtern. Die ostdeutsche Wirtschaft mußte sich dagegen von Anfang an und ohne jegliche Vorbereitung dem rauhen Wind der westdeutschen und internationalen Konkurrenz stellen. Die Folgen dieses gänzlich unnatürlichen Vorgehens sind allseits bekannt.

2. Im Zuge der Wiedervereinigung kam es ferner zu einer Orientierung des Lohngefüges an westdeutschen Maßstäben. Der volkswirtschaftlich wichtige Zusammenhang zwischen Lohn- und Produktivitätsniveau wurde aus politischen Gründen ignoriert, die Löhne eilen der Produktivität bis heute weit voraus.
3. Schließlich wurde mit der Wiedervereinigung das westdeutsche Sozialsystem auf die neuen Länder übertragen. Die Anpassung der Renten- und Sozialleistungen an Westniveau ging noch weitaus schneller vonstatten als die Anpassung der Tariflöhne und ist praktisch vollständig abgeschlossen. Das vom Staat gewährte Transfereinkommen wirkt als staatlicher Mindestlohn, mit dem viele ostdeutsche Privatunternehmen nicht konkurrieren können.

Durch diese politischen Weichenstellungen wurden bedeutende marktwirtschaftliche Mechanismen außer Kraft gesetzt. Die Folge war die abrupte Entwertung des Produktivvermögens und – daraus resultierend – der Zusammenbruch der überkommenen Wirtschaftsstruktur binnen Monaten. Die getroffenen Grundentscheidungen sind also wirtschaftlich problematisch; daher können und sollen sie nicht wirtschaftlich gerechtfertigt werden. Die Notwendigkeit der geschilderten Maßnahmen ergab sich vielmehr aus politischen Gründen: Ein Hinauszögern der Wiedervereinigung hätte nicht nur die einmalige weltpolitische Konstellation verstreichen lassen, sondern auch die innere Stabilität Deutschlands aufs Spiel gesetzt. Wer die Wiedervereinigung wirklich wollte, mußte für deren *rasche* Umsetzung sein. Marktwirtschaftliche Anpassungsprozesse brauchen dagegen Zeit, die damals jedoch nicht zur Verfügung stand. Es führt daher an der Sache vorbei, wenn heute allenthalben das Versagen der Marktwirtschaft in den neuen Ländern beklagt wird. Das war zunächst einmal der Preis für die Wiedervereinigung.

## Die Renaissance der Marktwirtschaft geht vom Osten aus

Grundsätzlich bestand in den neuen Ländern keine Alternative zu einer Industriepolitik großen Stils. Zu radikal war der Wechsel von einem Wirtschaftssystem in ein anderes, zu kraß die Verletzung marktwirtschaftlicher Wirkungszusammenhänge, als daß der Markt dies von selbst hätte heilen können. Durch unzählige Förder- und Erhaltungsmaßnahmen wurde folglich der Versuch unternommen, nachträglich »Zeit zu kaufen«, die für die Umstellung der Wirtschaft nötig erschien. Inzwischen sind einige Jahre vergangen, die Gelegenheit zu vielerlei Anpassungen gegeben haben oder zumindest hätten. Die entscheidende Frage lautet daher für mich: Wurde die Zeit seit der Wiedervereinigung genutzt, um die Grundlagen für ein effektives Funktionieren der Marktwirtschaft und damit für die Anwendung Erhardscher Prinzipien in Ostdeutschland zu schaffen?
Die Antwort auf diese Frage fällt im Grundsatz negativ aus. Struktur und Wachstum der Wirtschaft in den neuen Ländern lassen erwarten, daß diese noch über Jahre hinweg Empfänger von Transferleistungen bleiben werden. Die Dauer der Abhängigkeit kann nur durch eine konsequente Fortsetzung des Strukturwandels zeitlich begrenzt werden. Selbst wenn man der Auffassung ist, daß die Voraussetzungen für eine selbsttragende Entwicklung im Osten noch nicht gegeben sind, muß man gegen

alle Hemmnisse vorgehen, die das Funktionieren marktwirtschaftlicher Steuerungsmechanismen systematisch verhindern. Auf drei Gebieten erscheint mir das in besonderem Maße erforderlich zu sein:

1. Die *Industriepolitik* bedarf einer grundlegenden Neuausrichtung. Die bisherigen Maßnahmen waren einseitig und stark strukturkonservierend. Ein Beispiel hierfür ist der Bausektor, in dem Sonderabschreibungen zu einer beispiellosen »Bubble Economy« geführt haben. Des weiteren muß an Stelle von alten industriellen Kernen der innovative Mittelstand zum Hauptadressaten der Wirtschaftsförderung werden. Statt gegen die unabwendbare Schrumpfung von Großbetrieben zu kämpfen, gilt es, die dynamischen Klein- und Mittelbetriebe zu stärken, die sich in vollem Wachstum befinden.
2. Der *Angebotssektor* muß vorrangig ausgebaut werden. Bislang wird die ostdeutsche Nachfrage in erheblichem Umfang staatlich gestützt. Das zentrale Problem der ostdeutschen Wirtschaft sind aber nicht mangels Kaufkraft unausgelastete, sondern fehlende Kapazitäten, in erster Linie in exportorientierten, international wettbewerbsfähigen Bereichen. Der Aufbau eines modernen Kapitalstocks, der diesen Anforderungen genügt, ist somit längst nicht abgeschlossen und stellt die Hauptaufgabe in Ostdeutschland dar.
3. Dieser letzte Punkt berührt die wohl gravierendste Fehlentwicklung in den neuen Ländern, nämlich die völlige *Abkoppelung der Tariflöhne von der Produktivitätsentwicklung.* Die Folge sind Lohnstückkosten, die um ein Drittel höher als in den alten Ländern liegen. Dagegen verdankte die Bundesrepublik nach 45 ihren enormen wirtschaftlichen Aufschwung nicht zuletzt der Lohnzurückhaltung. Sie ermöglichte es den Unternehmen, rasch in neue Produktionskapazitäten zu investieren und auf die wachsende Nachfrage im In- und Ausland zu reagieren. In den neuen Bundesländern kann dagegen jede Nachfrage sofort von außen befriedigt werden, und das Einkommensniveau orientiert sich an diesen Konsumchancen. Nicht die erzielte Produktivität, sondern die gewünschte Ver-

teilung ist daher Maßstab der Tarifpolitik. Das ist eine schwere Bürde für die einheimische Wirtschaft, die diese Überschußlöhne aufbringen soll, ohne von der damit ausgelösten Überschußnachfrage zu profitieren.

Inzwischen weisen deutliche Anzeichen darauf hin, daß die marktwirtschaftliche Komponente der Sozialen Marktwirtschaft in den neuen Ländern zu neuer Geltung gelangt. Der Rückgriff auf die Tugenden des Wettbewerbs und der Eigeninitiative erklärt sich aus der erdrückenden Bürde westdeutscher Strukturen und Besitzstände, die der Osten nicht tragen kann. Selbst Transferleistungen in dreistelliger Milliardenhöhe bieten dafür keine Kompensation, weil sie der Wirtschaft keinen Entfaltungsspielraum geben. Unternehmen sind kein Objekt sozialstaatlicher Fürsorge, sie wollen vielmehr selbst ihre Geschicke auf den Märkten bestimmen. Daher beginnt die ostdeutsche Wirtschaft, sich den hypertrophen Regulierungssystemen von Staat und Verbänden zu entwinden. Das wird nicht ohne Rückwirkungen auf die alten Länder bleiben, wo die Regulierungsinstanzen bereits mit Sorge auf die nonkonformen Unternehmen und Belegschaften in den neuen Ländern blicken. Diese wissen indes, daß unter den Bedingungen von 1989 auch im Westen seinerzeit kein Wirtschaftswunder stattgefunden hätte.

## Die Marktwirtschaft in Ostdeutschland vom Kopf auf die Beine stellen

Lautet ein Grundsatz der Erhardschen Wirtschaftspolitik, möglichst wenig staatliche Eingriffe in den Markt vorzunehmen, so scheint heutzutage die Maxime zu gelten, möglichst wenig dem »Zufallsprinzip Markt« zu überlassen. Dies wird in Ostdeutschland besonders deutlich.

Beispielhaft – nach westdeutschem Vorbild – wurde dort zuerst die Verteilungsseite des Wirtschaftsprozesses definiert. Sie stellt bis heute den Maßstab dar, nach dem sich die Entstehungsseite zu orientieren hat, um den Vorgaben sukzessive gerecht zu werden. Entspricht das aber noch dem Gedanken der Sozialen Marktwirtschaft? Zweifellos nicht, es verkehrt ihn geradezu in sein Gegenteil. Unternehmen sind nicht dazu da, um Verteilungsziele zu erfüllen, sondern um im Wettbewerb erfolgreich zu sein. Das Funktionieren der Märkte – auch des Arbeitsmarktes – ist somit die Voraussetzung für die nachfolgende Verteilung und soziale Umverteilung von Einkommen, ohne darin jedoch ihre Bestimmung zu finden. Die Soziale Marktwirtschaft beruht ja gerade auf der bislang nicht widerlegten Überzeugung, daß Wettbewerb und Privatinitiative am besten geeignet sind, um »Wohlstand für alle« zu ermöglichen, auch für die sozial Schwachen.

Sicherlich ist allein aufgrund der Dauer des marktwirtschaftlichen Anpassungsprozesses und des Strukturbruchs, dem die neuen Länder ausgesetzt waren, Hilfe zum Aufbau weiterhin erforderlich, um soziale Härten zu vermeiden. Diese Hilfe wird jedoch inzwischen überwiegend dazu eingesetzt, um den bestehenden Zustand zu stabilisieren, und nicht, um ihn zu überwinden. Auf investive Ausgaben entfielen 1996 nur noch 40 Prozent der Transfermittel für Ostdeutschland, während 60 Prozent in den Konsum flossen. Von den gesamten bisher geleisteten Transfers gelangten nach Berechnungen des Instituts der deutschen Wirtschaft nur knapp 20 Prozent direkt in die Betriebe; abzüglich des Anteils der Treuhandanstalt waren es gar nur 7 Prozent. Die Relation zeigt das enorme Gewicht einer vielgestaltigen Sozialpolitik, die über ihr angestammtes Feld hinaus auch im Gewande einer überwiegend sozialpolitsch motivierten Arbeitsmarkt- und Industriepolitik praktiziert wird.

Die neuen Länder bilden somit den Gipfel einer Verteilungs- und Umverteilungspolitik, die grundlegende Zusammenhänge der Sozialen Marktwirtschaft auf den Kopf stellt. Die Wirtschaft erscheint als Vehikel zur Erfüllung exogen vorgegebener Anspruchsniveaus. Die durch staatliche und quasistaatliche Instanzen, wie Sozialversicherungen und Tarifverbände, beschlossenen Einkommen bilden den Maßstab für die Leistungskraft der Wirtschaft, nicht umgekehrt. Diese Politik hat keinen Bestand. Die Angleichung der ehemals getrennten Teile Deutschlands kann nur als gemeinsame Aufgabe bewältigt werden, bei der alle Ansprüche zur Disposition stehen. Die Teilung ist de facto nur durch Teilen zu überwinden. Entscheidbar ist dabei lediglich, ob dies früher oder später, ob es freiwillig oder durch den Zwang der Entwicklungen geschehen soll.

Die Soziale Marktwirtschaft im Geiste Ludwig Erhards ist ein offenes und gestaltungsbedürftiges Konzept, in dem die wirtschaftliche Freiheit des einzelnen die Grundlage für den Wohlstand der vielen bildet. Beide Seiten dieser Gleichung unterliegen Beschränkungen, durch die ein Ausgleich zwischen wirtschaftlicher und sozialer Sphäre gewährleistet wird. Eine gesunde Wirtschaft eröffnet soziale Verteilungsspielräume, und eine stabile Gesellschaftsordnung schafft im Gegenzug ideale Bedingungen für wirtschaftliche Prosperität. Ein Übermaß an kapitalistischem Laisser-faire führt dagegen ebenso zur Degeneration wie ein Zuviel an verteilungspolitischen Ansprüchen.

# 7
# Keine Arbeit ohne Markt

## Arbeitslosigkeit: politisches Problem ohne politische Lösung

Die Arbeitslosigkeit in Deutschland befindet sich auf einem historischen Spitzenniveau. Im Februar 1997 betrug die Quote in Westdeutschland knapp 12 Prozent; in den neuen Bundesländern ist inzwischen offiziell jeder fünfte, inoffiziell jeder dritte Arbeitnehmer ohne Beschäftigung. Besonders in den Wintermonaten jagt ein »Rekord« den anderen, ohne daß ein Ende der Jobmisere absehbar wäre. Vollmundige Ankündigungen von einer Halbierung der Arbeitslosigkeit bis zum Jahr 2000 verlieren vor diesem Hintergrund schnell an Glaubwürdigkeit. Zu den Zweifeln an der Leistungsfähigkeit unserer Wirtschaftsordnung tritt so der selbstverschuldete Legitimationsverlust des politischen Systems. In einer Emnid-Umfrage vom März 1997 stimmten bei den Themen Arbeit, Renten und Schulden jeweils über 50 Prozent der Aussage zu, daß keine politische Partei kompetent sei. Vor zwei Jahren war erst durchschnittlich ein Drittel der Befragten dieser Meinung.

Wenn wir die Arbeitslosigkeit nicht bald erkennbar in den Griff bekommen, drohen unserem Land große Gefahren. Eile ist geboten, doch gerade darum sei vor politischen Kurzschlußhandlungen gewarnt. Eine erfolgreiche Beschäftigungsstrategie muß eines klar beachten: In einer demokratischen und marktwirtschaftlichen Ordnung gibt es nicht die »Superinstanz«, die per Ukas die Arbeitslosigkeit halbieren oder gar abschaffen könnte.

Wer das will, tritt den Weg in die Zwangsverwaltungswirtschaft an, deren Folgen in den neuen Bundesländern noch allenthalben spürbar sind. Vielmehr muß der Markt als selbstregulierendes System wiederentdeckt und aus dem Würgegriff sozial- und tarifpolitischer Ansprüche befreit werden. Die hohe Arbeitslosigkeit demonstriert nicht ein Versagen, sondern ein Ersticken des Marktes.

Damit muß auch klar sein, daß es keine einfachen und schon gar keine bequemen Wege zu mehr Arbeit gibt. Was seit den frühen siebziger Jahren an Problemen angehäuft wurde, kann nicht in ein paar Jahren bewältigt werden.

Wir haben es vielmehr mit einer verfestigten, sogenannten strukturellen Arbeitslosigkeit zu tun. Was das heißt, erkennt man leicht durch einen Blick auf die Statistik: In den letzten 25 Jahren ist die Zahl der Arbeitslosen mit jeder Rezession auf ein höheres Niveau gestiegen. Der jeweils folgende Aufschwung vermochte diese Sockelarbeitslosigkeit nicht wieder abzubauen. Inzwischen ist die absolute Zahl der Arbeitslosen mit offiziell 4,8 Millionen und inoffiziell deutlich über 6 Millionen so hoch, daß konjunkturelle oder jahreszeitliche Schwankungen schon kaum mehr ins Gewicht fallen. Die strukturelle Arbeitslosigkeit ist längst das beherrschende Thema.

Welche Ursachen für eine solche strukturelle Arbeitslosigkeit kennen wir? Genannt werden in der öffentlichen Diskussion Gründe wie die Arbeitsplatzvernichtung durch neue Technologien, die Sättigung der Märkte oder die Konkurrenz durch asiatische Billiganbieter. Bei genauerer Betrachtung erkennt man jedoch rasch: Keine dieser scheinbar plausiblen Erklärungen ist stichhaltig.

Es ist zwar richtig, daß technischer Fortschritt, Nachfrageveränderungen und Weltmarktkonkurrenz mit der Arbeitslosigkeit in Zusammenhang stehen. Dabei wird jedoch stillschweigend unterstellt, daß wir all diesen »negativen« Einflüssen hilflos ausgeliefert sind – keine Rede davon, daß hier Herausforderungen für die Zukunft liegen, die wir als führende Industrienation dieser Erde zu unserem Gewinn annehmen und bewältigen können. Dazu müssen wir uns aber an die Spitze der globalen Konkurrenz setzen, statt uns auf dem Lorbeer vergangener Tage auszuruhen und unsere Wunden zu lecken. Ein Vergleich mit anderen hochentwickelten Industrieländern zeigt, daß Deutschland nicht ein Opfer des globalen wirtschaftlichen und technologischen Wandels, sondern ein Opfer seiner eigenen Passivität und Anpassungsträgheit geworden ist. Die enorme Arbeitslosigkeit in Deutschland wird sich nur abbauen lassen, wenn wir auf den Pfad der wirtschaftspolitischen Tugend zurückkehren und endlich wieder offensiv in den Wettbewerb eintreten.

## Tarifautonomie contra Arbeitsplätze

Der Wohlfahrtsstaat ist überall in Europa an seine Grenzen gelangt. Kein europäisches Land kann es sich mehr leisten, den Verlust von Arbeitsplätzen durch immer weitere Unterstützungsleistungen zu kompensieren. Wo die Arbeitsmärkte derart eklatant versagen, gehören die Spielregeln, die für sie gelten, auf den Prüfstand. In Deutschland ist die wichtigste dieser Regeln die Tarifautonomie. Sie besagt, daß Arbeitgeber und Arbeitnehmer sich zusammenschließen dürfen, um die Arbeitsbedingungen unabhängig von staatlicher Einflußnahme zu regeln. Ihre Grundlage, die Koalitionsfreiheit, bildet Art. 9 Abs. 3 Grundgesetz.
An der Auslegung und Handhabung der Tarifautonomie entzündet sich zunehmend öffentliche Kritik. Dabei geht es nicht um ihre grundsätzliche Abschaffung. Die Alternative wäre allenfalls die Festlegung gesetzlicher Mindestlöhne, also eine noch rigidere »Lösung«. Vielmehr bedarf unser Verständnis von Tarifautonomie einer Überprüfung. Die Kritiker verlangen die Rückführung auf ein vernünftiges Maß. Die Begründung lautet, daß die Kartellbildung und damit der Monopolanspruch der Tarifparteien keineswegs durch das Grundgesetz gedeckt sei, sondern gewohnheitsmäßig vom Gesetzgeber, den Gerichten und der Öffentlichkeit als sakrosankt akzeptiert werde. Solange der Arbeitsmarkt trotzdem funktionierte, war das unproblematisch. Angesichts der inzwischen verfestigten Massenarbeitslosigkeit müssen diese Selbstverständlichkeiten jedoch systematisch hin-

terfragt und korrigiert werden. Wenn es gelingt, die grundgesetzlich nicht zwingende Kartellierung des Arbeitsmarktes aufzubrechen, würde alleine das zu erheblich mehr Beschäftigung führen.
Unabhängig von der juristischen Begründung ist diese Kritik aus wirtschaftlicher Sicht stichhaltig und politisch von höchster Brisanz. Denn es ist eine geradezu triviale Feststellung, daß sich die deutsche Tarifautonomie ebenso wie jedes andere Beschäftigungssystem durch seinen Erfolg auf dem Arbeitsmarkt legitimieren muß. Was zählt, sind Jobs. Bleiben sie aus, ist in erster Linie die Arbeitsmarktordnung in Frage gestellt, über die jedoch nicht die autonomen Tarifparteien das Urteil fällen werden, sondern die Millionen von Arbeitslosen, denen sie eine Anwort schuldig bleiben.
Die Arbeislosenzahl wächst beständig. Die Politik der Tarifparteien führt zwar zu fortwährend steigenden Löhnen für die privilegierten Insider, die einen Arbeitsplatz besitzen, zugleich aber erhöht sie die Zahl arbeitsloser Outsider, die an den Staat bzw. die Sozialversicherungen entsorgt werden. Das Lohnkartell aus Gewerkschaften und Arbeitgeberverbänden verweigert diesen Outsidern das Recht, ihre Arbeit zu einem marktgerechten Preis anzubieten, wenn sie damit den Kartellpreis unterbieten würden. Mit dieser Begründung ist es ostdeutschen Baufirmen sogar verboten, regulär nach Tarif (Ost) beschäftigte Arbeiter auf Baustellen im Westen einzusetzen. Sie müssen ihren Beschäftigten den dort gültigen Westtarif zahlen, unabhängig davon, ob dies im Sinne der »begünstigten« Arbeiter liegt. Die Ersparnis der Ablöse bei ansonsten gleichem Lohn spricht jedenfalls für die Entlassung des ostdeutschen Bauarbeiters und die Einstellung eines anderen vor Ort. Dieses sogenannte »Günstigkeitsprinzip« dient der Absicherung des jeweils höchsten Status. Es diskriminiert die Arbeitsuchenden gegenüber den Arbeitsplatzbesitzern und die billigeren Arbeitsanbieter gegenüber den üppig bezahlten. In einer veränderten Interpretation des Günstigkeitsprinzips durch die Gerichte läge somit ein erster Ansatzpunkt für ein neues Verständnis von Tarifautonomie.
Ein weiterer Schritt wäre die Aufhebung des Paragraphen 77

Abs. 3 Betriebsverfassungsgesetz. Dieser bestimmt, daß Vereinbarungen über Arbeitsentgelte und Arbeitsbedingungen, die durch Tarifverträge festgelegt sind, nur mit ausdrücklicher Ermächtigung durch Betriebsvereinbarungen anders geregelt werden dürfen. Der Fall des Heizkesselherstellers Viessmann ist ein einschlägiges Beispiel, das in der Öffentlichkeit Aufsehen erregt hat. Viessmann hat mit seiner Belegschaft ein betriebliches »Bündnis für Arbeit« geschlossen: Die Mitarbeiter erklärten sich einzeln und freiwillig bereit, bei gleichem Lohn 38 statt 35 Stunden in der Woche zu arbeiten, um eine Verlegung von 160 Arbeitsplätzen nach Tschechien zu vermeiden. Zweimal klagte die IG Metall erfolglos dagegen. Ein Beispielfall für eine neue Arbeitsmarktpolitik? Leider nein. Die Gerichte haben die Klagen nur aus formalen Gründen abgewiesen. Sie haben dagegen bestätigt, daß es dem Betriebsrat durch die oben genannte Bestimmung des Betriebsverfassungsgesetzes verboten sei, vom Tarifvertrag abweichenden Regelungen im Unternehmen zuzustimmen – Arbeitsplätze hin oder her. Das gilt – wie ein anderer Fall aus Nordrhein-Westfalen zeigt – selbst dann, wenn das Unternehmen gar keinem Arbeitgeberverband angehört, also nicht tarifgebunden ist. Der Betriebsrat darf für die Belegschaft keine kollektiven Vereinbarungen treffen, die vom herrschenden Flächentarifvertrag abweichen. Vereinbarungen wie die von Viessmann können nur individuell zwischen Firmenleitung und jedem Mitarbeiter geschlossen werden. Sofern das Unternehmen einem Arbeitgeberverband angehört, können Gewerkschaftsmitglieder also auf Erfüllung des Tarifvertrages bestehen, selbst wenn sich, wie bei Viessmann, 96 Prozent ihrer Kollegen (darunter auch IG-Metall-Mitglieder) für die Regelung zur Beschäftigungssicherung entscheiden.

Die Gewerkschaften haben mit ihren Klagen erneut bewiesen, daß sie dem Irrglauben anhängen, das Grundgesetz könne an Stelle des Arbeitsmarktes die Beschäftigung garantieren. Die Entmündigung der Betriebsräte und ihre Degradierung zum Büttel des Flächentarifsystems widerspricht wirtschaftlicher Logik ebenso wie den Interessen von Millionen Arbeitslosen. Paragraph 77 Abs. 3 Betriebsverfassungsgesetz muß darum vom Gesetzgeber derart modifiziert werden, daß Betriebsräte betriebliche Vereinbarungen in Abweichung zum Flächentarif treffen können, falls eine qualifizierte Mehrheit der Beschäftigten dies wünscht. Ein vorrangiges Ziel solcher Regelungen wird zweifellos die Sicherung von Arbeitsplätzen sein. Der starre Flächentarif hat vor dieser Herausforderung flächendeckend versagt. Ganz im Sinne der »Kartellbrüder« (Kronberger Kreis) preßt er alle Unternehmen eines Tarifgebietes in dasselbe Korsett. Sogenannte Pilotabschlüsse sorgen meist noch dafür, daß auch bundesweit nur geringe Differenzierungen zwischen den Tarifgebieten möglich sind. Dem einzelnen Unternehmen wird es dadurch unmöglich, im Wettbewerb flexibel zu agieren. Gerade in schwierigen Zeiten hat es verhängnisvolle Konsequenzen, wenn nur die Alternative »Tarifgehorsam oder Kündigung« besteht. Eine wachsende Zahl von Betrieben und Belegschaften ist nicht mehr bereit, diese starre Logik zu akzeptieren.

Überall in Deutschland zeigt die Erfahrung, daß tatsächliche Beschäftigungssicherung über dezentrale Vereinbarungen am Tarifvertrag vorbei geschieht. Im Osten verteidigen die Gewerkschaften nur noch eine Fiktion, und auch im Westen führen harte Notwendigkeiten immer öfter zum Befreiungsschlag. Eine vernünftige Tarifpolitik muß darum bemüht sein, das Ziel geordneter Tarifstrukturen mit dem eines hohen Beschäftigungsstandes in Einklang zu bringen. Ein Tarifdiktat um jeden Preis paßt nicht mehr in unsere Zeit, es bringt die gesamte Tarifordnung zwangsläufig zum Entgleisen. Das gilt es zu verhindern, indem die Tarifvereinbarungen insgesamt anpassungs- und variationsfähiger werden. Die Flächentarifvereinbarungen sollten sich künftig darauf beschränken, Mindeststandards oder Korridore zu definieren, die Raum für differenzierte betriebliche Lösungen lassen. Innerhalb eines solchen Rahmens müssen Betriebsräte und Belegschaften eigenen Gestaltungsspielraum erhalten, um ihre Belange und die ihres Unternehmens berücksichtigen zu können. Nur so kann aktive Beschäftigungspolitik im Zeitalter globaler Konkurrenz funktionieren.

Im Zuge der Globalisierung stehen nicht nur die Unternehmen, sondern auch die nationalen Arbeitsmärkte in zunehmendem

Wettbewerb. Der einzige Unterschied besteht darin, daß die Unternehmen dies unmittelbar zu spüren bekommen, die Arbeitnehmer dagegen mittelbar. Die Folge: Das bundesdeutsche Tarifritual verliert erst nach und nach den Charakter von Verhandlungen im nationalen Vakuum. Natürlich kann globaler Standortwettbewerb nicht bedeuten, hinsichtlich der Lohnhöhe mit den Schwellenländern Ostasiens oder Osteuropas zu konkurrieren. Um so wichtiger aber ist es, daß die Tarif- und Beschäftigungsordnung Spielräume zuläßt. Das belegt eine Untersuchung des Ökonomen Ulrich van Suntum aus dem Jahr 1994, in der er unterschiedliche marktwirtschaftliche Systeme im Hinblick auf ihre Fähigkeit vergleicht, Beschäftigung zu schaffen. Die Studie gelangt zu dem überraschenden Ergebnis, daß Wirtschaftswachstum nicht die ausschlaggebende Größe für einen hohen Beschäftigungsgrad ist. Mehr Einfluß komme stabilen Verhältnissen, einem schlanken Staat und offenen Arbeitsmärkten zu, die offen sind für diejenigen, die Beschäftigung suchen. Das ist nur zu erreichen, wenn die Diskriminierung der Arbeitslosen durch das Tarifkartell beendet und seine Regelungskompetenz sinnvoll begrenzt wird. Dadurch würde nicht nur für einzelne Betriebe, sondern gesamtwirtschaftlich Spielräume für mehr Beschäftigung geschaffen.
Wie erwähnt, nennt die Studie neben offenen Arbeitsmärkten die Stabilität der Haushaltspolitik sowie einen schlanken Staat als wichtige Bedingungen eines hohen Beschäftigungsniveaus. In der Konsequenz bedeutet das: Wir müssen wieder von der Verteilung zur Leistung als Maßstab eines funktionierenden Gemeinwesens zurückfinden. Deutschland muß sich heute als ein Standort unter vielen im globalen Wettbewerb um Investitionen und Arbeitsplätze behaupten. Dem ist unsere erstarrte Beschäftigungsordnung ebenso abträglich wie unser erdrückendes System von Steuern, Sozialabgaben und Vorschriften aller Art. International höchste Löhne bei steigender Arbeitslosigkeit führen die Sozialversicherungen und die staatlichen Haushalte an einen gefährlichen Abgrund. Nur durch steigende Schulden, Steuern und Beiträge ist das Versagen der Arbeitsmarktordnung noch aufzufangen. Das wiederum führt dazu, daß Investitionen

ausbleiben, Betriebe schließen und weitere Arbeitsplätze verlorengehen. Die Flexibilisierung unserer Arbeitsbeziehungen ist von erstrangiger Bedeutung, um diesen Teufelskreis zu durchbrechen. Für eine beschäftigungsfreundliche Standortpolitik ist sie aber erst der Anfang.

# 8 Industriepolitik – die unwiderstehliche Versuchung

## Eine Polemik gegen die Keuschheit der Theorie

### Industriepolitik – ein »deutsches« Thema

Es gibt wohl kaum eine Debatte in der Wirtschaftstheorie, die so vehement und zugleich fruchtlos geführt wird wie die zur Industriepolitik. Deshalb hat die deutsche (bzw. deutschsprachige) Forschung sich seit jeher mit besonderer Leidenschaft diesem Gebiet gewidmet. Den wirtschaftlichen Erfolg Deutschlands, begründet durch Ludwig Erhard, der als Vater des »Wirtschaftswunders« und Industriepolitiker par excellence gelten muß, hat das glücklicherweise nicht beeinträchtigt.

Es wäre müßig, über die Frage »Industriepolitik ja oder nein?« zu diskutieren. Diese Frage stellt sich nirgendwo auf der Welt, denn jedwede Wirtschaftspolitik ist stets auch Industriepolitik. Allein schon die Ausgestaltung des Steuersystems bevorzugt einige Branchen und benachteiligt andere. Welcher Staat (außer dem russischen) wollte aber darauf verzichten, Steuern einzutreiben?

Es kann also allenfalls darum gehen, zwischen sinnvollen und kontraproduktiven Varianten von Industriepolitik zu unterscheiden sowie ihre unterschiedlichen Wirkungen und Begründungen zu beleuchten. Ich gestehe gern, daß ich viele Formen der Industriepolitik für ökonomisch und politisch unvertretbar halte, weil dabei auf verantwortungslose Weise gesellschaftliche Ressourcen verschleudert werden. In Deutschland fließen jährlich Milliardensummen in unrentable Zechen und Stahlwerke, die geradezu gespenstisch aus einer anderen Zeit in die jetzige ragen, während sich unsere jungen Menschen an den Universitäten unter unerträglichen Bedingungen auf die Herausforderungen des 21. Jahrhunderts vorbereiten müssen. Meine Äußerungen mögen darum nicht so sehr als ein Loblied auf Industriepolitik schlechthin verstanden werden. Sie sollen vielmehr verdeutlichen, daß man den Möglichkeiten und Verlockungen der Industriepolitik nicht unkritisch gegenüberstehen darf. Das gilt jedoch nicht nur für ihre Verfechter, sondern ebenso für ihre Gegner!

## Industriepolitik und Marktwirtschaft – ein Widerspruch?

Streng ökonomisch betrachtet, ist Industriepolitik stets negativ. Die theoretischen Ökonomen führen dafür eine ganze Reihe von Argumenten ins Feld, die allesamt stichhaltig sind, wenn man den Bezugsrahmen ihrer Theorie akzeptiert und die wirtschaftliche Realität außer Betracht läßt. Da heißt es zunächst, Industriepolitik entziehe dem Markt Ressourcen, die der staatlichen Umverteilung überlassen werden. Diese stimme nur in einem höchst unwahrscheinlichen Grenzfall mit der rationellsten Güterverteilung überein, die von den Ökonomen als Allokation bezeichnet wird. Die Frage ist allerdings, ob der Markt stets für optimale Allokation sorgt. Ökonomen würden antworten: Für den vollkommenen Markt trifft das zu. Aber wo, bitte, ist außer in den Definitionen, aus denen die Ökonomen ihre Schlußfolgerungen ableiten, der vollkommene Markt zu finden? Wo sind insbesondere in den Transformationsländern Mittel- und Osteuropas funktionierende Märkte, die einen gänzlichen Verzicht auf Industriepolitik erlauben würden?

Was heißt ferner »optimale Allokation«? Es bedeutet Output-Maximierung, die unmittelbar mit Wohlfahrtsmaximierung, dem »größten Glück der größten Zahl«, gleichgesetzt wird. Dabei wird jedoch stillschweigend unterstellt, daß eine Gesellschaft nur ökonomische Werte kennt. Diese Annahme ist offensichtlich wirklichkeitsfremd. Sicherlich ist der marktwidrige Erhalt von Unternehmen oder ganzen Branchen ineffizient. Offenbar gibt es aber stets Gründe, daß dennoch so gehandelt wird. Die Bewahrung der Arbeitsplätze, der nationalen Autarkie, des sozialen Friedens oder – meist unausgesprochen – der politischen Gefolgschaft zählen dazu. Manche dieser Gründe sind als vordergründig und egoistisch abzulehnen, andere dagegen sind zumindest kurzfristig durchaus zwingend und auch hinreichend legitimiert. Wer Industriepolitik befürwortet und praktiziert, muß jedenfalls bereit sein, in Form ökonomischer Ineffizienzen einen Preis dafür zu zahlen. Offensichtlich mangelt es nicht an Zielen, die diesen Preis wert sind (würde sonst jemand auf der Welt Industriepolitik betreiben?). Die Erkenntnis, die man daraus ziehen muß, lautet schlicht, daß die Wirtschaft in einem demokratischen Gemeinwesen eben nicht der einzige Wert ist. Ebensowenig stellt sie die letzte Instanz dar, die über die Geschicke eines Landes entscheidet – das müssen Wirtschaftstheoretiker immer wieder schmerzhaft erkennen.

Ein Manko der Kritik an Industriepolitik besteht in ihrem statischen Charakter. Das zeigt sich zum einen darin, daß nicht zwischen kurz- und langfristigen Wirkungen unterschieden wird. Ein Argument für Industriepolitik besteht gerade darin, daß ihr Nutzen – selbst nach rein ökonomischen Maßstäben – größer sein kann als die Kosten, wenn sie zeitlich befristet angewandt wird. Es mag durchaus günstiger sein, durch Subventionen den abrupten Zusammenbruch einer Branche zu vermeiden und einen geordneten Strukturwandel zu ermöglichen. Ziel muß dabei sein, diesen Strukturwandel zu erleichtern, ohne ihn zu behindern. Auf diesem Gedanken basiert die Soziale Marktwirtschaft in Deutschland schlechthin: Indem sie die Menschen vor groben Härten bewahrt, steigert sie ihre Risiko- und Anpassungsbereitschaft. Die soziale Komponente behindert folglich nicht den Wettbewerb, sie fördert ihn. Nur wenn Härten in zu hohem Maße abgepuffert werden und somit keine Veränderungsanreize mehr bestehen, verkehrt sich die Wirkung einer solchen Politik in ihr Gegenteil, die Menschen werden bequem und risikoavers.

Ebenso verhält es sich mit Industriepolitik: Sie kann dabei helfen, alte Strukturen abzuschütteln und neue aufzubauen. Sie fördert dann sogar den wirtschaftlichen Fortschritt, indem sie die Umstellung auf neue Tätigkeiten erleichtert. Doch wo sie zur Dauereinrichtung wird, bewirkt sie das genaue Gegenteil, indem sie das Alte konserviert und alles Neue verhindert. Die Erfahrung lehrt, daß Industriepolitik (wie alle staatlichen Umverteilungspolitiken) nur zu häufig zur Erstarrung (Remanenz) tendiert. Hierin liegt tatsächlich ein guter Grund, warum Industriepolitik vielfach pauschal abgelehnt wird. Die Erkenntnis, die man aus diesen Erfahrungen gezogen hat, besteht in der strikten zeitlichen Befristung aller Subventionen. Schon in dem Gesetz, das eine Förderung gewährt, ist deren Endtermin festzulegen, so daß eine Verlängerung der Subvention einen erneuten Beschluß des Parlaments voraussetzt. Das aber bedingt, daß die Förderung ein weiteres Mal begründet und gegen alternative Finanzierungsbegehren durchgesetzt werden muß.

## Industriepolitik als Innovationspolitik

Industriepolitik hat jedoch nicht nur mit »alten« Industrien zu tun, die – gleich Dinosauriern der Industriegeschichte – künstlich am Leben erhalten werden. Industriepolitik zeigt sich auch in Gestalt von Technologie- und Forschungspolitik. In vielen Ländern ist es üblich, daß innovative Branchen (Mikroelektronik, Biotechnologie, Informationstechnik etc.) besondere öffentliche Unterstützung erfahren, sei es in Form von »vorwettbewerblicher« (oft auch militärischer) Forschung, durch quasi-staatliche Technologieparks oder durch steuerliche Erleichterungen. Auch in der Handelspolitik (man denke an das Halbleiterabkommen zwischen den USA und Japan) findet dieses industriepolitische Augenmerk auf High-Tech seinen Niederschlag.
Ich erwähne dieses Beispiel, weil es das Problem der statischen Betrachtungsweise in der klassischen Ökonomie in einer weiteren Facette verdeutlicht. Gerade bei innovativen Technologiegütern spielt Zeit eine entscheidende Rolle für den wirtschaftlichen Erfolg. »First mover advantages« sind die Basis, um strategische Marktvorteile zu erringen und zu verteidigen. Im einzelnen zäh-

len dazu Lernkurveneffekte, die Durchsetzung eigener Standards und die Abschöpfung von Innovationsprämien. Die natürliche Faktorausstattung, für die alten Industrien sicherlich die wesentliche Determinante ihrer Wettbewerbskraft, spielt heute nur noch in der Theorie diese Rolle. Mehr denn je entscheidet inzwischen der Wissens- und Marktvorsprung, und dieser muß in einem äußerst dynamischen internationalen Wettlauf permanent erkämpft werden. Industriepolitische Maßnahmen mit innovationsförderndem Charakter, die in diesen Fällen Starthilfe leisten, sind damit zweifellos ökonomisch von Nutzen.

Natürlich entsteht hier ein Wettbewerb zwischen unterschiedlichen nationalen Industriepolitiken, im schlimmsten Fall ein Subventionswettlauf. Daran zeigt sich aber schlicht der Umstand, daß andere Länder die Bedeutung bestimmter Schlüsseltechnologien für ihre Zukunft erkannt haben! Wer heute in der Biotechnologie, der Mikroelektronik oder der Informations- und Kommunikationstechnologie in Rückstand gerät, läuft Gefahr, dies nicht wieder aufholen zu können – allenfalls mit noch viel höheren industriepolitischen Einsätzen. Zutreffend ist auch der Einwand, daß der Staat Innovationen nicht erzwingen kann. Er kann lediglich die allgemeinen Rahmenbedingungen dafür schaffen (und das sollte seine Hauptaufgabe sein) und durch gezielte und begrenzte Fördermaßnahmen einzelne Bereiche besonders unterstützen.

Ich will in diesem Zusammenhang auch mit dem häufig erhobenen Vorwurf aufräumen, der Staat könne doch nicht wissen, welche Technologie oder welche Branche zukunftsträchtig sei. Dies ist ein Scheinargument. Denn erstens urteilt nicht »der Staat«; er bedient sich vielmehr der besten Experten aus Wissenschaft und Wirtschaft (etwa in Form der bekannten Delphi-Befragung des Forschungsministeriums), um strategisch wichtige Bereiche zu identifizieren. Zweitens habe ich noch nie gehört, daß der Staat die Finanzierung der Forschung einstellen soll, weil er und seine Beamten, die Professoren eingeschlossen, doch gar nicht wissen können, in welchen Bereichen es sich überhaupt zu forschen lohnt. Jeder Wissenschaftler vermag vielmehr stets zu begründen, warum sein Steckenpferd für Staat und Gesellschaft besonders wichtig ist. Zumindest diese Wissenschaftler sollten daher nicht für ihre Kollegen in den Ministerien Unwissenheit reklamieren, wenn es um die Förderung profaner Unternehmer geht. Drittens muß auch die Politik Risiken eingehen, wenn sie ihrer Aufgabe gerecht werden und die Zukunft eines Landes gestalten will. Die Sehnsucht liberaler Ökonomen nach dem Nachtwächterstaat des 19. Jahrhunderts wird ungestillt bleiben. Die Realitäten im globalen Standortwettbewerb sind andere. Im übrigen sind auch Unternehmer nur Menschen und nicht etwa Hellseher, als die sie in der ökonomischen Theorie gelegentlich gelten.

Ich bin überzeugt, daß bei der innovationsorientierten Industriepolitik die Vorteile gegenüber den möglichen Fehlern das Übergewicht haben. Das gilt schließlich auch – und damit will ich ein letztes Argument gegen die liberale Klassik anführen –, weil Innovationen dynamische Folgewirkungen auslösen, die von der statischen Theorie unterschlagen werden. Dazu gehören beispielsweise Spill-over-Effekte in andere Branchen oder das Phänomen des »Clustering of Innovations«, das dadurch entsteht, daß eine Basisinnovation (Halbleiter) eine Reihe von Folgeinnovationen (Mikrochip, Computer etc.) nach sich zieht. Man hat noch nicht hinreichend begriffen, daß aus dem Verlust technologischer Kompetenz strategische, das heißt langfristig wirksame, Nachteile und Abhängigkeiten für ein Land entstehen. Verfechter der liberalen Außenhandelstheorie sollten einsehen, daß es auf Hochtechnologiemärkten nicht darum geht, Tuch und Wein zu tauschen. Es ist nicht einerlei, ob ein Land Mikrochips oder Kartoffelchips produziert. Solch statisches Denken verkennt die Bedeutung, die Investitionen in Schlüsseltechnologien langfristig für die Wachstumschancen einer Ökonomie zukommt. Der auf Innovation und Export beruhende Wohlstand Deutschlands, für den Ludwig Erhard nach 1945 den Weg bereitet hat, ist beredter Ausdruck davon.

Doch der mahnende Fingerzeig der wissenschaftlichen Ökonomen bleibt angesichts der Gefahren der Industriepolitik auch künftig erforderlich. Vor allem beim Kampf gegen die negativen Auswüchse einer Erhaltungspolitik um jeden Preis können sie wertvolle Schützenhilfe leisten. Ihr Einfluß wird aber nicht so weit führen, daß alle Politiker das Keuschheitsgelübde der reinen ordnungspolitischen Lehre ablegen. Die Politik muß immer auch die Ziele und Chancen im Auge behalten, die durch einen vernünftigen und maßvollen Einsatz industriepolitischer Instrumente verwirklicht werden können.

# V
# Maastricht ohne Mauer

## Die europäische Dimension der Einheit

# 9
# Deutschland in Panik – der EURO kommt!

So ähnlich könnten die Titelzeilen der Boulevardpresse am Stichtag der Währungsunion lauten, irgendwann im Frühjahr 1998. Angesichts der NEUROse, die derzeit um sich greift, wird einem nochmals richtig bewußt, welch inniges Verhältnis die Deutschen zu ihrem Geld entwickelt haben. Unermüdlich wird dem Volke die finanzielle Apokalypse in schillernden Farben ausgemalt – von mehr oder weniger gelehrten EURO-Gegnern, deren Lager sich im wesentlichen in zwei Fraktionen unterteilen läßt.

Die einen sagen listig: »Wieso eigentlich brauchen wir unbedingt den EURO? Den will doch niemand! Durch das übertriebene Sparen würgen wir nur das Wachstum ab, treiben die Arbeitslosigkeit in die Höhe und schwächen die Kaufkraft der Bevölkerung. Uns allen muß doch klar sein, daß dieser Sparkurs der Wirtschaft nur schadet. Damit die Konjunktur anspringt, müßte der Staat die Wirtschaft ankurbeln. Was macht er statt dessen? Er spart! Wir sparen uns kaputt«, so lautet die Botschaft, »und das auch noch für einen weichen EURO.«

Diese Argumentation ist zweifellos einladend. Völlig gegen unsere Interessen, so scheint es, opfern wir von einem Tag auf den anderen die harte D-Mark für den weichen EURO. Doch notwendige Einschnitte, damit der EURO hart wird, sind uns Vertretern dieser Richtung zufolge erst recht nicht zumutbar. Die Unterstellung, daß der EURO »weich« werde, dient ihnen lediglich als Alibi, um alle Anstrengungen zu vermeiden, die eine harte Währung erfordert. Sie ziehen es vor, weiter bequem auf

Kosten der vermeintlich harten D-Mark zu leben. Die andere Fraktion, die gestrengen Asketen, erklärt: »Drei ist drei. An den Kriterien von Maastricht darf nicht gerüttelt werden, sonst öffnen wir Tür und Tor für die Weichwährungsländer im Club Med. Deutschland muß da mit gutem Beispiel vorangehen und auf die strikte Einhaltung der Kriterien pochen, sonst ist der EURO von Anfang an keine solide Währung. Schaffen wir das nicht, muß die Währungsunion eben verschoben werden, auch auf die Gefahr hin, daß sie dann endgültig scheitert. Kein EURO ist besser als ein weicher EURO.« So die Argumentation.

Auch dies klingt zunächst überzeugend. Harte wirtschaftliche Fakten, nicht politische Gefälligkeiten müssen entscheiden, wer dabeisein darf. Das erklären die EURO-Skeptiker in (mitunter gespieltem) Gottvertrauen auf die alleinseligmachende Wirkung der Null hinter dem Komma. Dem Vertrag geht es aber weder ausschließlich um die berühmten vier Kriterien – Inflation, Zinsniveau, Budgetdefizit und Schuldenstand – noch um deren exakte Einhaltung. Die Kriterien sind Richtgrößen, die sich im übrigen aus keinem ökonomischen Gesetz ableiten lassen, sondern politisch festgelegt wurden. Im Mittelpunkt steht vielmehr, daß »ein hoher Grad an dauerhafter Konvergenz« erreicht wird. Darum legt der Vertrag großes Augenmerk auf die Unabhängigkeit der Europäischen Zentralbank und eine Reihe weiterer Vorkehrungen, die in die Zukunft wirken. Sie sind übrigens auch Gegenstand des Stabilitätspakts, der den Vertrag auf Betreiben der Bundesregierung ergänzt. Die besten Kriterien können die Stabilität der gemeinsamen Währung nicht abschließend garantieren. Für die D-Mark gibt es nicht einmal welche! In der Realität ist vielmehr entscheidend, daß die Kräfte der Stabilität über scharfe Waffen verfügen, um den Versuchungen wirksam entgegentreten zu können, denen die Politik unterliegt. Wenn es in puncto Geldwertstabilität von Deutschland etwas zu lernen gibt, dann dies.

Die Autoren von Maastricht waren weder kurzsichtige Pedanten noch leichtsinnige Spekulanten. Allein in Deutschland, so scheint mir, ist die Diskussion um die Währungsunion in grotesker Weise polarisiert. Mit wirtschaftlicher Vernunft und politischem Augenmaß hat das aber nichts zu tun, und darum geht es bei der Debatte um die Währungsunion auch längst nicht mehr. Was hier geboten wird, ist eine Mischung aus Vorwahlkampf und politischem Kabarett. Damit bereitet Deutschland sich auf den EURO vor – wenn schon nicht fachlich, so zumindest stimmungsmäßig. Die Deutschen sind ohnehin verunsichert. Mit der Wirtschaft klappt es nicht, die Wiedervereinigung ist ein ungelöstes Problem, die hohe Arbeitslosigkeit inzwischen Normalität. Soll man in dieser Situation auch noch das Geld aufs Spiel setzen? Diese Bedenken wiegen schwer – um so mehr, als der D-Mark gerade heute als Anker von Stabilität und Verläßlichkeit größte Bedeutung zukommt. Doch verdient sie dieses Vertrauen noch unumschränkt?

Dazu nur wenige Zahlen: Der Gesamtbetrag der öffentlichen Schulden hat sich zwischen 1989 und 1995 mehr als verdoppelt; das Bruttoinlandsprodukt der Bundesrepublik ist im selben Zeitraum real aber nur um ein Viertel gewachsen, die neuen Länder bereits hinzugerechnet. Allein der Bund ist heute mit rund 900 Milliarden Mark verschuldet, Länder und Gemeinden mit weiteren 1300 Milliarden. Zusammen sind das über zwei Billionen Mark. Allein die Zinsen für diesen Betrag machen rund 200 Milliarden Mark jährlich aus. Zum Vergleich: Die Osttransfers betragen netto »nur« rund 130 Milliarden. Bereits in vier Jahren werden die Zinszahlungen mehr als ein Fünftel des Bundeshaushalts verschlingen. Übertroffen wird diese Summe nur noch vom Etat von Bundesarbeitsminister Blüm, mit 150 Milliarden der größte Posten, der schon heute knapp ein Drittel des Bundeshaushalts beansprucht. Jedem Zeitungsleser sind diese Zahlen bekannt. Kann jemand ernsthaft glauben, daß die harte D-Mark noch lange Bestand hat, wenn diese Entwicklung anhält? Die Probleme mit den Maastricht-Kriterien sollten uns eine Warnung sein. Die Zahlen zeigen, daß uns ein solcher Stabilitätstest als wertvolles Korrektiv willkommen sein muß. Denn so wie in den letzten Jahren kann es in Deutschland nicht weitergehen – ob mit oder ohne EURO.

An der EURO-Debatte zeigt sich exemplarisch, wie weit wir bereits vom Pfad finanzpolitischer Tugend abgewichen sind. Die harte Mark war eine feine Sache, solange die Wirtschaft florierte. Doch wenn Währungsstabilität plötzlich bedeutet, wieder wettbewerbsfähig zu werden, den Lohnanstieg zu drosseln und die Sozialausgaben zu kürzen, wollen die Deutschen nichts von harten Währungen hören. Da schwelgen wir lieber in der Illusion fortwährender Geldschöpfung. Gleich nach dem Kanzler muß der Finanzminister als Buhmann herhalten, obwohl dieser mit der Forderung nach einem harten EURO in erster Linie die Stabilität der Mark verteidigt. Wenn der EURO keine Softwährung werden soll, muß die Mark zu ihrem guten Ruf stehen. Was für den EURO recht ist, kann deshalb für die Mark nur billig sein! Eine solide Finanzpolitik muß kontinuierlich betrieben werden, nicht nur bei Sonnenschein. Die restriktive Haushaltspolitik ist daher ein Gebot der wirtschaftlichen Vernunft, keine Frage des EURO.

## Viel Lärm um nichts?

Inzwischen warten viele darauf, daß das Jahr 1999 mit einem Währungsurknall beginnt. Je mehr die Gewißheit wächst, daß der EURO kommt, desto größer wird die Nachfrage nach vermeintlichen Alternativen. Dollar, Pfund und Franken erleben eine Aufwertung, die längst jenseits vernünftiger Relationen liegt. Alles läuft auf die Endzeit zu; das jüngste Währungsgericht naht. Doch keine Sorge, es wird so schlimm nicht werden. Voraussichtlich wird alles ganz unspektakulär und viel schneller vonstatten gehen, als viele meinen. Denn im Frühjahr 1998 werden nicht nur die Teilnehmerstaaten für die Europäische Währungsunion (EWU), sondern bereits auch die bilateralen Wechselkurse ihrer Landeswährungen abschließend festgelegt. Damit wird der wichtigste Schritt de facto bereits vollzogen sein, längst bevor es den meisten richtig klar wird. Zwar ist die Währungsunion dann noch nicht offiziell in Kraft, aber es werden klare Verhältnisse für die Finanzmärkte geschaffen. Überdies wird einem EURO-Wahlkampf und dem Stimmenfang durch EURO-Angst der Boden entzogen. Der offizielle Start der Währungsunion wird somit denkbar ruhig vonstatten gehen. Der formale Akt am 1. 1. 1999 wird lediglich nachvollziehen, was an den internationalen Finanzmärkten längst Realität ist. Selbst dann würden die meisten Deutschen ohne die Medienberichterstattung nichts von der Währungsunion merken. Denn über den Stichtag hinaus werden sie im In- und Ausland vorerst weiter mit ihrer D-Mark zahlen. Es wird ihnen gar nicht auffallen, daß die Mark zwischenzeitlich die Funktion eines EURO-Ersatzes angenommen hat.

Dies unterstreicht eine wichtige Feststellung: Durch die Währungsunion ändert sich für die allermeisten Deutschen erst einmal gar nichts! *Das* wird die größte Enttäuschung beim EURO sein – vor allem für diejenigen, die sich überstürzt und von irrationalen Ängsten getrieben durch riskante Spekulationsmanöver von der D-Mark verabschiedet haben. Der EURO wird auf leisen Sohlen kommen, weil er alle Verhältnisse der realen Wirtschaft unberührt läßt. Die aufsehenerregende Ausgabe des neuen Geldes (vermutlich im Jahr 2002) ist dagegen ökonomisch gesehen eine reine Formalie, bei der es sich lediglich um eine Maßnahme zur Vereinfachung des Zahlungsverkehrs handelt, weil damit das lästige Umrechnen wegfällt. Aber das wirklich Entscheidende »spürt« man nicht: die Festschreibung der Wechselkurse. Beispielsweise wird der Wert des Franc dann eben immer genau 29,8 Pfennig betragen. Deshalb wird es überflüssig sein, weiterhin unterschiedliche Währungen zu benutzen.

Die Vereinbarung fester Wechselkurse – denn nichts anderes ist eine Währungsunion – läßt daher zwei Möglichkeiten der Umsetzung zu. Man kann entweder eine gemeinsame neue Währung einführen, auf die alle nationalen Währungen umgerechnet werden. Mit dem EURO hat man sich in Europa für diese Variante entschieden. Die andere hätte darin bestanden, eine nationale Währung auszuwählen – sei es der Franc oder die D-Mark oder irgendeine andere Mitgliedswährung – und sie zur neuen Gemeinschaftswährung zu erklären. Eine »vergemeinschaftete Mark« wäre dann genauso wie der EURO von der Europäischen Zentralbank (EZB) ausgegeben worden. Entscheidend für die Währungsunion ist in beiden Fällen, daß die Umtauschkurse

zwischen der gemeinsamen Währung und den nationalen Währungen auf Dauer festgeschrieben werden.
Somit wird deutlich, daß es sich bei der Festschreibung von Wechselkursrelationen, eben bei einer Währungsunion, nicht um eine Währungsreform handelt. Weder die D-Mark noch eine andere Währung des Verbundes wird auf- oder abgewertet. Sofern die Wechselkurse zum Umstellungszeitpunkt die relative Stärke der beteiligten Währungen zutreffend widerspiegeln, wird man nach der Währungsunion mit einer Mark genausoviel kaufen können wie zuvor. Ein wohlüberlegtes Verfahren der Kursfindung wird sicherstellen, daß sich bei der Festlegung der Paritäten keine Währung besser darstellen kann, als sie tatsächlich ist. Selbst nach diesem Schritt könnte man die nationalen Währungen, also die unterschiedlichen Münzen und Geldscheine, beibehalten. Eine Währungsunion muß kein gemeinsames Zahlungsmittel haben. Tatsächlich werden wir es in Europa einige Jahre so praktizieren – bis nämlich das »neue« Geld überall ausgegeben ist. Und noch lange Zeit später wird man D-Mark-Noten zum 1999 fixierten Kurs in EURO umtauschen können. Die neuen Geldscheine und Münzen erleichtern dann den Zahlungsverkehr, indem sie die Umrechnung bei grenzüberschreitenden Transaktionen überflüssig machen. Das eigentlich Entscheidende, nämlich die Fixierung fester Wechselkurse, ist dagegen von der Ausgabe der neuen Valuta völlig getrennt zu betrachten. Was vielen angst macht – die gewohnte D-Mark aufgeben zu müssen –, ist lediglich ein formaler Akt, auf den man auch verzichten könnte. Die Festlegung der Paritäten wird dagegen vonstatten gehen, ohne daß es selbst sensible D-Mark-Enthusiasten spüren werden.

## Ist der EURO ein politisches Projekt?

Nun kann man natürlich fragen, was die ganze Aufregung soll, wenn der EURO kaum Auswirkung hat. Diese Frage ist in der Tat berechtigt. Besonders reiflich überlegen sollten es sich diejenigen, die ihre Finanzdisposition aufgrund politischer Wahl-

kampfpropaganda vornehmen. Es hat seinen guten Grund, daß Politiker keine Banken leiten. Dennoch kann man nicht gänzlich leugnen, daß es durch den EURO Veränderungen geben wird. Allerdings sehen diese ganz anders aus, als viele denken. Dazu folgendes Gedankenexperiment:
Stellen wir uns eine Währungsunion vor, in der nur die Wechselkurse fixiert wurden. Es gibt weder eine gemeinsame Zentralbank noch ein gemeinsames Zahlungsmittel. Die nationalen Zentralbanken behalten ihre geldpolitische Kompetenz in vollem Umfang, lediglich die Wechselkurse können sie nicht mehr verändern. Sie können aber weiterhin Geldpolitik betreiben und insbesondere die Geldmenge beeinflussen. In einer solchen Konstellation wäre es egal, ob beispielsweise die Deutsche Bundesbank einen strikten Stabilitätskurs steuert oder die französische Notenbank zur selben Zeit munter Francs druckt und Notenbankkredite an die Regierung vergibt. Auf den Wechselkurs D-Mark/Franc hätte das keine Auswirkung, er blieben stets gleich. Auch die Schuldzinsen wären annähernd dieselben, egal ob der Kredit in Franc oder D-Mark, in Frankreich oder Deutschland aufgenommen wird. Daß eine solche Währungsunion Tür und Tor für Trittbrettfahrer öffnet, die auf Kosten der stabilitätsorientierten Länder über ihren Verhältnissen leben, liegt auf der Hand. Genau darin liegt die große Gefahr einer jeden Währungsunion: Die Wechselkurse sind fest und verbindlich, nicht aber die nationalen Politiken.
Um eine verhängnisvolle Divergenz unter den Mitgliedern der Währungsunion möglichst zu vermeiden, hat man deshalb in der EU eine ganze Reihe von Vorkehrungen getroffen. Die wichtigste ist sicherlich die Errichtung einer unabhängigen gemeinsamen Zentralbank, die für eine einheitliche Geldpolitik sorgt. Insbesondere wurde schon mit Beginn der zweiten Stufe der EWU 1994 den nationalen Notenbanken die Möglichkeit zur Vergabe von Notenbankkrediten entzogen. Entscheidend ist ferner, daß die Mitgliedstaaten ihre nationale währungs- und geldpolitische Souveränität an die Zentralbank abgeben. Dieser Schritt wird am 1. Januar 1999 vollzogen, wenn die Europäische Zentralbank in Frankfurt diese Verantwortung übernimmt.
Neben der Aufgabe der eigenen Geld- und Währungspolitik muß

von den Mitgliedstaaten eine Reihe weiterer Bedingungen erfüllt werden, um der Währungsunion beitreten zu können. Ein solches Kriterium ist die mindestens zweijährige Zugehörigkeit zum Europäischen Währungssystem unter Einhaltung der normalen Schwankungsbandbreite. Ferner gehören die berühmten Maastricht-Kriterien dazu: Inflation, Haushaltsdefizit, Schuldenstand und langfristige Zinsen. Doch die Kontrolle geht noch viel weiter. Dies wird schon daran ersichtlich, daß die vier Eckwerte von Maastricht nicht nur stichtagsbezogen am Tag der Konvergenzprüfung zu erfüllen sind. Vielmehr muß ein Aspirant lange zuvor die Bedingungen einhalten (oder sich ihnen zumindest erkennbar annähern) und dies im Rahmen des sogenannten Haushaltsüberwachungsverfahrens nachweisen, das ebenfalls seit 1994 gilt. Bei Überschreiten der Kriterien gibt es die bekannten »blauen Briefe« vom EU-Ministerrat.

Doch richtig zur Sache geht es erst nach dem Beitritt. Denn als letzte Unsicherheit bleibt das Fortbestehen teilsouveräner Nationalstaaten, deren Regierungen und Parlamente weiterhin nationale Politik betreiben werden. Hierin liegt die wirkliche Gefahr einer möglichen Aufweichung des EURO. Dabei ist es völlig egal, von welchem nationalen Politikfeld diese Gefahr ausgeht; überall gibt es Entscheidungen, die haushalts- und damit letztlich währungsrelevant sind. Ob es die Gewährung von Subventionen, der Bau von Autobahnen, die Beschaffung neuer Waffensysteme oder die Erhöhung der Renten ist – die budgetären Auswirkungen werden nach Fixierung der Wechselkurse, also spätestens ab 1999, nicht mehr lediglich kontrolliert, sondern der europäische Ministerrat wird dann empfindliche Sanktionen gegen Länder ergreifen, deren Haushaltsdefizit »übermäßig« hoch ist. Der kritische Wert dafür ist inzwischen hinlänglich bekannt; er wird auch künftig, und zwar dauerhaft, 3 Prozent des Bruttoinlandsproduktes betragen. Um die Einhaltung dieser Maßgabe schnell und effizient durchsetzen zu können, wurde auf deutsches Betreiben zusätzlich zum Vertrag von Maastricht der Stabilitätspakt vereinbart. Sobald die Währungsunion in Kraft tritt, sind den Mitgliedstaaten nicht nur geld- und währungspolitisch die Hände gebunden, sondern auch haushaltspolitisch. Ihre Ausgabenspielräume werden eng begrenzt sein. Sie müssen sich ferner darüber im klaren sein und akzeptieren, daß weder die EU noch eines der anderen Mitgliedsländer für ihre Schulden einsteht; dies regelt die sogenannte Nicht-Beistands-Klausel. Sie wird dafür sorgen, daß die europäische Zinskonvergenz nicht zu einem völlig einheitlichen Zinssatz in den EWU-Ländern führt. Die Kapitalmärkte werden auch künftig weniger solide Schuldner mit Zinsaufschlägen bestrafen.

Für spendierfreudige Regierungen brechen also harte Zeiten an. Sie müssen mit engen Ausgabenplafonds leben lernen, auch in schwierigen Zeiten. Einziger Trost: Die Defizitkriterien sind prozentual an das Bruttoinlandsprodukt gekoppelt. Je stärker die nationale Wirtschaft wächst, desto größer wird zum Lohn der Spielraum im Haushalt der jeweiligen Regierung sein. Doch bis diese Wirkung greifen kann, werden sparsame Regierungen es nicht einfach haben: Sie müssen sich mit einer Bevölkerung auseinandersetzen, die mitunter – wie in Deutschland – ganz und gar nicht einsehen will, wozu so viel Stabilität gut sein soll. Dabei trifft die Entwertung einer Währung durch Inflation und Schuldenanhäufung keinen so sehr wie den »kleinen Mann«, der sein bescheidenes Vermögen in einheimischer Währung angelegt hat. Insofern ist die Stabilitätskultur ein entscheidender Erfolgsfaktor für die gemeinsame Währung. Stabilität aber fängt zu Hause an. Wenn man die Begeisterung sieht, mit der Portugal seine Staatsfinanzen in Ordnung gebracht hat, und dann die mentalen Schwierigkeiten betrachtet, die wir Deutschen mit demselben Problem haben, beschleichen einen Zweifel, ob die deutsche Stabilitätskultur in der künftigen Währungsunion Vorbild sein kann.

Insgesamt wird eines deutlich: Je konsequenter die gemeinsame Währungspolitik künftig den budgetären Rahmen für nationale politische Entscheidungen bildet, desto mehr wird sie zum politischen Projekt, das die Abstimmung zwischen den Regierungen herausfordert. Der Erfolg der Währungsunion steht und fällt damit, daß wichtige politische Entscheidungen in den europäischen Staaten finanziell solide untermauert sind. Zwar erfordert dies nicht zwingend eine stärkere politische Abstimmung zwischen den nationalen Regierungen; es wird aber sehr wahrscheinlich darauf hinauslaufen. Setzt man folglich voraus – was man beruhigt tun kann –, daß die Währungsunion durch die Europäische Zentralbank handwerklich solide und politisch unabhängig gemanagt wird, ist eine Vertiefung der politischen Abstimmung zwischen den Mitgliedstaaten vorgezeichnet. Denn es gilt in jedem Fall zu verhindern, daß im nationalen Alleingang Maßnahmen, gleich welcher Art, durchgeführt werden, die alle anderen Mitglieder dadurch in Mitleidenschaft ziehen, daß sie die gemeinsame Währung entwerten. Dieser Umstand wird automatisch zu einer vertieften Auseinandersetzung über politische Fragen zwischen den europäischen Regierungen führen. Auf deren Ergebnisse darf man gespannt sein.

## The fundamental things apply, as time goes by

Was heißt das nun alles für die Stabilität des EURO und die Zukunft von Wertanlagen in D-Mark? Als wichtigste Aussage bleibt festzuhalten, daß die Währungsunion nichts verändern wird. Die realwirtschaftlichen Parameter bleiben völlig unberührt. Die derzeit zu beobachtenden Währungsturbulenzen sind reine Spekulationsphänomene, denen der Boden entzogen wird, sobald die Währungsunion beschlossen ist. Anschließend werden sich wieder stabile Verhältnisse einpendeln, die durch die Märkte bestimmt sind und sich nicht wesentlich von denen unterscheiden, die wir bislang gewohnt sind. Wer sich daher nur wegen der Währungsunion zu wilden Transaktionen hinreißen läßt, sei gewarnt. Die Spekulationsblasen werden mit einem Mal platzen – der Wert des EURO dagegen hängt von fundamentalen Faktoren ab, die sich nur langfristig verändern und sich aus der Politik der beteiligten Länder und der Stärke der europäischen Wirtschaft ergeben. Anleger und Vermögensbesitzer werden also viel Zeit haben, wohlüberlegte Dispositionen zu treffen.

Anhand der Preisumstellung wird dies alles am besten deutlich. Angenommen, eine D-Mark macht künftig 50 EURO-Cents aus, so kostet die Butter für 2,50 DM dann schlicht und einfach 1,25

EURO. Nun können aber – und das ist die große Befürchtung vieler Menschen – die Anbieter diese Gelegenheit nutzen, um den Preis der Butter auf 1,50 EURO hochzusetzen. Als Grund wird angeführt, daß der Verbraucher ja nicht in jedem Falle noch weiß, was ein Produkt *vor* der Umstellung gekostet hat, so daß er nicht nachprüfen könne, ob manipuliert wurde. Aber mal Hand aufs Herz: Könnten Sie das denn heute? Wissen Sie, was ein Pfund Butter im Supermarkt genau kostet? Um wieviel sich die einheimische Butter preislich von der dänischen unterscheidet? Und was die gleiche Butter im Geschäft eine Ecke weiter kostet? Natürlich wissen Sie das nicht alles. Es braucht Sie auch nicht zu interessieren: Sie wissen nämlich, daß es einen Markt mit konkurrierenden Anbietern gibt, der für einen im Mittel »richtigen«, nämlich wettbewerbsgerechten Preis für Butter sorgt. Und es gibt keinen Grund zu der Annahme, daß die Märkte diese Funktion nicht auch nach der Währungsunion erfüllen.

Ganz im Gegenteil wird die Währungsunion in vielen Bereichen, vor allem in Deutschland, zu einem Sinken des Preisniveaus führen. Pkws sind hierzulande bekanntermaßen deutlich teurer als in vielen unserer Nachbarländer. Die sogenannten »Grauimporte« sind darum ein seit Jahren bekanntes und für die deutschen Hersteller lästiges Phänomen. Die Währungsunion geht noch weiter; sie wird die geographischen Preisunterschiede praktisch völlig zum Verschwinden bringen. Denn sobald die Preisauszeichnung europaweit einheitlich in EURO erfolgt, kann jedermann ohne große Probleme Preisvergleiche anstellen. Er muß dazu keine Wechselkurse kennen, keine Umtauschgebühren kalkulieren oder – bei Leasing-Finanzierung – Zinsdifferenzen oder Wechselkursrisiken berücksichtigen. Für die Hersteller nahen also härtere Zeiten; das Abschöpfen der Konsumenten wird für sie schwerer. Die Preise für die Verbraucher werden dagegen fairer, weil der Wettbewerb transparenter und damit intensiver wird.

Dazu ein ergänzender Hinweis: Man kann als Deutscher sein Auto natürlich nur problemlos in Italien oder Frankreich kaufen, wenn es keine protektionistischen Zölle gibt, einheitliche technische Zulassungsnormen gelten und der ausländische Händler dem deutschen Kunden überhaupt ein Fahrzeug verkaufen darf.

Soweit derartige Beschränkungen existieren, stehen sie im Widerspruch zu der wettbewerbsfördernden Wirkung der gemeinsamen Währung. Es gibt also eine Wechselbeziehung zwischen effizientem Wettbewerb auf dem freien Binnenmarkt und der optimalen Wirkung einer gemeinsamen Währung. Das verdeutlicht, wie wichtig die Umsetzung des Binnenmarktes mit den vier Freiheiten für Kapital, Personen, Waren und Dienstleistungen ist. Der EURO ist sozusagen der letzte Schliff, damit dieser Markt optimal funktioniert, mehr nicht. Erst in der Verbindung von maximalem Wettbewerb bei minimalen Transaktionskosten wird das eigentliche Ziel erreicht.

Der EURO an sich ist also keine wirklich entscheidende Frage für die Zukunft Europas, weder wirtschaftlich noch politisch. Er ist aber ein konsequenter Schritt auf dem Weg zu intensiverer politischer Abstimmung und höherer wirtschaftlicher Leistung. Während in Bonn ersteres den Ausschlag für den EURO zu geben scheint, betrachten die meisten Menschen den wirtschaftlichen Aspekt als viel wichtiger. Zwischen beiden Zielen besteht aber kein Widerspruch! Der EURO kann und muß insgesamt zu mehr Wettbewerb innerhalb Europas und damit zu mehr Wettbewerbsfähigkeit auf den Weltmärkten führen. Davon profitieren die Bürger Europas nicht nur als Verbraucher, sondern auch als Arbeitnehmer. Nur ein Binnenmarkt, auf dem echter Wettbewerb herrscht, wird auch international bestehen können und für Wachstum und steigende Beschäftigung sorgen. Und darin liegt die wirkliche Herausforderung für ganz Europa. Zu deren Bewältigung kann der EURO zwar beitragen, er ist dafür aber nicht entscheidend. Geld ist nur ein Mittel der Ökonomie; sein Wert ist eine abgeleitete Größe, die sich daraus ergibt, wie stark die Wirtschaft und wie solide die Politik ist, die dahintersteht.

## Wennschon – dennschon

Die gemeinsame Währung birgt allerdings Risiken, sofern nach ihrer Einführung die Stabilität nicht sichergestellt ist. Eine hohe Anpassungsfähigkeit in den Teilnehmerländern ist wichtig, denn

sie ist Voraussetzung für eine wettbewerbsfähige Wirtschaft und somit eine stabile Währung in Europa. Das erfordert die Bereitschaft, in Phasen starken Strukturwandels Einschränkungen bei den Verbrauchsausgaben in Kauf zu nehmen, um Zukunftsinvestitionen tätigen zu können. Es bedeutet insbesondere den Verzicht auf Fluchtwege aus dem Wettbewerb, wie sie geld- und währungspolitisch unabhängigen Staaten offenstehen. Im wesentlichen sind das Verschulden und Wechselkurspolitik. Die Verschuldung konnte bereits als gangbarer Ausweg ausgeschlossen werden, falls es wirtschaftlich nicht funktioniert. Wie aber sieht es mit der Wechselkursanpassung aus?
Bisher steht den künftigen EWU-Teilnehmern das Instrument der Wechselkursanpassung noch offen. Die Aufnahme in die EWU setzt aber voraus, daß ein Land ohne Abwertung mindestens zwei Jahre am EWS teilgenommen hat, denn die Währungsunion schließt derartige Anpassungen für alle Zukunft aus. Um die Konsequenz zu verdeutlichen, möchte ich die Frage beantworten, warum Abwertungen eine Ausflucht vor dem Wettbewerb darstellen und einer Stabilitätspolitik zuwiderlaufen. Eine Abwertung der Währung bedeutet nichts anderes als eine Entwertung der Einkommen, Ersparnisse und Gewinne der einheimischen Wirtschaftssubjekte. Häufig wird ihnen das nicht unmittelbar deutlich, weil sie in heimischer Währung noch den gleichen Betrag in der Lohntüte, auf dem Sparbuch oder in der Kasse haben. Sobald sie aber die Landesgrenzen überschreiten oder ausländische Produkte kaufen, werden sie feststellen, daß dies in einheimischer Währung teurer für sie geworden ist. Ihr Geld ist weniger wert. Wenn nach Einführung des EURO die Währung in ganz Europa gleich und nationalen Manipulationen entzogen ist, werden sich statt der Wechselkurse, die es ja nicht mehr gibt, unmittelbar die Faktorpreise anpassen müssen. Wenn die einheimischen Produkte sich im Ausland nicht verkaufen lassen, weil sie zu teuer geworden sind, wird nicht die Währung verbilligt. Vielmehr müssen unmittelbar Löhne und Gewinne sinken, um zu einem marktgerechten Preis zu kommen. Folglich wird nicht das Geld weniger wert (es ist ja für alle der gleiche EURO), sondern Unternehmen und Haushalte werden weniger

davon haben. Das wird schließlich auch der Staat über sinkende Steuereinnahmen zu spüren bekommen. Aufgrund der höheren Transparenz durch die einheitliche Währung werden künftig Staat, Unternehmen und Arbeitnehmer sehr viel schneller die Quittung für Produktivitätsverluste in Form sinkender Löhne, schrumpfender Gewinnspannen und abnehmender Steuereinnahmen präsentiert bekommen.

EWU-Länder, die es versäumen, beim Strukturwandel mitzuziehen, werden die Nachteile, die sich daraus ergeben, nicht mehr durch Wechselkursanpassungen kaschieren können. Ihnen bleibt nur die Wahl zwischen steigender Wettbewerbsfähigkeit und sinkender Wohlfahrt. Denn sie werden ein Absinken des Lebensstandards weder durch Verschuldung in die Zukunft verschieben können, noch dürfen sie mit Hilfszahlungen der anderen EWU-Mitglieder rechnen. Ein Modell wie das der neuen Bundesländer kann und wird es in Europa nicht geben; es wäre schlichtweg nicht bezahlbar. Bei der Produktivität rangieren die neuen Bundesländer noch hinter Portugal und Griechenland, beim Einkommensniveau liegen sie aber zwischen Kanada und den Vereinigten Staaten. Würden wir dies auf europäischer Ebene ebenso handhaben, wäre der Bankrott vorgezeichnet. Die bestehenden europäischen Konvergenzfonds können auch künftig keinen Ausgleich für mangelndes Engagement im Wettbewerb schaffen. Auch einen horizontalen Finanzausgleich wie zwischen den deutschen Bundesländern gibt es in Europa nicht. Wer in der Währungsunion wirtschaftlich zurückfällt, wird dafür nicht durch Überweisungen aus den leistungsorientierten Ländern belohnt werden. Er wird es durch den Verlust des Lebensstandards seiner Bürger bezahlen müssen – so lange, bis produktivitätsgerechte Löhne, Sozialleistungen, Steuern usw. der Wirtschaft Spielraum zur Entwicklung geben.

Innerhalb Europas sind Wechselkursveränderungen also künftig ausgeschlossen. Doch wie sieht es gegenüber dem EWU-Ausland aus, insbesondere gegenüber dem außereuropäischen? Was geschieht, wenn Europa insgesamt weiter an Wettbewerbsfähigkeit verliert, beispielsweise gegenüber den USA? Dann wird die Europäische Zentralbank zunächst so reagieren, wie es auch die Deut-

sche Bundesbank tun würde, nämlich mit Zinserhöhungen. Auf diese Weise verteidigt sie den EURO, wenn auch zu Lasten der Wirtschaft. Doch auch die EZB ist in erster Linie der Geldwertstabilität verpflichtet, nicht konjunkturpolitischen Zielen. Sie wird es also nicht ohne weiteres hinnehmen, daß der Kurs des EURO gegenüber dem Dollar durch das Versagen der Wirtschaftspolitik ständig sinkt. Die EZB wird, wie auch die Bundesbank, ein Gegengewicht bilden, wenn die öffentlichen Haushalte auf Abwege geraten. Nicht unberücksichtigt lassen darf man auch den umgekehrten Fall, daß die europäische Wirtschaft in den nächsten Jahren aufholt. Dann wird die EZB die Wirtschaft durch sinkende Zinsen belohnen und versuchen, die resultierende Aufwertung des EURO in verträglichen Grenzen zu halten.
Viel wird davon abhängen, wie wir Deutschen unsere besondere Verantwortung für die Stabilität der gemeinsamen europäischen Währung wahrnehmen. Dieses hohe Maß an Verantwortung ergibt sich aus unserem enormen wirtschaftlichen Gewicht in Europa, das bislang noch durch die Rolle der D-Mark deutlich wird. Auch ohne eigene Währung wird sich der deutsche Einfluß in der Währungsunion fortsetzen und den Wert des EURO maßgeblich beeinflussen. Wir Deutschen müssen uns daher tatsächlich sehr ernsthaft fragen, wie wir es mit der Stabilitätskultur halten und welche Anstrengungen wir auf uns zu nehmen bereit sind, um unsere Wettbewerbsfähigkeit und damit den Wert unserer jetzigen und künftigen Währung zu verteidigen.

## Zuchtmeister EURO

Eine Politik des harten EURO kann erheblich dazu beitragen, daß die Wirtschaft in den Ländern Europas wieder in Form kommt. Je konsequenter die EZB am Kurs der Währungsstabilität festhält, desto größer wird die disziplinierende Wirkung sein, die davon auf die nationalen Regierungen ausgeht. Keinesfalls darf Europa nach dem Startschuß zur Währungsunion wieder in den alten Schlendrian zurückfallen. Deutschland kann einen erheblichen Beitrag dazu leisten, wenn es dem Stabilitätsgedanken treu bleibt. Auch wenn die Deutschen sich permanent über Einschnitte und zusätzliche Belastungen beschweren, muß die Konsolidierung der öffentlichen Haushalte fortgeführt werden, soll der EURO (und bis dahin die D-Mark) hart bleiben.

Die Folgen werden in allen Bereichen spürbar sein. Bereits genannt habe ich den Schutz und die Subventionierung unrentabler heimischer Branchen; hier wird der Spielraum weiter schwinden. Aber nicht nur die Unternehmen, auch die Arbeitnehmer werden sich den Belastungen des Strukturwandels stellen müssen. Durch eine kostspielige Sozial- und Arbeitsmarktpolitik wird der Staat sie nicht mehr in gewohntem Maße vor den erhöhten Anforderungen bewahren können. Statt dessen muß eine dynamische Wirtschaft dafür sorgen, daß ausreichend Beschäftigung auf allen Lohnniveaus entsteht. Eine der Voraussetzungen dafür ist, daß der Staat Unternehmen und Beschäftigte von Steuern und Abgaben entlastet. Die größte Geldentwertung findet europaweit nämlich dadurch statt, daß enorme und meist wachsende Teile von Einkommen und Gewinnen dem Staat und seinen Umverteilungsorganisationen zum Opfer fallen. Die Deutschen können davon ein Lied singen.

Auch hier geht von der europäischen Stabilitätspolitik eine heilsame Wirkung aus, die besonders die »teuersten« Länder in Zugzwang bringt. Bekanntlich findet nicht nur in Europa, sondern weltweit längst ein Wettbewerb der *Standorte* bei Steuern, Sozialversicherungsbeiträgen, öffentlichen Abgaben und ähnlichen Kostenfaktoren statt. Durch die Währungsunion wird dieser Wettbewerb weiter verschärft. Nehmen wir als Beispiel die nationalen Steuersysteme. Derzeit kann man sehr gut beobachten, daß manche Länder die Steuern erhöhen oder Sondersteuern wie den Solidarzuschlag erheben müssen, um die Maastricht-Kriterien erfüllen zu können. Damit aber benachteiligen sie die eigene Wirtschaft schon beim Start der Währungsunion. Da die betreffenden Staaten ihre übermäßigen Ausgaben künftig auch über eine höhere Neuverschuldung nicht mehr decken können, weil sonst Sanktionen drohen, können sie niedrigere Steuern nur durch Drosselung der Ausgaben erreichen. Ebenso verhält es sich bei den anderen Kosten, die Kapital und Arbeit belasten und

Wachstum verhindern. Nur ein bescheidener Staat kann seinen Bürgern eine gute Ausgangsposition im Wettbewerb der Standorte um Investitionen und Arbeitsplätze verschaffen.
Dieser Standortwettbewerb wird auch vor den Arbeitsmärkten nicht haltmachen. Der Druck auf die Arbeitskosten, also Löhne und Lohnnebenkosten, wird wachsen, wenn der Staat überzogene Tarifniveaus nicht mehr im gewohnten Maß künstlich stützt, indem er durch öffentlich finanzierte Maßnahmen Arbeitslose aus dem Markt nimmt. Das Zerbröseln realitätsferner Tarifstrukturen, wie wir es in den neuen Bundesländern gegenwärtig erleben, wird europäische Dimensionen annehmen. Das innerdeutsche Lohngefälle wird durch ein innereuropäisches ergänzt, gegen das ein Anachronismus wie das deutsche Entsendegesetz keinen Bestand haben wird. Schließlich können wir den deutschen Arbeitsmarkt nicht zum Reservat erklären. In Deutschland gibt es Hunderttausende arbeitsloser Bauarbeiter, doch wird auf vielen Baustellen, sogar in den neuen Ländern, mehr Englisch und Spanisch gesprochen als Deutsch. Wenn wir unser Lohnniveau zum nationalen Besitzstand erklären, gibt es nur zwei Möglichkeiten. Wir lassen billige ausländische Arbeitskräfte zu und zahlen den Deutschen Arbeitslosengeld, oder wir schotten uns ab und nehmen überhöhte Immobilienpreise, teurere Mieten und letztlich eine schwache Baunachfrage in Kauf. Beides ist volkswirtschaftlich ein Verlustgeschäft und führt zu weniger statt mehr Wachstum und Beschäftigung. Das Ergebnis ist eine Wirtschaft, der bei internationalen Spitzenlöhnen die Arbeit ausgeht, und ein Staat, der schwer an den sozialen Folgelasten eines solchen Luxus trägt. Es liegt nahe, daß ein Land dadurch Wert und Ansehen seiner Währung auf Dauer ruiniert. Wie aber kann dem Druck auf den Arbeitsmarkt begegnet werden, ohne den Geldwert zu gefährden?
Dies macht ein Vergleich zwischen dem Import ausländischer Automobile und der Beschäftigung ausländischer Bauarbeiter deutlich. Der einzige Unterschied zwischen beiden Vorgängen ist ja der, daß im Bausektor nicht die fertigen Häuser aus Spanien kommen, sondern die billigen Bauarbeiter. Wenn wir italienische und französische Autos kaufen, haben wir normalerweise nicht

die geringsten Skrupel, obwohl der Preisvorteil dieser Wagen etwas damit zu tun haben muß, daß italienische und französische Automobilarbeiter um ein Drittel weniger kosten als deutsche. Darum lassen wir das Swatch-Auto lieber in Lothringen bauen. Wenn es fertig ist, kaufen es dann die arbeitslosen deutschen Automobilarbeiter – weil es so schön billig ist. Es müßte eine Entsenderichtlinie für Pkw geben, die vorsieht, daß ausländische Autos in Deutschland genauso teuer verkauft werden müssen wie deutsche. Wir reden also schlicht über Schutzzölle. Damit ist zum einen klar, wessen Geistes Kind diese Richtlinie ist. Die Bundesregierung redet von der Währungsunion als Krönung des Europäischen Binnenmarkts und bekämpft gleichzeitig die Freiheiten, die diesen ausmachen. Zum anderen erhalten wir hier die Antwort auf die Frage, was zur Sicherung des Geldwertes geschehen muß. Sie lautet schlicht, wettbewerbsfähig zu werden. Mit den französischen Autos müssen wir ja auch konkurrieren. Diese Konkurrenz hat natürlich etwas mit der Lohnhöhe und den Lohnnebenkosten zu tun, je nach Branche mehr oder weniger. Wir sollten jedenfalls nicht glauben, daß wir unsere Wettbewerbsprobleme dadurch lösen, daß wir unseren Arbeitsmarkt dichtmachen und unsere Tarifverträge zu allgemeinverbindlichen nationalen Schutzgütern erklären. Damit werden Probleme an anderer Stelle vorprogrammiert. Die Entsenderichtlinie macht Deutschland nicht nur zum Vorreiter, wenn es darum geht, den Wettbewerb in Europa zu sabotieren, sondern zugleich zum Wegbereiter eines schwachen EURO als Währung eines schwächlichen Europa.

Wenn wir eine starke Währung in Europa wollen, müssen wir wieder richtig ran – im Wettbewerb, nicht im Mauern. Wollen wir das nicht, müssen wir die EWU von vornherein bleibenlassen. Denn letztlich wird Europa dadurch weniger Schaden zugefügt als durch eine mißglückte Währungsunion, die ins Armenhaus eines lethargischen, wettbewerbsscheuen Wohlfahrtssystems führt. Nicht ein starker Staat, sondern eine starke Wirtschaft sorgt für eine harte Währung. Die meisten europäischen Länder – von Großbritannien einmal abgesehen – haben in dieser Hinsicht eine ganze Menge aufzuholen, im öffentlichen und im privaten Sektor.

Es ist daher wichtig, daß die Regierungen das Mittel der Ausgabenpolitik auch nach Inkrafttreten der Währungsunion nicht mehr im früheren Umfang nutzen können. Viele Länder haben erstaunliche Fortschritte bei der Konsolidierung ihrer Haushalte gemacht. Die EZB hat dafür zu sorgen, daß diese Disziplin weiter anhält. Eine strikte Geldpolitik läßt nur die Möglichkeit, Bürger und Wirtschaft durch Entlastungen zu fördern, statt wie bisher durch Stützungen, und im Gegenzug mehr Eigeninitiative zu verlangen. Genau diese Strategie muß in Europa verfolgt werden. Sie ist der Weg zur Selbstbehauptung im globalen Wettbewerb. Findet die Wirtschaft in den europäischen Ländern nicht zu neuer Stärke, ist das Streben nach einer stabilen Währung von vornherein zum Scheitern verurteilt.
Vor allem wir Deutschen sollten uns nichts vormachen. Wir können mit unserer Leistungsfähigkeit keineswegs zufrieden sein, schon gar nicht, solange es in den neuen Ländern nicht aufwärtsgeht. Es reicht außerdem keineswegs, unsere relative Stärke in Europa zu verteidigen. Europa ist nicht die Welt. Und Amerikaner, Japaner und Koreaner beeindruckt es wenig, ob wir uns in Europa über auskömmliche Einkommensniveaus oder harmonische Steuersätze verständigt haben. Auf den internationalen Märkten für Güter und Investitionen entscheidet sich, ob Europa als Wirtschaftsregion attraktiv und wettbewerbsfähig ist. Von der Antwort darauf wird es abhängen, wieviel wir dereinst für einen EURO auf dem Weltmarkt kaufen können.

# 10
# Das Prinzip Offenheit: Schritte zur Einheit Europas

## Deutschland und Europa nach dem Kalten Krieg

Entstehung und Ende der deutschen und der europäischen Teilung stehen in engem Zusammenhang. Deutschland hat die Blockteilung im eigenen Land erlitten; durch das Ende des Kalten Krieges rückt es nun wieder in seine angestammte Rolle im Herzen Europas. Daraus ergibt sich eine besondere Verantwortung und Chance sowohl für die innere Neugestaltung Deutschlands als auch für die Architektur eines gemeinsamen Hauses aller Europäer. Die Überwindung der deutschen Teilung ist nur ein Ausschnitt aus der gesamteuropäischen Aufgabe, die ehemals planwirtschaftlichen Diktaturen an das freie und marktwirtschaftliche Europa heranzuführen und unsere gemeinsame Identität und Zukunft neu zu definieren.

## Gibt es eine gemeinsame Identität aller Europäer?

Es ist zunächst leichter, die Frage zu beantworten, was die gemeinsame Identität aller Europäer *nicht* ausmachen kann: Europa ist nicht durch die räumliche Definition bestimmt, die wir alle aus dem Geographieunterricht kennen. Ebensowenig ist es mit »Europäischer Gemeinschaft« identisch. Und schon gar nicht läßt es sich auf ein Zweckbündnis mit wirtschaftlichem Interessenschwerpunkt reduzieren. Europa ist vielmehr ein Traum, der sich aus dem Bewußtsein einer gemeinsamen Geschichte, einer gemeinsamen Kultur und einem gemeinsamen Schicksal aller Nationen auf dem alten Kontinent speist.

Die Staaten Osteuropas sind fester Bestandteil dieses »Europa«; die Gräben von 40 Jahren Trennung müssen zugeschüttet werden. Denn zweifellos ist Europa mehr als die Antwort des Westens auf die einstige kommunistische Herrschaft im Osten, nämlich ein gemeinsamer, wenn auch oft steiniger historischer Weg über mehr als 2 000 Jahre hinweg. Deshalb wird die friedliche Regelung von Konflikten für die Zukunft von zentraler Bedeutung für das freie Europa sein (und das Beispiel Jugoslawien zeigt, wie weit wir in dieser Hinsicht von der Erfüllung des europäischen Traums noch entfernt sind). Eine gemeinsame Kultur und geteilte Werte wie Menschenrechte, bürgerliche Freiheit, Demokratie und individuelle Selbstentfaltung sind die Grundlage dafür. Gerade die Menschen in Osteuropa haben all die Jahre im Bewußtsein dieser Gemeinsamkeiten nach europäischer Einheit getrachtet.

Zudem sind diese Werte Garant einer typisch europäischen Vielfalt, aus der Kreativität und Anpassungsfähigkeit resultieren. Das sind Stärken, auf die Europa nicht zuletzt im globalen Wettbewerb bauen kann. Der kulturelle Reichtum muß auch in einer Europäischen Union gewahrt bleiben. Brüsseler Gleichmacherei darf es nicht geben, sondern eine Europäische Einheit in nationaler und regionaler Vielfalt. Es gilt heute mehr denn je, das gemeinsame Schicksal Europas in dieser Richtung aktiv zu gestalten. Dazu bedarf es aus meiner Sicht einer Vision, einer konkreten und von den Bürgern Europas gemeinsam akzeptierten Vorstellung davon, wie ihr Zusammenleben auf lokaler, nationaler und supranationaler Ebene geregelt sein soll. Die Probleme, die sich uns in Europa stellen, verlangen zunehmend nach europäischen Lösungen. Diesem Problemdruck müssen wir uns stellen, um nicht handlungsunfähig zu werden. Insbesondere muß diese Vision eine realistische Perspektive für die Integration der osteuropäischen Reformstaaten beinhalten. Europa muß seine Zukunftspotentiale freisetzen, indem es aus seiner Tradition geistiger, politischer und wirtschaftlicher Offenheit und Vielfalt Nutzen zieht. Nur wenn wir diese Aufgaben durch Bündelung und Koordination unserer Anstrengungen bewältigen, wird das neue Europa sein gewachsenes politisches und wirtschaftliches Potential entfalten können, in Frieden und zum Vorteil aller.

## Die deutsche Wiedervereinigung im europäischen Kontext

Welche Rolle fällt uns Deutschen bei der Gestaltung der europäischen Zukunftsoptionen zu? Deutschland steht vor der historisch einmaligen Situation, eine ehemals sozialistische Planwirtschaft in ein marktwirtschaftliches System zu integrieren. Viele der Erfahrungen, die wir dabei sammeln, können auch in den Staaten Osteuropas nutzbringend angewandt werden. Das darf jedoch nicht über einen grundlegenden Unterschied hinwegtäuschen: Die osteuropäischen Staaten müssen sich weitgehend aus eigener Kraft reformieren, wobei sie eine schrittweise Strategie der Anpassung verfolgen können. In Deutschland hingegen haben wir einen Crashkurs eingeschlagen, indem wir den Osten durch die Wirtschafts- und Währungsunion schlagartig den Weltmarktbedingungen ausgesetzt und ihn binnen kürzester Zeit zu einem Hochlohnstandort nach westdeutschem Vorbild gemacht haben. Die Folge dieser politischen Weichenstellungen ist, daß wir wesentliche Zusammenhänge der Marktwirtschaft außer Kraft gesetzt haben und den Osten Deutschlands nun bei der wirtschaftlichen Anpassung massiv unterstützen müssen. Wir müssen insbesondere den Weg der Erneuerung des Kapitalstocks und der Innovation bei Produkten und Verfahren weiterverfolgen. Mehr noch: Die Wiedervereinigung muß als Chance für ein Umdenken auf breiter Front begriffen werden. Das finanzielle Problem der Einheit ist lösbar. Was wir brauchen, sind neue Ideen und die Bereitschaft, den Aufbruch im Osten auch im Westen mitzuvollziehen.

Die Impulse, die Deutschland von der Integration in Europa sowie im eigenen Land erhält, wirken im Grunde in dieselbe Richtung: Wir müssen wieder offener werden für neue Herausforderungen. Wir dürfen nicht länger zuwarten und uns an alte

Gewohnheiten und Besitzstände klammern, während uns die Entwicklungen davonlaufen. Deutschland und Europa haben sich in den vergangenen sieben Jahren grundlegend verändert. Statt Abwehr gegen die Konkurrenz einer erstarkenden Wirtschaft in Osteuropa aufzubauen, müssen wir Konzepte einer Arbeitsteilung entwickeln, die für beide Seiten die Chancen im globalen Wettbewerb verbessert.

## Europa aktiv gestalten

Auf die europäische Ebene übertragen, sind gewisse Analogien zur deutschen Situation festzustellen. Wir haben in Europa zwei Aufgaben zu bewältigen: Integration und Erweiterung. Das eine kann dabei das andere nicht ausschließen. Wir wollen keine »Festung Europa«, denn wer sich abschottet, verliert seine Wettbewerbsfähigkeit – wirtschaftlich und ideell. Der beste Schutz gegen Zentralismus und staatliche Alimentierung der Wirtschaft ist die Wiederbelebung der Idee von Europa als einer offenen und aus Tradition kulturell aufgeschlossenen Gemeinschaft. Wer den Wettbewerb nicht will, der will mehr Staat – dieser Zusammenhang ist auf nationaler Ebene nicht anders als auf europäischer.
Die *Offenheit* ist somit das zentrale Thema, das wir im heutigen Europa zu behandeln haben. Die Fortführung der westeuropäischen Integration darf kein Hindernis für die verstärkte Öffnung der Gemeinschaft sein. Die Modalitäten und der Zeitplan der Europäischen Union, nicht die Union selbst, müssen daher der aktuellen Entwicklung in Europa angepaßt werden, damit die Bestimmungen von Maastricht nicht am Ende zu »yesterday answers to yesterday questions« werden, als die Margaret Thatcher sie angesichts der veränderten Weltlage angeprangert hat.
Diese Offenheit muß die Gemeinschaft in mehrerer Hinsicht praktizieren: Im Welthandel darf die EU sich nicht abschotten. Die Europäer müssen sich wirtschaftlich dem internationalen Wettbewerb stellen und Subventionen abbauen, weil diese stets zu Protektionismus im Handel führen. Die Konsequenz sind Unternehmen, die den Anschluß an den Markt verlieren, weil sie

vor Wettbewerb geschützt sind. Insbesondere muß die gigantische Mittelverschwendung durch die gemeinsame Agrarpolitik ein Ende haben, die Subventionierung und Abschottung der heimischen Landwirtschaft und Agroindustrie: In einer Zeit, in der Europa alle Kraft darauf konzentrieren müßte, technologisch nicht den Anschluß an Japan und die USA zu verlieren, fließt die Hälfte des EU-Etats in die Landwirtschaft.

Offenheit ist ferner gegenüber den Staaten Osteuropas gefordert, insbesondere in wirtschaftlicher Hinsicht. Wenn wir unsere Grenzen für osteuropäische Agrar- und Textilimporte schließen und dadurch verhindern, daß diese Länder sich die Mittel für den marktwirtschaftlichen Umbau ihrer Volkswirtschaften selbst verdienen können, werden die Menschen aus Polen, Rumänien oder Bulgarien zu uns kommen. Wir dürfen im eigenen Interesse nicht zulassen, daß nach dem Eisernen nun ein Goldener Vorhang den Kontinent in zwei Hälften teilt. Das könnte schon bald zu unabsehbaren Problemen und Konflikten führen. Statt dessen sollte Osteuropa in die erweiterte europäische Arbeitsteilung einbezogen werden, um dann allmählich in die Rolle hineinzuwachsen, die beispielsweise Korea für Japan oder Mexiko für die USA spielen. Ein solches Vorgehen würde den Menschen in Osteuropa zudem Hoffnung und eine Zukunftsperspektive im gemeinsamen europäischen Haus geben.

Ich plädiere sehr dafür, daß vor allem Deutschland in dieser Richtung vorangeht und seine Aufgabe als wirtschaftliche und politische Schnittstelle wahrnimmt. Es hängt nicht zuletzt von unserer Phantasie und Verantwortungsbereitschaft ab, daß Deutschland in seine neue Rolle als Bindeglied und Drehscheibe zwischen West- und Osteuropa hineinwächst und mit seinen Erfahrungen aus dem Prozeß der deutschen und europäischen Integration Impulse zu einem gemeinsamen Neuaufbruch in Europa gibt.

Schließlich muß die Gemeinschaft gegenüber jenen Staaten Offenheit zeigen, die ihr beitreten wollen. In einer Perspektive von zehn Jahren muß der Beitritt zumindest der fortgeschrittensten osteuropäischen Staaten Polen, Ungarn und Tschechien eingeplant werden. Etwa so lange wird es dauern, bis diese Länder wirtschaftlichen Anschluß an die südlichen EG-Mitglieder Spanien und Portugal gefunden haben. Wichtig ist in diesem Zusammenhang jedoch nicht nur die wirtschaftliche Konvergenz. Will Europa mehr als nur ein Binnenmarkt sein, ist vor allem eine politische Perspektive für Europas internes Zusammenwachsen, aber auch für seine zukünftige Rolle in der Welt gefordert. Nur wenn Offenheit und Besinnung auf Europas Vielfalt als seiner größten Stärke sich durchsetzen, werden wir uns heute die Basis für Stabilität und Wohlstand im Europa nach der Jahrtausendwende schaffen können.

# 11 Marktwirtschaft in Osteuropa: Herausforderung für die Europäische Union

## Die Veränderung des unternehmerischen Paradigmas

Der Fall des Eisernen Vorhangs und der Zusammenbruch des sozialistischen Wirtschaftssystems trifft die Europäische Union in einer Phase, in der sie weitgehend mit sich selbst beschäftigt ist. Nach der Stagnation des europäischen Einigungsprozesses zu Beginn der achtziger Jahre sorgte das Binnenmarktprogramm für den Wegfall der nationalen Grenzen für Güter, Dienstleistungen und Arbeitskräfte und damit für eine neue Dynamik. Der termingerechte Start des Binnenmarktes im Jahr 1992, der Vertrag von Maastricht und die Vorbereitungen zur Währungsunion zeugen von dauerhaftem Erfolg bei der Vertiefung der Gemeinschaft.

Die Europäische Union tut sich jedoch schwer mit der Integration der osteuropäischen Länder, die seit 1989 ebenso auf der Tagesordnung steht. Diese Tatsache hat größtenteils wirtschaftliche Gründe. Da die einst für diese Länder dominierenden Handelsbeziehungen innerhalb des Rates für gegenseitige Wirtschaftshilfe zusammengebrochen sind, suchen sie nach neuen Märkten für ihre Produkte. Was läge da näher als der benachbarte EU-Markt? Doch Osteuropas Produktionsstruktur konzentriert sich auf Sektoren, die in der Europäischen Union ohnehin im Übermaß anzutreffen sind und stark subventioniert werden müssen. Das im Vergleich zu Westeuropa geringe Lohnniveau und die sich daraus ergebenden Preisvorteile lassen indes in den betroffenen EU-Branchen die Alarmglocken schrillen. Der Ruf nach politischem

Schutz vor der unliebsamen Konkurrenz wird laut und bestimmt die europäischen Entscheidungsprozesse.

Dabei birgt die Öffnung Osteuropas große unternehmerische Chancen. Die Arbeitsteilung mit dortigen Produzenten könnte etablierten deutschen Unternehmen einen Strategiewechsel ermöglichen: raus aus der Nischenproduktion, in die sie sich wegen der Kostenprobleme mit Spezialprodukten zurückgezogen haben, und hin zur umfassenden Kostenführerschaft (»overall cost leadership«) in den lukrativen Massenmärkten. Der Fall des Eisernen Vorhangs hat vor unserer Haustür Produktionsstandorte entstehen lassen, die sich im internationalen Vergleich durch ein hohes Angebot von gut qualifizierten Arbeitskräften bei niedrigem Lohnniveau auszeichnen. An ihm können reife Produkte zu international wettbewerbsfähigen Preisen hergestellt werden, während in Deutschland die technologische Spitze weiterentwickelt wird.

Die Auslagerung der Produktionsstufen mit verhältnismäßig geringer Wertschöpfung ist integraler Bestandteil einer langfristig konkurrenzfähigen Volkswirtschaft. Andere Staaten, allen voran Japan, machen uns immer wieder vor, wie wichtig in Zeiten wirtschaftlicher Krisen die Verlagerung lohnintensiver Fertigungen zur Erhaltung der wirtschaftlichen Wettbewerbsfähigkeit ist. Die Attraktivität der osteuropäischen Staaten als Investitionsstandort geht zum überwiegenden Teil auf die im Vergleich zu Westeuropa sehr geringen Arbeitskosten zurück. Mitte der neunziger Jahre betrugen die Stundenlöhne in der Industrie in Portugal, dem europäischen »Billiglohnland«, 9,30 Mark und lagen damit zweieinhalbmal höher als in Polen. Die westdeutsche Industrie mußte sogar einen Stundenlohn von 45,50 Mark aufwenden. Das ist rund zwölfmal soviel, wie für einen polnischen, und zehnmal soviel, wie für einen ungarischen Arbeitnehmer zu veranschlagen ist.

## Die wirtschaftliche Integration Osteuropas ist die derzeit vordringliche Aufgabe für die europäische Politik

Umgekehrt darf Osteuropa nicht als Absatzmarkt vergessen werden. Doch die europäische Politik hat entgegen früheren Verlautbarungen ihre Märkte nicht bedingungslos für die osteuropäischen Staaten geöffnet. Freihandel wurde gepredigt, und dann wurden in zähen bilateralen Verhandlungen all jene Bereiche festgelegt, für die weiterhin Zoll- und Mengenbeschränkungen gelten sollen. So wurde das Ziel der Liberalisierung des Handels, das den Europaabkommen mit den Visegrad-Staaten Polen, Tschechien, Slowakei und Ungarn zugrunde liegt, durch zahlreiche protektionistische Schutzklauseln und Sonderregelungen abgeschwächt. Sogar die Einfuhr von Himbeeren ist heute begrenzt. Die europäische Politik gegenüber Osteuropa bedarf auch hier einer strategischen Neuausrichtung. Kooperation mit Osteuropa muß als gemeinschaftliche Chance, nicht als Bedrohung aufgefaßt werden. Die Erschließung des osteuropäischen Absatzpotentials ist nur möglich, wenn dem Osten die Chance gegeben wird, die für den Kauf der benötigten Güter erforderlichen Devisen zu erwirtschaften. Hierzu bedarf es eines konsequenten Abbaus aller Handelshemmnisse, auch und gerade in den von der europäischen Politik als »sensibel« bezeichneten Bereichen. Eine Öffnung der Grenzen für diese Bereiche bringt zwar zusätzliche Konkurrenz für westeuropäische Hersteller. Andererseits können aber erst wirtschaftlich prosperierende Staaten in Osteuropa potente Nachfrager für westeuropäische Produkte sein.

## Die Erschließung des Absatzpotentials

Daß dieser Anspruch keineswegs zu unterschätzen ist, belegen eindrucksvoll die folgenden Zahlen. Die osteuropäischen Staaten ohne die Länder der ehemaligen Sowjetunion verfügen über etwa ein Drittel der Bevölkerung der gesamten EU. Nimmt man

Rußland, Weißrußland, die Ukraine und das Baltikum hinzu, so entsteht ein Markt von 343 Millionen Menschen, der damit annähernd so groß ist wie der EU-Markt. Wichtig für das zukünftige Absatzpotential ist, inwieweit sich die früheren Planwirtschaften in die internationale Arbeitsteilung integrieren können und welcher unmittelbare Bedarf im Prozeß der Umgestaltung zu Marktwirtschaften auftritt.

**Verkehrsinfrastruktur**

Die dazu erforderliche Verkehrsinfrastruktur ist in weiten Teilen mangelhaft. Das Straßen- und Schienennetz muß grundlegend erneuert werden. Durch die wirtschaftlichen Veränderungen wird vor allem der Mix der Verkehrsträger beeinflußt. Sozialistische Marktwirtschaften waren charakterisiert durch einen hohen Anteil der Schwerindustrie an der Gesamtwirtschaft sowie durch ein Wirtschaftskonzept, welches die Produktion von Massengütern favorisierte. Der Eisenbahnverkehr wurde speziell subventioniert. Polen beispielsweise wies 1989 einen Anteil des durch die Eisenbahn transportierten Güteraufkommens am gesamten Güterverkehr von 66 Prozent auf. In der Bundesrepublik betrug dieser Anteil im gleichen Jahr lediglich 26 Prozent. Sowohl im Schwerlast- als auch im Personenverkehr erlangt die Straße größere Bedeutung. Es existieren konkrete Pläne zum Ausbau des Autobahnnetzes und zur Anbindung an das europäische Straßennetz. Ein rascher Ausbau ist wegen der Budgetprobleme dieser Länder aber nur möglich, wenn ausländisches privates Kapital zum Zuge kommt. Erste Ansätze zur Zulassung von Ausländern sind in der ehemaligen ČSFR und in Ungarn bereits vorhanden. 1995 wurde beispielsweise der Bau eines vierzig Kilometer langen Autobahnteilstücks zwischen der ungarischen Stadt Györ und der österreichischen Grenze mit privaten Mitteln finanziert. Doch auch für das Eisenbahnnetz sind Modernisierungsmaßnahmen und die Anbindung an das mitteleuropäische Eisenbahnnetz geplant. Insbesondere existieren Bestrebungen, den Güterverkehr zu rationalisieren, den Containerverkehr auszubauen und das Schienennetz durch ein modernes Informationssystem aufzuwerten. Wie schnell das vonstatten geht, hängt gleichfalls davon ab, ob zur Finanzierung private Initiative zugelassen wird.

Die Tatsache, daß die drei fortgeschrittenen Reformländer dem Ausbau der Verkehrsinfrastruktur hohe Priorität einräumen und dabei vereinzelt unternehmerische Aktivität zulassen, eröffnet ausländischen Unternehmen ein breites Feld von Betätigungsmöglichkeiten. Beispielsweise wird die Strukturverschiebung des Verkehrsaufkommens in Richtung Straße einen enormen Nachholbedarf an Straßenfahrzeugen nach sich ziehen. Um für die Masse der osteuropäischen Bevölkerung erschwinglich zu sein, müssen die Kraftfahrzeuge überwiegend vor Ort produziert werden. Hier liegen besonders für den deutschen Automobilbau und seine Zulieferbetriebe Chancen. Nicht zuletzt können mit den günstigen Kostenbedingungen in Osteuropa und dem Know-how der dortigen Unternehmen auch in anderen Teilen der Welt gemeinsam neue Märkte erschlossen werden.

### Telekommunikation

Ferner ist im Transformationsprozeß die Versorgung mit Telekommunikationseinrichtungen von strategischer Bedeutung. Sie stellt eine der Voraussetzungen selbsttragender Wirtschaftsentwicklung dar. Mit wachsendem Reichtum wird der langfristige Bedarf vermutlich weit über die Deckung des akuten Mangels hinaus steigen. Derzeit ist die Tschechische Republik das osteuropäische Land mit der höchsten Anschlußdichte mit 232 Anschlüssen pro 1 000 Einwohner. Dennoch erreicht sie damit im Vergleich zu Spanien nur etwa 60 Prozent und zur Bundesrepublik nur knapp die Hälfte der jeweiligen Anschlußdichte.

Eine Modellrechnung geht von 11,2 Millionen erforderlichen Neuanschlüssen und Investitionskosten von 18 Milliarden Mark für Polen, 5 Milliarden Mark für die ehemalige Tschechoslowakei und 4,8 Millionen Mark für Ungarn bis zum Jahr 2000 aus. Dabei wurde unterstellt, daß die betreffenden Staaten im Jahr 2000 ein Wohlstandsniveau erreichen, das dem Spaniens im Jahr 1988 entspricht, und daß sich die Nachfrage nach Telefonanschlüssen in diesem Zeitraum proportional zum Wohlstandsniveau entwickelt. Alle Länder sind intensiv um die Verbesserung der Tele-

kommunikations-Infrastruktur bemüht. Die Regierungen streben eine Anschlußdichte an, die ungefähr der angeführten Rechnung entspricht. Um in ganz Osteuropa auf westeuropäisches Niveau zu gelangen, wären allerdings Investitionen in Höhe von 230 bis 260 Milliarden Mark erforderlich.
Auch hier bewährt sich private Initiative. Um die Anzahl der Telefonanschlüsse in Ungarn zügig zu erhöhen, ist die ungarische Telekom in weiten Teilen privatisiert worden. 1995 übernahm ein Konsortium aus Deutscher Telekom und einem amerikanischen Partner zunächst 30 Prozent der Matáv. Die beiden strategischen Investoren, die ihren Anteil 1996 auf 67 Prozent erhöhten, führen ein Infrastruktur-Entwicklungsprogramm im Umfang von 2 Milliarden Dollar durch. In der zweiten Phase ab 1996 investiert allein die Deutsche Telekom 426 Millionen Dollar. Das Land wurde zusätzlich in Regionalnetze aufgeteilt, die von privaten Konzessionären vorwiegend aus dem Ausland betrieben werden. Lediglich für die Verbindungen zwischen den Netzen und ins Ausland wird die nationale Telekomgesellschaft Matáv zuständig bleiben. Bereits Ende 1994 ist der erste private Betreiber ans Netz gegangen.

## Internationalisierung als unternehmerische Strategie zur Wiedererlangung weltweiter Konkurrenzfähigkeit

Die Verlagerung von lohnintensiver Fertigung ist ein bisher von der deutschen Industrie oft vernachlässigter Teilaspekt eines Maßnahmenbündels zur Minimierung der Kosten und zur Steigerung der Effizienz. Durch Rationalisierung hat die deutsche Industrie lange Zeit versucht, der Internationalisierung der Produktion in Niedriglohnländern auszuweichen. Hier besteht ein Nachholbedarf insbesondere gegenüber japanischen Unternehmen, der sich zunehmend als strategischer Nachteil erweist.
Die Antwort auf die hohe Dynamik der Unternehmensumwelt kann nur in einer umfassenden Internationalisierungs- und Globalisierungsstrategie bestehen. Für das Unternehmen der Zu-

kunft stellt sich die Aufgabe, die Elemente seiner Wertschöpfungskette so zu plazieren, daß zwischen den konkurrierenden Zielen Effizienzsteigerung, Risikostreuung und strategischem Lernen ein optimaler Mix gewährleistet ist. Vor allem hinsichtlich der Kosteneffizienz besteht noch ein großes Steigerungspotential, das durch die Internationalisierung und die gezielte Einbeziehung Osteuropas in die europäische Arbeitsteilung erschlossen werden kann.

Anstatt um den Preis hoher Subventionen altindustrielle »Kerne« zu erhalten, die international nie wieder wettbewerbsfähig werden, muß sich die Industrie hierzulande auf die kritischen Wertschöpfungsprozesse und technologisch anspruchsvollen Produkte konzentrieren. Gleichzeitig sind alle anderen Prozeßschritte und Produktgruppen auszulagern, um so zu einem strategischen Preis-Mix zu kommen.

Die Tandems USA–Mexiko und mehr noch Japan–Südostasien zeigen, daß erst Internationalisierung im nahen Umfeld für den Erfolg im globalen Maßstab sorgt. Die Öffnung Osteuropas sollte daher als Chance verstanden werden, bislang Versäumtes nachzuholen und für die globale Herausforderung vorzubauen.

# VI
# Keine Auszeit für Deutschland

Wer zu spät kommt, den bestraft
der Wettbewerb

# 12
# In die richtige Richtung steuern: Finanzpolitik am Scheideweg

## Der grenzenlose Wettbewerb

Womit wir uns in der deutschen Wirtschafts- und Finanzpolitik auseinanderzusetzen haben, ist mit dem Begriff »Steuern« in seiner doppelten Bedeutung gut beschrieben. Soll man zum Beispiel in einer Gesellschaft »durch Steuern steuern«? Eigentlich kann man nur in einem Gemeinwesen steuern, in dem die Verkehrsstrukturen so klar sind, daß ich weiß, was ich anrichte, *wenn* ich steuere. Ich habe zunehmend den Eindruck, daß wir dabei sind, Achterbahn zu fahren. Dabei darf aber der, der drinsitzt, gerade nicht steuern, sonst fliegt das Ding aus der Spur. Die Frage lautet also: Wollen wir in der Politik noch Wege aufbauen, auf denen wir weiter steuern können, oder fahren wir lieber Achterbahn? Gegenwärtig habe ich das Gefühl, wir brauchen erst einmal den TÜV, damit die Achterbahn nicht auseinanderfällt. Oder anders gesagt: Wir haben den Zustand der totalen Verwirrung erreicht. Obwohl alle das gleiche Ziel vor Augen haben – nämlich ein besseres, gerechteres, einfacheres Steuersystem –, besteht die große Schwierigkeit darin, dorthin zu gelangen.
Lassen Sie mich deshalb an einem Punkt anfangen, den ich für den spannendsten halte und der uns vielleicht mehr hilft als alle Politik, nämlich bei den Vorgängen, die wir nicht mehr steuern können. Es ist hochinteressant, daß die Frage der Globalisierung – anders als die der europäischen Integration – inzwischen als ein Prozeß begriffen wird, den die modernen Industrienationen nicht mehr zu lenken vermögen. Lediglich die Politik versucht

krampfhaft diesen Eindruck zu vermeiden. Dabei ist der völlig unpolitische Automatismus des Globalisierungsprozesses vielleicht gerade hilfreich. Wir sollten uns zunächst ruhig damit befassen, was wir künftig nicht mehr steuern können. Denn ich habe den Eindruck, wir flüchten uns vor dem Problem der Globalisierung in Themen wie Europa, Maastricht, die deutsche Wiedervereinigung. Wir diskutieren Folgen eines Prozesses, den wir noch nicht richtig begriffen haben. Was meine ich damit? Die Globalisierung ist weder beeinflußbar noch zurückzudrehen; sie hat uns in eine Situation gebracht, aus der es keinen Ausweg mehr gibt. Globalisierung heißt: Es gibt neue Elemente in der wirtschaftlichen Entwicklung, die nationale Einflußmöglichkeiten aufheben.

Dem kann sich auch Europa nicht entziehen – mit oder ohne Maastricht. Nach meiner Überzeugung darf es von Maastricht keinen Rückschritt geben, aber wir reden dabei über eine politische Vereinigung Europas; dies sollten wir nicht mit den ökonomischen Anforderungen verwechseln. Ein wirtschaftlich abgeschlossenes Europa gibt es morgen nicht mehr. Die Flucht ins größere Europa ist eine Flucht in eine Art isolierten Regionalstaat, der keine Lösung für die weltwirtschaftlichen Herausforderungen sein kann. Inzwischen gibt es nicht nur den europäischen Binnenmarkt. Es gibt die APEC, die NAFTA und viele andere Binnenmärkte. Der europäische Binnenmarkt zeichnet sich nur dadurch aus, daß er eine Bürokratie besitzt, was uns natürlich enorm zugute kommt. Beispielsweise wird die APEC nie in der Lage sein, einen einheitlichen Sitz für Traktoren zwischen Amerika, Neuseeland und Australien zu vereinbaren oder eine einheitliche Kantenlänge des Karamelbonbons festzulegen, vom Reinheitsgebot des Bieres gar nicht zu reden. Aber es könnte sein, daß wir die Spielregeln machen und die anderen spielen – und das wäre gefährlich. Die Leute interessieren sich beim Sport immer nur für das Spielergebnis und nicht für die Leistung des Schiedsrichters, es sei denn, er hat hundsmiserabel gepfiffen.

Insoweit warne ich davor, diese europäische Situation zu verallgemeinern, nur weil wir in Europa alle die gleichen Probleme haben. Die Maastricht-Diskussion zeigt es: Wir haben die gleichen Wohlfahrtssysteme und im Prinzip die gleichen Marktwirtschaftssysteme. Aber in Europa diskutieren wir unsere Gesellschaft aus der »Zoo-Perspektive«: Im Grunde sitzen die Europäer allesamt im Tierpark und laufen Gefahr, daß sie die freie Wildbahn nicht mehr richtig einschätzen. Zwar gibt es noch ein paar alternde Löwen, meistens deutscher Abstammung, die den im Zoo geborenen Nachkömmlingen erzählen, wie es früher auf der freien Wildbahn war, als man sich noch selbst um sein Essen kümmern mußte. Aber die Wirklichkeit in Europa sieht anders aus: Da ist ein Zaun drumherum, und um acht Uhr bringt der Wärter das Futter. Die Deutschen können nun sagen: »Wenn der Wärter das Futter bringt, sind wir am Trog, bevor die anderen wach geworden sind.« Aber was passiert, wenn die asiatischen Tiger über den Zaun springen und nicht das Futter fressen, sondern den Wärter? Dann ist der Zaun nutzlos, der Wärter ist weg, und die freie Wildbahn ist da. Und alle soziale Gerechtigkeit hilft nichts, wenn wir auf der freien Wildbahn nicht mithalten können. Wenn ein Sozialsystem dynamischer ist als das Wirtschaftswachstum, bringt es die gesamte Wirtschaft und Gesellschaft um. Wenn nichts mehr da ist, läßt sich relativ einfach darüber diskutieren, ob man gerecht oder ungerecht in den Konkurs gegangen ist. Mit anderen Worten: Wenn die Stürmer nicht mehr einlaufen, gibt es auch keine Schiedsrichter mehr. Würden 22 Schiedsrichter einlaufen und ein Stürmer, zahlt niemand mehr Eintritt – das ist das Problem unserer Gesellschaft.

## Auf dem Weg in die Dienstleistungsgesellschaft

Damit bin ich bei der Frage: Was hat sich denn nun global verändert? Wir haben bisher im internationalen Bereich – ob aus europäischer oder deutscher Sicht – immer von Weltwirtschaft geredet und meinten im Grunde ganz einfache Dinge, nämlich Export und Import. Wir sind in der Nachkriegszeit mit der These aufgewachsen: Wir liefern Technologie und kaufen dafür unsere Rohstoffe, damit haben wir immer einen ordentlichen Exportüberschuß. Eines Tages war der Exportüberschuß so groß, daß wir reisen konnten, wohin wir Lust hatten. Mit unserem Exportüberschuß konnten wir uns zwei Dinge leisten: Rohstoffeinkauf und Tourismus. Die erste Irritation kam, als die Japaner mit ihren Kameras bei uns auftauchten. Zunächst hat man gelassen gesagt: Jetzt könnt ihr mal unser Wirtschaftswunder fotografieren. Das tut euch gut; da könnt ihr was von den Deutschen lernen. Zehn Jahre später waren wir dann in Japan, haben dort fotografiert – mit japanischen Apparaten. Worauf wir feststellten, daß wir keine deutschen Kameras mehr haben. Zum ersten Mal wurden wir ein bißchen unsicher und erkannten, daß es Länder gibt, die ebenfalls keine Rohstoffe haben und damit anfangen, Technologie zu produzieren. Daraufhin kamen wir zu dem Ergebnis: Das ist nicht so tragisch, denn mit irgend etwas müssen sie ja unsere Maschinen und Autos bezahlen. Ergo: Billigprodukte werden in Billiglohnländern hergestellt. Und wenn die Billigherstellung plus Transport nach Deutschland billiger ist als unsere Selbstkosten, dann kaufen wir eben von denen. Es muß nur viel auf ein Schiff gehen und leicht sein. Das waren die Uhren, Kameras und Taschenrechner. Als dann die Autos aus Japan kamen, wurden wir neuerlich unruhig. Aber wir haben uns immer darauf verlassen: Welthandel bedeutet Export und Import.

Heute reden wir von Globalisierung und meinen etwas ganz anderes als multilateralen Handel, nämlich die Tatsache, daß die großen internationalen Konzern-Unternehmen ohne Rücksicht auf die nationalen Grenzen operieren können. Das ist das eigentlich Neue, und es hat nichts mehr mit Ausfuhr und Einfuhr und Handelsströmen zu tun.

Bislang war der Engpaß im internationalen Bereich die Kommunikation. Wenn Sie vor 20 Jahren nach Fernost gereist sind oder nach Südamerika, hatten Sie nach drei Tagen Probleme, mit dem Büro zu Hause zu korrespondieren. Die neuen Möglichkeiten des weltweiten Datenaustausches ermöglichen Transaktionen zu jeder Tages- und Nachtzeit. Deshalb lassen sich die internationalen Finanzströme national gar nicht mehr kontrollieren. Was heute an einem Tag an Billionen Dollar durch die Welt jagt, ist mehr, als alle Zentralbanken zusammen Währungsreserven ha-

ben. Wie wollen Sie das noch national in den Griff bekommen? Die großen, globalen Unternehmen bekommen ihre Daten aus Japan oder England, 24 Stunden am Tag, die Buchhaltung ist in Englisch – das ist die Normalität.
Auch die Transportkosten sind bei den heutigen hochwertigen Produkten kein Hindernis mehr. Nehmen wir nur die Autos aus Malaysia. Vor 20 Jahren hätte man gesagt: Du verwechselst da was. Da gibt es Kautschuk. Daraus macht man Autoreifen. Aber ein Auto braucht einen Motor, und der kann nur aus Europa kommen. Ich hätte auch nie geglaubt, daß ich im Jahr 1996 eine ostdeutsche Firma vertrete, die in diesen Tagen über ihren größten Auftrag, nämlich den Bau einer Chipfabrik in Borneo, verhandelt. Da wird die erste Chipfabrik Malaysias errichtet, etwa 20 Minuten von der Fütterungsstelle der original Orang-Utans entfernt. Dies bedeutet doch schlicht: Die Dimensionen sind andere. Wir können heute überall auf der Welt alles produzieren und es anschließend dorthin transportieren, wo die Märkte sind. Es gibt nur wenige Ausnahmen. Dazu gehören der Bau und die Dienstleistungsbranche. Produktion aber ist gnadenlos dem internationalen Wettbewerb ohne Grenzen ausgesetzt. Deshalb funktioniert in Ostdeutschland auch alles, was mit Dienstleistung zu tun hat. In der Produktion aber klappt gar nichts, denn dort ist internationale Wettbewerbsfähigkeit gefordert. Und deren Niveau bestimmen nicht mehr wir, die Europäer und die Industrienationen, sondern zunehmend – und bei immer mehr Produkten – die Schwellenländer. Das ist unser zentrales Problem. Die Globalisierung ist möglich, weil die Kommunikation vorhanden ist und die Transportkosten keine Rolle spielen. Sie müssen Menschen transportieren? Im Jet-Zeitalter kein Problem. Sie müssen Informationen transportieren, Know-how? Im Internet-Zeitalter kein Problem. Nehmen Sie ein Beispiel: Siemens hat Chipfabriken in Singapur, Dresden und Regensburg. Wenn dort früh um zehn entschieden wird, morgen aus Singapur liefern zu lassen, reicht dazu ein Fax. Zwischen 23 und 24 Uhr gehen drei Jumbos von Singapur nach Frankfurt, eine Lufthansa, zwei Singapore Airlines. Der Wert eines Kilos Chips: 100 000 DM, Luftfracht Frankfurt–Singapur: 3,80 DM. Um 6.40 Uhr treffen die Chips in Frank-

furt ein, sind 3,80 DM teurer im Transport und wahrscheinlich 20 Prozent billiger in der Herstellung. Man darf sie natürlich nicht mit der Post nach Hamburg weitertransportieren, sonst ist der Effekt in Frage gestellt.

Das müssen wir uns bewußtmachen, wenn wir über Globalisierung reden, und das heißt schlicht und einfach: Viele deutsche Träume werden nicht wahr. Zum Beispiel der Traum von der Kostensenkung. Natürlich können durch Rationalisierung, Automatisierung und Roboterisierung die Kosten gesenkt werden, doch mit dem Ergebnis, daß wir mit immer weniger Arbeitskräften immer mehr produzieren. Wir haben heute zwar 35 bis 38 Prozent der Beschäftigten noch in der Produktion, meine Prognose lautet jedoch: Im Jahr 2005 sind es unter 20 Prozent. Wir werden sogar Produktionen wieder aus dem Ausland nach Deutschland zurückholen, wenn wir durch Automatisierung einen Lohnkostenanteil unter 4 Prozent erreichen. Mit anderen Worten: Dieser Prozeß ist nicht aufzuhalten. Wir werden zu einer Dienstleistungsgesellschaft, ob es uns paßt oder nicht.

Überdies wird sich in wenigen Jahren niemand mehr um den Begriff »Made in Germany« kümmern, der 30 Jahre lang ein Garant des Erfolges war. Vor kurzem habe ich mit einem Mercedes-Vertreter – einem echten Schwaben – in Sydney geredet, der dort schon 500 Lkws verkauft hat. Auf meinen begeisterten Kommentar, das freue die am Standort Wörth in Rheinland-Pfalz und die in Mannheim, hat er mir gesagt: Nein, das freut Freightliner in Oregon, eine Tochtergesellschaft von Daimler-Benz, die amerikanische Trucks in Australien als Mercedes verkauft. Sie können sich das Gespräch zwischen zwei Schwaben vorstellen. Es wurde heftig. Nach der zweiten Flasche Chardonnay hat er mir gesagt: Das alles ist noch viel schlimmer. Es ist meinem Kunden in Australien völlig egal, ob die Achsen aus Brasilien kommen, der Motor eines Tages vielleicht aus Ungarn und der Aufbau, der jetzt noch aus der Türkei kommt, aus Ho-Chi-Minh-City. Und auf meine bange Frage: »Und was kommt aus Stuttgart?« hat er geantwortet: »Das Zertifikat von Mercedes, auf tschechischem Papier gedruckt.«

## Der Kostenkrise durch Innovation begegnen

Das ist natürlich etwas überzeichnet. Aber wir müssen es uns bewußtmachen, damit wir wissen, worüber wir reden: über eine Gesellschaft, die vor 30 Jahren nicht vorstellbar gewesen wäre. Ich weiß noch, wie wir Schwaben gelacht haben, als die ersten Mercedes SL in Bremen montiert wurden, weil wir uns gesagt haben: »Das wird nie was, wenn die Jungs vom Schiffsbau mit ihren derben Pranken an unsere filigranen Sportwagen gehen.« Heute stört sich niemand daran, wenn Mercedes das Swatch-Auto in Lothringen und den Geländewagen in Alabama baut. Und plötzlich wird eines klar: Das »Made in Germany« ist nicht mehr das Thema, mit dem man sich dem Kostenwettbewerb ein Stück weit entziehen kann. Auch durch Produktionskostensenkung kann man den Wettbewerb auf der Kostenseite in Deutschland nie gewinnen.

Volkswagen produziert in Wolfsburg für 44 DM, in Zwickau für 36, in Barcelona für 21 bei SEAT, bei Skoda für 4,80 DM in Tschechien und in Schanghai für 92 Pfennige. Wir brauchen neue Produkte, neue Verfahren, wertintensive Dienstleistungen. Erst dadurch können wir überhaupt existieren. Die Kostensenkungen werden in den nächsten Jahren zu realen Lohnsenkungen führen. Der Einfallsreichtum der Kommunen und Finanzsenatoren wird dazu ausreichen, daß die Tarife Reallohnsicherung widerspiegeln – pro forma. Doch die Amerikaner leben seit 20 Jahren mit sinkenden Reallöhnen. Wir brauchen uns also nicht mit Selbstmordgedanken zu tragen. Aber mehr als minimale Absenkungen oder eine Stabilisierung der Reallöhne ist nicht zu machen. Wir dürfen nie den Eindruck erwecken, durch Lohnsenkungen in großem Ausmaß könnten wir die Dinge in Ordnung bringen. Das ist eine Illusion.

Wir haben keine Kostenkrise, wir haben letztlich eine Innovationskrise. Deshalb müssen wir endlich aufhören, über Lohnnebenkosten zu diskutieren. Renten-, Kranken- und Arbeitslosenkosten können sich in Deutschland nicht verändern. Wie wollen Sie denn die Rentenformel per Beschluß in Ordnung bringen und dazu noch die Beiträge senken? Das ist doch eine der großen deutschen Illusionen. Die Rentenversicherung hat keine Dekkung außer der Beitragszusage der nächsten Generation, die diese noch gar nicht gegeben hat, weil sie noch nicht beschlußfähig ist. Aber wir tun so, als wäre es eine politische Disposition, daß die Rente sicher ist. Wir haben die Dynamik aus der Rente herausgenommen, indem wir auf die Nettorente gegangen sind, weil die Wachstumsraten brutto nicht mehr tragbar sind. Das Hauptproblem ist aber, daß wir in den sechziger Jahren, als wir 3 Prozent Wachstum hatten, ein dynamisches Rentensystem entwikkelt haben. Damals war die Bevölkerung im Schnitt acht Jahre jünger, und 80 Prozent der jungen Menschen sind als Lehrlinge in die Betriebe gekommen. Heute kommen sie mit 28 von der Universität, sofern sie dort nicht bis zum Vorruhestand durchhalten. Zum Ausgleich gehen sie nicht mehr mit 65 in Rente, sondern mit 55, und leben dazu noch 10 Jahre länger. Jetzt erzählen Sie mir mal, wie die Rentenformel stimmen soll! Es ist die Illusion des Jahrtausends, daß die Renten sicher sind.

Bei der Krankenversicherung ist es genauso. Natürlich kann man jetzt über Karenztage oder Lohnfortzahlung streiten. Doch als Gesetzgeber würde ich jede Krankenkasse zwingen, den Arbeitnehmern zwei Tarife anzubieten: einen mit Lohnfortzahlung und einen mit Karenztagen. Derjenige, der die Karenztage akzeptiert, bekommt rechnerisch 100 DM im Monat raus – fragen Sie mal in meiner Heimat nach dem Modell. Für 100 DM im Monat riskiert jeder Schwabe jede Grippe! Allerdings darf er das bislang nicht entscheiden. Er darf zwar entscheiden, ob er Kinder kriegt, ob er heiratet, ob er ein Haus baut, aber die Frage, ob er zum Beispiel gegen Bargeld mehr ärztliche Hilfe in Anspruch nimmt, als gesetzlich vorgesehen ist, die kann er nicht entscheiden. So etwas nennt man entmündigte Gesellschaft.

In der Summe kann man auch die Gesundheitskosten nicht senken. Man stelle sich nur vor, wir bekommen ein Mittel gegen Aids – Fachleute sagen, das kostet anfangs 100 000 DM im Jahr pro Patient. Wer wollte dann gesetzlich verbieten, Aidspatienten auf Kosten der Krankenkassen zu helfen? Oder nehmen wir die heutigen Möglichkeiten, Herzkrankheiten zu bekämpfen. Der 63jährige ist früher nach dem dritten Herzinfarkt gestorben; heute bekommt er sechs Bypässe und meldet sich mit 78 zum Seniorensport an. Je älter ich werde, desto mehr Sympathie habe ich für solche Entwicklungen. Aber niemand kann mir einreden, das Gesundheitswesen könne kostenmäßig entlastet werden – auch das ist eine Illusion.

Wann werden wir endlich akzeptieren, daß es keine Sozialkostensenkung und keine Senkung der Lohnnebenkosten geben wird? Wann werden wir endlich einsehen, daß wir im Grunde nur mit Innovation unsere Zukunft gewinnen können? Wir brauchen neue Verfahren, neue Ideen, neue Technologien. Wir haben eine deutsche Besitzstandsmentalität aus einer Produktionsgesellschaft, die es nicht mehr gibt. Doch uns fehlt der Mut, die Gesellschaft vorauszudenken, die auf uns zukommt und die niemand verhindern wird, weil sie nicht zu verhindern ist.

## Prämissen einer unternehmerischen Dienstleistungsgesellschaft

Wir müssen die Funktionsweise der Dienstleistungsgesellschaft besser verstehen. Dabei ist ein Umstand besonders wichtig: Im Zuge der Globalisierung ist die geographische Trennung von Produktion und Dienstleistung möglich geworden. Natürlich gibt es ohne Produktion keine Dienstleistungen; aber das ist kein nationaler Zusammenhang mehr. Theoretisch kann Nestlé ein Schweizer Konzern bleiben, ohne daß er in der Schweiz etwas verkauft oder produziert. Er kann weltweit produzieren und die Dienstleistungen der Konzernzentrale in der Schweiz belassen.

Ein weiterer Aspekt ist die Verlagerung der Wertschöpfung von den Produkten zur Dienstleistung oder, wenn Sie so wollen, von der Hard- zur Software. Nehmen Sie als Beispiel das Telefonieren. Wir haben in Deutschland in den letzten vier Jahren 10 000 Arbeitsplätze bei der Herstellung von Telefonen verloren, jedoch 14 000 neue Arbeitsplätze durch das Telefonieren gewonnen, beispielsweise im Mobilfunk. Falls Sie Besitzer eines Handys sind, betrachten Sie einmal Ihre Verhaltensweisen und die Ihrer Kinder. Eine 19jährige, die einen neuen Freund hat – und ich weiß, von

was ich rede –, hat in einem Monat eine Telefonrechnung, die höher ist als der Preis des Handys. Nehmen Sie das Telefonverhalten Ihrer Kinder, und vergleichen Sie es mit Ihrem, und Sie erleben den Wandel von der Produktions- zur Dienstleistungsgesellschaft. Wir werden in diese Dienstleistungsgesellschaft hineinwachsen. Wir werden sie nicht mehr verhindern können.
Aber welche Voraussetzungen haben wir eigentlich geschaffen, um dieser Gesellschaft Rechnung zu tragen, die im Grunde zu einer Unternehmergesellschaft wird? Was passiert denn bei allen Großbetrieben? Sämtliche Großbetriebe bauen Arbeitsplätze ab, der Staat baut Arbeitsplätze ab, die Gewerkschaften bauen Arbeitsplätze ab, weil das Geld fehlt. Wer soll denn die Arbeitsplätze schaffen, wenn nicht der mittelständische Unternehmer? Und der wird jetzt plötzlich wieder gefragt und beliebt. Ständig wurde auf dem Mittelständler herumgehackt – Dienstwagenrecht, der typische deutsche Neidkomplex. Eine Nation, die über Massenarbeitslosigkeit klagt und eine Million Putzfrauen schwarz beschäftigt, macht einen Denkfehler. Suchen Sie mal eine Putzfrau mit Lohnsteuerkarte; vielleicht ist eine beim Lotto im Jackpot. Aber das ist in Deutschland ein absolutes Tabuthema. Ich kenne keinen Vorstand eines Konzerns, der Gäste zum Mittagessen einlädt und anschließend selber spült. Der Konzern kann die Putzfrau von der Steuer absetzen. Doch der Mittelständler, bei dem beide Elternteile arbeiten, kann die Putzfrau nicht von der Steuer absetzen – und kein Mensch kann mir erklären, warum. Vermutlich hat das damit zu tun, daß der Finanzbeamte sich keine Putzfrau leisten kann. Das ist das große geistige Thema in Deutschland, diese Verklemmtheit, dieser Neidkomplex, wo keiner dem anderen etwas gönnt, eine Mentalität, wo tausend Details der Kontrolle wichtiger sind als die Dynamik der Gesellschaft – *das* ist unser zentrales deutsches Problem!
Das Ergebnis ist diese Steuerakrobatik, die schon daran erkennbar ist, daß wir jetzt jedesmal ein Jahressteuergesetz haben. Das gab es früher gar nicht. Bald werden wir vielleicht Monatssteuergesetze haben; dann ist allerdings die Grenze erreicht, weil die Druckzeit des Bundesgesetzblattes da einen Riegel vorschiebt.
Wir sagen: »Leistung muß sich wieder lohnen.« Und was bauen

wir auf? Eine Rentner- und Rentiersgesellschaft. Suchen Sie mal in Deutschland Risikokapital. Beschäftigen Sie sich mal in Deutschland mit der Besteuerung von Risikokapital. Schauen Sie mal den Osten an; wir haben kein Risikokapital für junge Unternehmen, sondern Altersversorgung der Westdeutschen auf hohem Niveau. Und dann sagen die Wessis: Die Ossis können nicht mit Geld umgehen. Aber wer hat denn die Dinge gebaut und geplant? Doch nicht die Ossis. Prüfen Sie mal, wieviel Geld die Ossis zur Zeit zum Beispiel bei den großen Bauprojekten abschreiben. Das ist eine gigantische Maschinerie zur Vermögensaufbesserung des Westens. Jeder zehnte Westdeutsche hat inzwischen eine Eigentumswohnung im Osten. Aber er geht nicht rüber. Es gibt mehr Eigentumswohnungsbesitzer im Osten als Besucher – eine interessante Feststellung, die für das enorme Interesse der Deutschen an ihrer Wiedervereinigung spricht.

## Durch Steuern steuern

Ich verstehe zwar die steuerpolitische Modelldiskussion, aber sollte man nicht am Anfang erklären, was wir durch die Steuerreform erreichen können und was nicht? Die Menschen glauben, daß sie nach der Steuerreform weniger Steuern zahlen, weil die Überschrift immer »Entlastung des Steuerzahlers« lautet. Das ist gefährlich. Ein Beispiel: Ich bin der Ansicht, daß der Mittelstand am Ende der Steuerreform mehr Steuern zahlt als bisher, weil durch die Verbreiterung der steuerlichen Bemessungsgrundlagen vermutlich mehr an Entlastungen wegfällt, als er über den niedrigeren Steuersatz wiederbekommt. Wieviel Spielraum haben wir denn für Steuersenkungen? Keinen, wenn ich es richtig verstehe. Wir müssen jedoch über drei Dinge diskutieren: den internationalen Standortwettbewerb, die Lohn- und Einkommensteuer und die Mehrwertsteuer.

Der internationale Standortwettbewerb ist eine neue Entwicklung der Globalisierung. Wir glauben zwar, daß wir die Spielregeln machen, aber die internationalen Anleger, die in Deutschland nach diesen Spielregeln investieren und Unternehmen

betreiben sollen, machen etwas ganz anderes: Sie spielen unsere Spielregeln zum Beispiel gegen die englischen aus. Das heißt, die Global Players spielen nach eigenen Regeln. Sie nehmen die deutschen Steuersätze und vergleichen sie mit denen in Barcelona, in Südwales, in Irland. Sie nehmen die Qualifikation der deutschen Arbeitskräfte, die meistens gut ist. Sie nehmen die deutschen Lohn- und Lohnnebenkosten. Am Schluß bleibt vom Geldeinsatz in Südwales doppelt soviel übrig wie in Deutschland, und dann weiß man, wo man investieren muß. Die Quittung haben wir erwiesenermaßen erhalten: Deutschland hat in den letzten 10 Jahren 30 Milliarden Auslandsinvestitionen bekommen, die Engländer dagegen 200 Milliarden. Wir glauben zwar, daß wir die Regeln bestimmen, aber in Wahrheit spielen uns die anderen aus. Eine Konsequenz wird die europäische Steuerharmonisierung sein – nicht etwa, weil wir sie politisch wollen, sondern weil uns gar nichts anderes übrigbleibt. Die Altvorderen der Parteien wissen längst, daß der Spitzensteuersatz letztlich im Harmonisierungsprozeß Europas ausdiskutiert wird. Wir werden eines Tages alle dieselben Spitzensteuersätze haben.
Möglicherweise ist es sogar gut, wenn der Druck von außen das erzeugt, was wir durch Leistungen im Inneren nicht mehr schaffen. Denn wenn wir wettbewerbsfähig werden wollen, müssen wir als erstes die Harmonisierung der Unternehmensbesteuerung durchsetzen, und ich spreche bewußt von den Unternehmen. Es ist eine ganz einfache Rechnung. Um die Körperschaftsteuer in Deutschland auf ein international wettbewerbsfähiges Niveau zu senken, sind etwa 13 Milliarden Mark erforderlich. Die steuerliche Gesamtbelastung einer Kapitalgesellschaft beträgt in Deutschland 61 Prozent des Gewinns vor Steuern, in Japan 59 Prozent, in Frankreich 54 Prozent, in den USA 42 Prozent (das entspricht ungefähr dem Mittelwert), in Kanada 40 Prozent, in Großbritannien 36 Prozent und in der Schweiz 30 Prozent. Wenn man den Körperschaftsteuersatz von 45 auf 30 Prozent senkt und die Gewerbekapitalsteuer und die betriebliche Vermögensteuer wegnimmt – 8 Milliarden Körperschaftsteuer, ca. 4 Milliarden betriebliche Vermögensteuer und 1 Milliarde Gewerbekapitalsteuer –, ergibt das zwischen 13 und 14 Milliarden Mark Gesamt-

entlastung. Wenn wir die öffentlichen Haushalte wegen Maastricht konsolidieren müssen, sind wir doch gut bedient, wenn wir dazu noch eine solche Steuerentlastung von 14 Milliarden hinbekommen. Damit wären wir konkurrenzfähig gegenüber unseren wichtigsten Standortwettbewerbern in der Industrie. Die deutsche Industrie braucht Konkurrenzfähigkeit dringender als alle persönlichen Interessen der Steuerentlastung. Das können Sie jedem Bürger erklären, denn der ist ja nur sauer auf den Unternehmer, nicht auf das Unternehmen, vor allem dann nicht, wenn er selbst dort arbeitet. Denn wenn sein Arbeitsplatz betroffen ist, ist er mit dem Unternehmer einer Meinung: Wir müssen mit den Steuern runter, damit wir beide überleben. Warum also ist dies nicht der erste Schritt?

Der zweite Komplex ist die Lohn- und Einkommensteuer. Versprechen wir um Gottes willen den Leuten über die 14 Milliarden hinaus nicht noch weitere Steuerentlastungen zu einem Zeitpunkt, zu dem sie im Grunde nicht wissen, wo wir das Geld hernehmen sollen; zu einem Zeitpunkt, zu dem die Verschuldung gewaltig heruntergefahren werden muß, zu dem wir mit minimalen Wachstumsraten für die nächsten fünf Jahre rechnen und zu dem wir die Sozialproblematik noch nicht gelöst haben. Wir können im Grunde die Sätze nur dann senken, wenn wir gleichzeitig Steuervergünstigungen streichen. Vornehm ausgedrückt heißt das: Verbreiterung der Bemessungsgrundlage. Als Bürger muß ich wissen, daß ich die niedrigen Steuersätze nur bekomme, wenn ich anschließend nicht mehr Pauschalen absetzen kann, wenn ich die Wohnungen nicht mehr abschreiben kann etc. Wenn alle Ausweichmöglichkeiten wegfallen (und allenfalls 30 Prozent davon über Kompromisse im Vermittlungsausschuß wieder hereingenommen werden), können wir fast genau ausrechnen, wieviel Spielraum wir haben. Dann stellen wir einen unteren und einen oberen Satz innerhalb eines linear-progressiven Tarifs fest, und das war's. Damit ist ein wesentlicher Teil der Steuerreform erreicht.

Der dritte Teil ist die Mehrwertsteuer. Und da sehe ich einen Zusammenhang mit dem Sozialversicherungssystem. Wenn wir die Sozialversicherungssysteme erhalten wollen, müssen wir sie von den Staatsleistungen entlasten. Wenn wir sie von den versicherungsfremden Leistungen befreien wollen, fehlen pro Jahr 100 Milliarden in den Sozialkassen. 100 Milliarden sind zufällig sieben Punkte Mehrwertsteuer; ein Punkt entspricht 15 Milliarden. Würde man also die Mehrwertsteuer zwischen sechs und sieben Punkte erhöhen, könnten aus dieser Entlastung der Sozialkassen die Versicherungsbeiträge um acht bis neun Punkte sinken. Das geht natürlich nicht auf einen Schlag, weil es die Inflation treibt. Aber im Ergebnis können wir mit einer großen Gesetzgebungsarie die Belastungen austauschen und richtigstellen. Was früher in der Sozialversicherung abgezogen wurde, wird dann bei der Steuer erhoben und umgekehrt. Wir können jedoch nur den Konsum als Ansatzpunkt nehmen und höher besteuern, um die Sozialversicherung zu entlasten. Mit einem 10-Jahres-Programm ließe sich das machen, da wir mit unserem Mehrwertsteuersatz von 15 Prozent an der in Europa vereinbarten Untergrenze liegen; der Mittelwert beträgt 20 Prozent. So können in einem 10-Jahres-Rhythmus die versicherungsfremden Leistungen über die Steuererhöhungen aufgebracht werden. (Allerdings kann man dann die Mehrwertsteuererhöhung nicht ein weiteres Mal zur Entlastung von anderen Steuern einsetzen.) Wäre dies unser 10-Jahres-Programm, würden die Leute sich langfristig daran orientieren. Wir müssen mit den Crashkursen aufhören und Leitlinien setzen.

## Eine soziale Gesellschaft baut auf Leistung

Alle sagen, wir brauchen mehr Unternehmer, wir brauchen eine junge, dynamische Generation, wir brauchen mehr risikobereite Menschen; zugleich aber sagen alle, die Mentalität in Deutschland sei nicht dazu angetan. Damit bin ich wieder bei dem entscheidenden Punkt: Wir alle müssen die Mentalität in Deutschland ändern. Betrachten wir nur die Risikomentalität unserer Väter, von der wir uns völlig entfernt haben. Wir haben uns eingegraben in eine Gerechtigkeits- und Gleichheitsmaschinerie, die nicht funktionieren wird. Eine lebendige Gesellschaft ist immer eine Kampfgesellschaft, in der die Erfolgreichen im Namen der Solidarität für die Schwachen ein Stück in Anspruch genommen werden müssen. Aber man muß die Erfolgreichen erst wieder in Bewegung bringen. Dazu gehört die Bereitstellung von Risikokapital.

Die Leute fragen immer, warum es in Amerika Risikokapital gibt und bei uns nicht. Das hängt mit der Mentalität zusammen. Der reiche Amerikaner darf zeigen, daß er reich ist. Bei einer Umfrage, ob die Vermögensteuer für die Reichen abgeschafft werden sollte, waren 80 Prozent der Amerikaner dafür; das heißt, jeder Amerikaner geht davon aus, daß er reich werden kann, wenn er etwas dafür tut. Der Deutsche entscheidet das für seine Lebensplanung relativ frühzeitig. Wenn er zu der Entscheidung kommt, er wird nicht reich, gehört er zu der Gruppe, die dafür sorgt, daß man die Reichen schröpft, damit sie nicht noch reicher werden. Aber der reiche Amerikaner stellt Risikokapital bereit, er spielt mit seinem Geld – stellen Sie sich das in Deutschland vor. Wenn ein Deutscher einem Erfinder privates Geld gibt und sagt, wir machen halbe-halbe, hält man ihn für einen Wucherer und wirft ihm vor, man könne doch nicht für die bloße Geldbereitstellung 50 Prozent des Gewinns verlangen. Doch wenn es schiefgeht, hält man ihn für einen Narren. Wenn in Amerika jemand eine Idee hat, sucht er jemanden, der das Geld hat. Wenn es Gewinn bringt, gehört ihm die Hälfte, und beide sind zufrieden. Und wenn es schiefgeht, sagt der Geldgeber zu dem Ideenlieferanten: »War wohl nichts mit deiner Idee. Das Geld scheint auch weg zu sein. Hast du noch eine Idee?« Wenn in Amerika jemand dreimal bankrott geht, bekommt er beim vierten Mal mehr Risikokapital, weil man sich sagt: Der hat so viel Erfahrung, dem passiert das nicht mehr. In Deutschland ist dann bereits der Untreueparagraph erfüllt. Das zeigt sich auch im Börsenbild: Sie finden weder Grundig noch Nixdorf, noch Bauknecht, Sie finden nichts mehr aus der Nachkriegszeit außer SAP. Und jetzt betrachten Sie den amerikanischen Kurszettel: 30 Prozent der Unternehmen sind aus den letzten 20 Jahren. Wenn Bill Gates nach Deutschland kommt, wird er von allen empfangen und ist nach dem Papst der beliebteste Besucher. Stellen Sie sich vor, ein Deutscher würde

14 Milliarden in 10 Jahren verdienen. Der wäre vorsorglich in Untersuchungshaft, bis geklärt ist, wie so etwas passieren kann.
Wir leben in einer dynamischen Welt, wo der einzelne ambitioniert seine Zukunft suchen sollte, doch gleichzeitig spielen wir nach den Regeln der Produktionsgesellschaft von gestern. Allein die Diskussion um die 35-Stunden-Woche war der Witz des Jahrhunderts. Inzwischen gibt es sogar eine Untersuchung, daß die Lebenserwartung eines 60 Stunden arbeitenden Mittelständlers die gleiche ist wie die eines 35 Stunden arbeitenden Gewerkschaftsmitglieds. Ich habe bewußt nicht gesagt »Gewerkschaftsfunktionärs«; der arbeitet inzwischen bis zu 70 Stunden, weil es immer schwieriger wird, die 35-Stunden-Woche in kürzerer Zeit zu erklären. Die Leute, die über Arbeitszeiten verhandeln, kommen locker über 60 Stunden: Politiker, Unternehmensführer, Gewerkschaftsführer. Aber sie selbst tun, als sei die 35-Stunden-Woche der Lebensinhalt der deutschen Nation. Oder nehmen Sie das Thema Urlaub. Kaum haben wir zwei Feiertage mit einem Arbeitstag dazwischen, sind die Deutschen auf der Autobahn. Das Fernsehen gibt jetzt schon zwei Tage vorher die Staus bekannt, und die Kurzurlauber quälen sich im 100-Kilometer-Stau in der Hitze nach Süden, legen den Kopf in die Sonne, quälen sich nach vier Tagen in Riesenstaus zurück, gehen in den Betrieb und sagen: »Tut gut, wenn man von dem Streß mal ein paar Tage ausspannen kann.«
Das ist der Punkt: Wenn der Mittelständler heute wieder der Hoffnungsträger ist, dann deshalb, weil er als einziger normal geblieben ist. Die Krisen der Parteien, der Gewerkschaften, der Unternehmensverbände, der Sportverbände gibt es nur deshalb, weil die Leute nicht mehr glauben, daß diese Funktionärsgesellschaft die Zukunft retten kann. Der Mittelständler ist deshalb so normal geblieben, weil er dauernd über Streß reden kann. Wenn Sie so einen umbringen wollen, dann schicken Sie ihn vier Wochen lang um fünf Uhr nach Hause; das hält weder er noch seine Frau aus. Also muß die Begeisterung für Leistung und Erfolg doch etwas Normales sein. Wenn ein Tag wahnsinnig anstrengend war, aber gut gelaufen ist, weil man ein ordentliches Geschäft gemacht hat und die Kunden mit einem zufrieden wa-

ren, holt man sich eine Flasche Wein rauf und sagt: »Das war's!« Aber warum darf man sich dazu nicht bekennen?
Ich kenne Handwerker, die sind 70, wenn sie mit ihren Leuten über den Vorruhestand mit 55 reden. Wenn man so einem sagt: Gib einem 40jährigen deinen Betrieb, dann antwortet er: Der hat doch keine Erfahrung. Ich kenne einen 75jährigen Optikermeister, der freut sich das ganze Jahr auf den Urlaub seines Sohnes, weil man ihn dann noch mal braucht. Wenn jemand wissen will, was mit Menschen geschieht, die *nicht mehr* gebraucht werden, muß er nur in die neuen Bundesländer fahren und sich das Chaos anschauen, das dadurch entstanden ist, daß wir die über 50jährigen nicht mehr einsetzen können. Das ist keine Frage der sozialen Lage. In einer Diskussion, die kürzlich in Berlin über die Dienstleistungs- und Kulturgesellschaft stattgefunden hat, haben die Japaner die Forderung aufgestellt, den über 70jährigen einen Lebensinhalt zu geben. Auf die Frage, warum die nicht nach Hause gehen, haben die Japaner geantwortet: Dann sterben sie.
An dieser Aussage mag sogar mehr dran sein als an unserer These, alle möglichst früh in Ruhestand zu schicken. Die Menschen brauchen Arbeit und Beschäftigung, notfalls ohne Entgelt. In der nächsten Generation werden viele lieber ohne Entgelt arbeiten als gar nicht; sie wollen einen Lebenssinn haben. Wir brauchen eine Gesellschaft, in der die Menschen glücklich sind, wenn sie arbeiten können, wenn sie Erfolg haben, wenn sie mit Leidenschaft etwas tun können, statt ununterbrochen zu diskutieren, was sie alles umbringt und streßt. In einer Zeit, in der die Menschen immer älter werden – und immer gesünder älter werden –, müssen wir über die Zukunft unserer Gesellschaft diskutieren, sie wieder zu einer unternehmerischen, optimistischen Leistungsgesellschaft machen, die sich nicht jeden Tag selber bedauert.
Sieht so eine Gesellschaft aus, die in den nächsten Jahren neun Billionen Mark zu vererben hat? Nun müssen die Deutschen zum erstenmal *selbst* ihre gesellschaftlichen Grundlagen ändern, selbst die Gesellschaft umbauen – freiwillig und nicht als Folge eines verlorenen Krieges. Wir müssen endlich lernen, in einer internationalen, modernen, dynamischen Gesellschaft unseren

Platz zu behaupten, aus freien Stücken dafür zu arbeiten und so viel Erfolg zu haben, daß wir auch den Schwachen helfen können. Und denen, die wir vorsorglich für schwach erklären, weil sie nicht arbeiten wollen, müssen wir rechtzeitig sagen, daß sie in einer Leistungsgesellschaft nur mit eigener Leistung überleben können.

# 13
# Globalisierung – vom Schlagwort zur Realität

## Abschied von der nationalen Wirtschaftspolitik

Die Welt ist im Aufbruch in eine neue Zeit. Indem immer mehr »deutsche« Unternehmen wichtige Aktivitäten ins Ausland verlagern, wird Globalisierung mit einem Mal vom Schlagwort zur erlebbaren Realität. Europa, jahrzehntelang ein Synonym für »Europäische Gemeinschaft«, bekommt über Nacht eine neue Dimension und Perspektive. NAFTA, APEC und ASEAN lassen die Europäische Union zunehmend als einen Binnenmarkt unter vielen erscheinen; ihre politische Mission ist Zweifeln gewichen, ihre wirtschaftliche Dynamik ist vergleichsweise gering. Asien dagegen boomt. Die einstigen »kleinen Tiger« sind erwachsen geworden und fordern die etablierten Industrienationen heraus. Ihnen folgt bereits eine zweite Generation von Entwicklungsländern, die sich auf den Weg in die internationale Arbeitsteilung machen.
Die Wirtschaft in Deutschland setzt sich seit einigen Jahren offensiv mit den neuen Realitäten auseinander. Die Politik dagegen erlebt die Globalisierung als fortschreitenden Verlust ihrer Handlungsmacht. In einer offenen Welt fällt es den einzelnen Staaten schwer, den Unternehmen weiterhin Rahmenbedingungen zu diktieren, unter denen sie investieren, produzieren und Menschen beschäftigen dürfen. Vielmehr scheinen die Global Players einen Wettbewerb zwischen den Nationalstaaten unter Standortgesichtspunkten zu veranstalten, bei dem Deutschland zumeist an hinterer Stelle landet. Die Folgen lassen sich inzwi-

schen von der Politik und selbst von den Gewerkschaften nicht mehr übersehen. Deutschland muß handeln, die Zeit läuft.

Die Bedeutung von Exporten für die wirtschaftliche Stellung eines Landes nimmt immer mehr ab. Das Volumen der Direktinvestitionen wächst inzwischen weltweit doppelt so schnell wie das des Handels. Zahl und Umfang von Investitionen sind im Zeitalter der Globalisierung weitaus wichtiger für Wachstum und Beschäftigung eines Landes als die Menge seiner Exporte. Doch gerade hier schneidet Deutschland selbst im innereuropäischen Vergleich denkbar schlecht ab. Von 1985 bis Mitte 1995 wurden aus dem Ausland 46,7 Mrd. Mark in der Bundesrepublik investiert; dagegen beliefen sich die deutschen Engagements im Ausland im gleichen Zeitraum auf 287,5 Mrd. Mark. Seit Jahren gelingt es also kaum noch, Investitionen ausländischer Gesellschaften in nennenswertem Umfang zu attrahieren, auch nicht in den neuen Ländern.

Selbst Subventionen in einer Höhe, die der Vollerstattung der investierten Mittel nahekommt, können häufig nicht den Ausschlag für den deutschen Standort geben. Die Investitionskalküle von Unternehmen sind nicht an kurzfristigen Mitnahmeeffekten orientiert. Ausschlaggebend sind vielmehr Faktoren, von denen das Gewinniveau langfristig abhängt, beispielsweise Arbeitskosten, Maschinenlaufzeiten und Steuersätze. Immer mehr Unternehmen kommen nach Abwägung aller Faktoren, zu denen auch eine günstige Infrastruktur und ein hohes Ausbildungsniveau zählen, zu dem Ergebnis, daß Deutschland für sie nur zweite Wahl ist.

In der Automobilindustrie beispielsweise waren US-amerikanische Konzerne wie General Motors und Ford Vorreiter der Globalisierung. Sie sind bereits fast weltweit präsent und werden nur von einigen japanischen Herstellern übertroffen. Von den europäischen Produzenten erfüllt dagegen bislang kaum einer diesen Anspruch. Deutsche Unternehmen waren lange auf den Export und allenfalls die selektive Fertigung im europäischen Ausland festgelegt. Eigene Produktionsstätten außerhalb Europas waren die Ausnahme, und wenn es sie gab, dann vor allem in den traditionell deutschfreundlichen Ländern in Lateinamerika, Asien

und Nahost. Entsprechend lagen vom Bestand deutscher Direktinvestitionen 1992 fast 60 Prozent in Europa, nur 23 Prozent in den USA, 4 Prozent in Asien (einschließlich Japan!) und 6 Prozent in den Reformländern Osteuropas. Auch für die deutschen Investitionen im Ausland gilt, daß sie seit den siebziger Jahren weit stärker als die Exporte zugenommen haben: Von 1974 bis 1994 wuchsen sie um durchschnittlich 8 Prozent pro Jahr und damit mehr als anderthalbmal so schnell wie die Ausfuhren.
Darin spiegelt sich die Tatsache wider, daß aufgrund der offenen Grenzen und des weltweiten Wettbewerbs um Investitionen Standortalternativen heute in großer Zahl verfügbar sind. Baden-Württemberg konkurriert keineswegs nur mit Wales oder dem benachbarten Lothringen, sondern – je nach Branche – auch mit Tschechien, Alabama oder Südkorea. Warum also nicht die Vorteile nutzen, die sich dort bieten, um die eigene Wettbewerbsfähigkeit zu erhöhen? Es sollte daher nicht beunruhigen, daß es inzwischen auch einheimische Unternehmen vermehrt an ausländische Standorte zieht. Sie beweisen damit vielmehr eine gesunde Anpassungsfähigkeit an die verschärften Bedingungen im internationalen Umfeld.
Die Gründe für die regionale Verlagerung von Wertschöpfungsaktivitäten sind vielfältig. Nicht nur Kostenfragen drängen die Unternehmen zur Internationalisierung, auch größere Marktnähe, Risikostreuung und – in letzter Zeit besonders virulent – die Absicherung gegen Wechselkursschwankungen. Damit sind die Möglichkeiten aber noch längst nicht ausgeschöpft. Die bislang beschriebenen Phänomene lassen sich immer noch unter dem Begriff »Internationalisierung« subsumieren. »Globalisierung« meint jedoch mehr. Globale Unternehmen haben ihre Funktionen weltweit verteilt und vernetzt. Sie wählen ihre Strategie so, als würden sie auf einem einzigen weltweiten Markt mit regionalen Segmenten operieren. In einigen Branchen – etwa in der Automobilindustrie, der Chemie, der Unterhaltungselektronik und der Telekommunikation – ist die Globalisierung mittlerweile zum dominierenden Trend geworden. Vorsichtig geschätzt sind heute ca. 15 bis 20 Prozent der Weltproduktion global – Tendenz steigend. VW produziert heute in fünfzehn verschiedenen Län-

dern. Mehr als die Hälfte der Beschäftigten bei Bayer arbeitet im Ausland. Sony erwirtschaftet rund 45 Prozent seines Umsatzes außerhalb seines Heimatstandortes in Japan.
Das Entstehen solcher globaler Netzwerke ist erst durch die Fortschritte der Telekommunikation möglich geworden. Der internationale Datentransfer erlaubt es, Unternehmensfunktionen räumlich zu trennen und dabei sogar Zeitunterschiede auszunutzen – nach acht Stunden Entwicklungstätigkeit in Japan werden die Unterlagen per E-Mail nach Deutschland geschickt, dort weiterbearbeitet und abends an das Entwicklungslabor in Kalifornien überspielt. Selbst die wichtige Koordination von Entwicklung und Fertigung ist künftig nicht mehr an die Identität der Standorte gebunden. Via Satellit läßt sie sich heute schon problemlos über beliebige Distanzen organisieren.

## Deutschland im Wettbewerb

Betrachtet man die Konsequenzen dieser Entwicklung auf unterschiedliche Akteure, so überwiegen die positiven Effekte für Unternehmen und Verbraucher. Für ihre Produktions- bzw. Konsumhandlungen bieten offene Märkte eine Reihe von Vorteilen. Auf welche Weise Unternehmen, die mit ihren Leistungen im internationalen Wettbewerb stehen, die Globalisierung nutzen und vorantreiben, bedarf keiner weiteren Ausführungen. Bemerkenswert ist allenfalls noch, daß keineswegs nur Großkonzerne diese Chance ergreifen, sondern ebenso zahlreiche Mittelständler. Dies sind zum einen die »Hidden Champions«, die trotz ihrer geringen Größe unangefochtene Weltmarktführer in ihrer Disziplin sind; zu ihnen zählen beispielsweise Festo bei pneumatischen Geräten, Körber bei der Tabakverarbeitung und Krones bei Abfüll- und Etikettiermaschinen. Zum anderen greifen viele Zulieferer international aus, teils als Vorhut ihrer Abnehmer, die den Wettbewerbsdruck zunächst über die Preise an sie weitergeben, teils in deren Gefolge, wenn die Kunden den ersten Schritt machen. Nicht selten folgen zum Beispiel Automobilzulieferer den großen Herstellern an ausländische Standorte. Dort besetzen

sie als Systemführer die Schnittstelle zu einheimischen Subkontrakteuren und sorgen gegenüber ihrem Abnehmer für die von zu Hause gewohnte Qualität und Liefertreue.
Profitieren werden auch die Kunden und Verbraucher von einem Weltmarkt (fast) ohne Grenzen. Nicht mehr nur die jährlichen Fernreisen bringen Geld in alle Welt. Die steigende Zahl ausländischer Waren führt dazu, daß für die privaten Verbraucher das »global sourcing« auch zu Hause vielfach schon selbstverständlich ist. Sinkende Preise und eine größere Warenvielfalt kommen ihnen spürbar zugute, und der weltweite Wettbewerb sorgt für stetige Innovationen und Qualitätsverbesserungen.
Eher negativ sind die Auswirkungen dagegen für die Arbeitnehmer und den Staat, da sie mit ihren Erwerbs- bzw. Lenkungsaktivitäten größtenteils in nationalen Grenzen befangen sind. Der private Verbraucher sieht Globalisierung mit ganz anderen Augen, sobald er als Arbeitnehmer an die Gefährdung von Arbeitsplätzen durch die neue Konkurrenz im Weltmaßstab denkt, auf die hiesige Unternehmen mit Rationalisierung und Standortverlagerung reagieren. Nicht diese gesunde Anpassung ist jedoch Grund zur Sorge, sondern vielmehr der versiegende Zufluß von ausländischem Kapital und Know-how nach Deutschland, der maßgeblich verantwortlich dafür ist, daß für die wegfallenden Arbeitsplätze zu wenig Ersatz entsteht.
Schließlich zählt auch der Nationalstaat zu den Verlierern der Globalisierung, der er mehr oder minder hilflos zusehen muß. Er erlebt derzeit einen Kompetenzverlust, den die Politik in einer Art Schockzustand noch längst nicht in seiner vollen Tragweite wahrnehmen will. Wirtschaftliche Dynamik und Wachstum lassen sich in einer freien Welt nicht mehr durch staatliche Lenkung stimulieren; das überkommene wirtschaftspolitische Instrumentarium verliert rapide an Wirkung. Davon betroffen ist nicht nur der ausufernde Wohlfahrts- und Subventionsstaat, dessen wirtschaftliche Grundlage nicht mehr beherrschbar ist und sukzessive abbröckelt. Auch der hoheitliche Staat ist durch die Öffnung der Welt bedroht, weil die Global Players sich seinem Einfluß entziehen. Sie sind die wirklich globalen Akteure, weil sie die nationale Dimension hinter sich gelassen haben und weitgehend

autonom darüber entscheiden, wo auf der Welt Arbeitsplätze entstehen, Investitionen getätigt werden und steuerbare Gewinne anfallen. Zurück bleibt ein Staat, der über wichtige Ressourcen seiner Macht nicht mehr gebieten kann, sondern darum kämpfen muß.
Dies belegt die These, daß nicht mehr nur Unternehmen in Konkurrenz zueinander stehen, sondern ebenso nationale Systeme: Bildungs-, Sozialversicherungs-, Steuer-, Rechts-, Infrastruktur- und Tarifsysteme, um nur einige zu nennen. Deutschland hat in all diesen Bereichen teils gravierende Defizite, die es aufzuholen gilt. Andernfalls ist der Abstieg vorprogrammiert. Der Countdown läuft, mit oder ohne Deutschland. Wir können nur versuchen, uns nun schleunigst für den Start ins 21. Jahrhundert vorzubereiten. Andere haben das bereits getan.

## Handlungsfelder

Man kann also ziemlich sicher davon ausgehen, daß die Unternehmen die notwendigen Veränderungen mit zunehmender Wettbewerbsintensität vornehmen werden. Wenn der japanische Konkurrent schneller entwickelt, die Koreaner billiger fertigen und die Amerikaner besser vermarkten, kann man als deutsches Unternehmen nicht tatenlos zusehen – bei Strafe des Untergangs. Die Frage wird allenfalls lauten, ob Deutschland dabei für einheimische und ausländische Unternehmen wieder als Standort wahrgenommen wird, an dem man investieren muß, um bei der Gestaltung weltweit wichtiger Zukunftsfelder dabeisein zu können.
Es bleibt ferner die Frage, ob Staat und Gesellschaft in Deutschland mitziehen und sich für neue Zukunftsentwürfe öffnen. Insbesondere muß überlegt werden, welche großen *politischen* Würfe wir brauchen, um nicht nur als Standort, sondern auch als Gesellschaft praktisch und mental auf die kommenden Veränderungen eingestellt zu sein. Vier große Reformen sind aus meiner Sicht dazu erforderlich, die umgehend in Angriff genommen werden müssen. Diese Reformen erfordern Mut, Durchsetzungs-

kraft und Zähigkeit der verantwortlichen Politiker, vor allem aber ein Klima in Deutschland, in dem die Politik Risiko- und Opferbereitschaft der Bevölkerung für die Zukunftsgestaltung einklagen kann.

## 1. Reform des Sozialsystems

Es dürfen keine weiteren Hypotheken auf die junge Generation überschrieben werden. Bürger und Unternehmer müssen durch eine umfassende Reform des Sozialsystems entlastet werden. Die Arbeitswelt von morgen wird dynamischer, flexibler und gleichzeitig individueller sein als heute. Zwischen der Gegenwart in Deutschland des ausgehenden 20. Jahrhunderts und der Ära, in der die heutigen Sozialversicherungen geschaffen wurden, liegen längst Welten. Doch die alten paternalistischen Systeme, mit denen die »proletarischen Massen« unter staatliche Vormundschaft gestellt wurden, haben sich seit Bismarck nicht wesentlich verändert.
Der Kollektivismus der Sozialkassen geht am tatsächlichen Bedarf der meisten Menschen vorbei. Da das Angebot sich nicht an ihren Präferenzen orientiert und die Kosten nicht vom Versicherten beeinflußbar sind, schaukelt die Abgabenbelastung sich immer weiter hoch. Hinzu kommen demographische Entwicklungen, die zu weiteren Beitragssteigerungen führen werden. Da die Sozialversicherungen mit dem Arbeitsverhältnis verknüpft sind, bedeutet das auch für die Unternehmen unmittelbar weitere Belastungen, die am Faktor Arbeit ansetzen. Wachstum und besonders Beschäftigung werden mit dem bestehenden System der Sozialversicherungen also in steigendem Maße negativ beeinflußt. Dem kann nur durch eine grundlegende Neuorientierung begegnet werden. Die Sozialversicherungen müssen preisgünstiger und bedarfsgerechter werden. Um dies zu erreichen, müssen sie privatisiert und individualisiert werden. Natürlich muß auch künftig durch eine Mindestversicherungspflicht gewährleistet sein, daß niemand der Allgemeinheit zur Last fällt. Doch alle Leistungen, die darüber hinausgehen, müssen der Wahl

des einzelnen überlassen sein. Ihm muß die Freiheit gehören, seinem persönlichen Bedarf entsprechend Vorsorge zu treffen und nur für das von ihm Gewollte die Kosten zu tragen. Der Staat wird dann nur noch zwei Verantwortlichkeiten wahrnehmen: Er muß weiterhin die Kontrolle über das Versicherungswesen führen und jene Leistungsverpflichtungen abtragen, die er bis dato in den gesetzlichen Versicherungen eingegangen ist, vor allem der Rentenkasse.

Die *Rentenversicherung* muß auf eine langfristig tragfähige Grundlage gestellt werden, solange das noch möglich ist. Durch die Umlagefinanzierung auf Basis des »Generationenvertrages« steht den in die Rentenversicherung eingezahlten Beiträgen nämlich kein Kapital gegenüber, sondern nur das Versprechen, daß die nachrückende Generation für die erworbenen Rentenansprüche aufkommt. Angesichts der demographischen Entwicklung wird dieser Punkt zunehmend problematisch. Der Anteil der über 60jährigen beträgt heute ein Fünftel; im Jahr 2030 wird er jedoch bereits ein Drittel der Bevölkerung ausmachen, und die über 80jährigen bilden inzwischen die am schnellsten wachsende Bevölkerungsgruppe in Deutschland. Die Folge werden Leistungseinschnitte und Beiträge sein, die im Jahr 2030 nahe der 30-Prozent-Marke liegen könnten. Um dem entgegenzuwirken, ist es erforderlich, die gesetzliche Rentenversicherung zu privatisieren und sie auf ein System der Pflichtgrundversicherung nach dem Kapitaldeckungsverfahren umzustellen. Die bisher erworbenen Ansprüche müssen selbstverständlich gewahrt bleiben und bis zur vollständigen Umstellung solidarisch durch die Gesellschaft abgetragen werden. Dadurch müssen vor allem die jungen Menschen entlastet werden, die noch am Anfang ihres Erwerbslebens stehen und auf kein Vermögen zurückgreifen können. Aufgrund der wachsenden Beitragslast droht die Gefahr, daß der jungen Generation sowohl die Motivation zur Leistung als auch die Fähigkeit zur Eigenvorsorge durch Vermögensbildung genommen werden.

Die staatliche Regulierung des Gesundheitswesens ist ineffizient und kostentreibend, weil sie das Individuum entmündigt und seine Freiheit zur Entscheidung zwischen verschiedenen Lei-

stungen auf einem Markt verneint. Die Reform der *Krankenversicherung* muß darum konsequent fortgesetzt werden. Ihr Ziel muß darin bestehen, die »Kolchosenwirtschaft« im Gesundheitswesen aufzuheben und den Patienten bestimmen zu lassen, für welche Versicherungsleistungen er Geld auszugeben bereit ist.
Abgesehen von einer Mindestversicherungspflicht, die sich nur noch auf die existentiellen Gefahren erstreckt, muß jeder selbst entscheiden können, wie umfassend er sich gegen gesundheitliche Risiken absichern will. Das zusätzliche Leistungspaket, der Tarif und die Krankenkasse müssen darum frei wählbar sein, unabhängig vom Einkommen. Auch die Kassen müssen die Möglichkeit erhalten, mit den Ärzten und Kliniken freie Verträge zu schließen und die besten Angebote für ihre Versicherten auszuwählen. Auf diese Weise wird der Wettbewerb auch im Gesundheitswesen einziehen, der Kostenexplosion die Grundlage entziehen und die Sozialpartner von überflüssigen Zwangsabgaben entlasten.
Deutschland braucht ein verläßliches und für jeden berechenbares *Pflegeversicherungssystem.* Die Übernahme des aus der Rentenversicherung bekannten umlagebasierten Finanzierungsmodells sollte deshalb so schnell wie möglich rückgängig gemacht werden. Nur das Kapitaldeckungsverfahren erlaubt es, ein Versicherungssystem zu etablieren, das unabhängig von der Bevölkerungsentwicklung funktioniert. Denn nur indem tatsächlich jeder für sich selbst Vorsorge trifft, kann ausgeschlossen werden, daß eine immer kleinere Anzahl von Beitragszahlern für immer mehr Anspruchsberechtigte herhalten muß. Erforderlich ist allerdings eine allgemeine Versicherungspflicht und ein Kontrahierungszwang, der verhindert, daß die Versicherungen nur »gute Risiken« auswählen und schlechte ablehnen. Mit diesem Modell würde nicht erneut eine Risikovorsorge am Faktor Arbeit angebunden, die in keiner zwingenden Beziehung zum Arbeitsverhältnis steht und beschäftigungshemmend wirkt.

## 2. Steuerreform

Um Leistungsfähigkeit und Leistungsbereitschaft in Deutschland wiederzubeleben, ist eine grundlegende Steuerreform erforderlich. Das heutige Steuersystem ist Resultat einer fast fünfzigjährigen Entwicklung in den alten Bundesländern. Wechselnde Regierungen mit unterschiedlichen sozial- und verteilungspolitischen Interessen haben im Steuersystem ihre Spuren hinterlassen. Die Unsitte, über steuerliche Regelungen alle möglichen sozial-, wohnungs-, wachstums- oder beschäftigungspolitischen Zwecke umsetzen zu wollen, ist im Laufe der Jahre zur Normalität geworden. Jede Regierung hat neue Bestimmungen hinzugefügt und Gruppenansprüche auf Umverteilung geschaffen, die keine der nachfolgenden Regierungen aufzuheben wagte. Das Steuer-»System« spiegelt damit die kumulierte Unfähigkeit der bundesdeutschen Politik wider, einmal gewährte Privilegien zurückzunehmen. Von vielen Bürgern wird die Besteuerung inzwischen als ungerecht empfunden, nicht nur, weil die Steuerquote auf ein nie dagewesenes Niveau gestiegen ist, sondern auch wegen der Undurchschaubarkeit des Systems.

Beides führt zur Suche nach mehr oder minder legalen Steuerschlupflöchern, die inzwischen fast ein Volkssport ist. Auch die vorsätzliche Steuerhinterziehung durch Schwarzarbeit oder unversteuerte Zinseinkünfte ist längst kein Randphänomen mehr. Eine weitere Konsequenz ist die abnehmende Bereitschaft zur (legalen) Mehrleistung bei den Beschäftigten. Bei den Unternehmen führt die hohe Gewinnbesteuerung zu wachsendem Abwanderungsdruck und wirkt als Ansiedlungsbarriere für viele ausländische Investoren.

Die Besteuerung darf darum künftig nicht mehr vorrangig an der Leistung ansetzen und diese gewissermaßen bestrafen. Ein leistungsförderndes Steuersystem muß vielmehr die konsumtive Einkommensverwendung stärker belasten. Ich plädiere daher für eine maßvolle Anhebung der Verbrauchssteuern, insbesondere der Mehrwertsteuer, die sich am unteren Rand der in der EU zulässigen Bandbreite befindet. Dafür muß die Einkommens- und Gewinnbesteuerung gesenkt werden, so daß neue Leistungs-

und Investitionsanreize entstehen, die beschäftigungs- und wachstumsfördernd wirken. Nur durch das Wachstum der Volkswirtschaft kann der Fiskus das Steueraufkommen auf gesunde Weise erhöhen. Eine immer stärkere Besteuerung von immer weniger Leistungswilligen und -fähigen führt hingegen für Staat und Wirtschaft ins Abseits.

## 3. Bildungs- und Hochschulreform

Ohne umfassende Reformen in diesen Bereichen wird Deutschland sich in der globalen Informationsgesellschaft nicht behaupten können. Der Bildungsbereich ist eine der wichtigsten Schnittstellen zwischen einer sich immer rascher verändernden Umwelt und dem Menschen. Die Steigerung der Effizienz, Berufsbezogenheit und Internationalität des Ausbildungssystems ist darum von zentraler Bedeutung, zumal für das Hochlohnland Deutschland. Spitzenqualität in Forschung, Produktion und Dienstleistung sowie Kreativität in der globalen Ressourcennutzung und Präsenz auf ausländischen Märkten werden elementare Anforderungen an die Elite von morgen sein. Es ist darum höchste Zeit, daß der Staat die Ausbildung entbürokratisiert, damit auch dort ein Wettbewerb um die besten Bildungsangebote einsetzen kann.
Der zweite, ebenso wichtige Schritt in Richtung Wettbewerb ist die Haushaltsautonomie der Bildungseinrichtungen, die spätestens bei den Akademien und Hochschulen einsetzen muß. Eine finanziell unabhängige Universität kann selbst entscheiden, wieviel sie für Personal in Lehre und Forschung und wieviel sie für Investitionen ausgibt. Sie kann sogar dafür sorgen, einzelne Vorhaben durch private Trägerschaft schneller umzusetzen als auf dem Weg der öffentlichen Finanzierung. Und sie kann sich im Wettbewerb um Studenten ein eigenes Profil geben, mit dem sie gezielt bestimmte Gruppen anspricht und auswählt.
Im Abschnitt »Zukunftswerkstatt oder Zunftbetrieb« werde ich ausführlich auf dieses Thema eingehen.

## 4. Reform im öffentlichen Dienst und der gesamten staatlichen Verwaltung

Zweifellos kann der Staat nicht ohne Beamte auskommen. Die unbestrittenen Vorzüge des Beamtentums liegen jedoch auf dem Gebiet der hoheitlichen Verwaltung. Alles, was nicht in diese Kategorie fällt, darf nicht einem Organisationsmodell, einem Dienstrecht und einem Berufsethos unterworfen werden, das nicht dafür konzipiert ist. Dies gilt insbesondere für die gesamte Leistungsverwaltung, die im modernen Wohlfahrtsstaat längst die dominante Rolle spielt. Darum muß man genau unterscheiden zwischen Aufgaben, die »Dienst« am Staat als Herrschaftsgebilde sind, und solchen, die als »Service« für die Gesellschaft und für den einzelnen Bürger gelten müssen.

Der Staat muß wieder bescheidener und schlanker werden, da das Gemeinwesen anderenfalls unter seiner schwerfälligen Last erstickt. Daher müssen sämtliche Aufgaben, die nicht zum staatlichen Herrschaftsbereich zählen, insbesondere alle Dienstleistungsaufgaben, konsequent privatisiert oder zumindest auf private Aufgabenträger übertragen werden. Die Verbeamtung von Bediensteten in all diesen Bereichen muß dort ebenso der Vergangenheit angehören wie bei Bahn und Post.

Eine umfassende Reform des öffentlichen Dienstes – im Anschluß an eine solche Aufgabenkritik – muß beim Führungs- und Besoldungssystem ansetzen. Der Automatismus der Laufbahn muß durch die Karriere nach Leistung ersetzt werden. Beförderung auf Probe und die Vergabe von Führungspositionen auf Zeit sind Instrumente, die Leistung fördern und fordern. Dagegen muß das Dienstalter als Beförderungskriterium abgeschafft werden. Leistungsstufen müssen an die Stelle von Altersstufen treten, wenn es um den Aufstieg in anspruchsvollere Positionen geht. Überdurchschnittliche Leistungen müssen durch Prämien auf allen Gehaltsstufen honoriert werden. Der verbleibende Kernbereich der hoheitlichen Verwaltung muß ferner zu einer hochmodernen, vorbildlich strukturierten und ausgerüsteten Organisation entwickelt werden. Der öffentliche Dienst kann zu einem Motor bei der Vorbereitung Deutschlands auf den globalen Wettbewerb werden, denn nicht zuletzt seine Leistungsfähigkeit spielt dabei eine entscheidende Rolle.

## Fazit

Globalisierung ist keine Floskel, sondern eine reale Herausforderung, die in vielen Bereichen unseres komplexen Gemeinwesens noch nicht wahrgenommen wird. Doch nur im Zusammenspiel von Wirtschaft, Staat und Gesellschaft kann eine Antwort für unser Land formuliert werden. Gegenwärtig beobachten wir, daß unsere Systeme angesichts des wachsenden Problemdrucks von außen immer stärker einknicken. Unfähig zur Innovation aus eigenem Antrieb, reagieren sie durch Aufblähung der Apparate und Explosion der Kosten. Es ist darum höchste Zeit, sie dem Wettbewerb aufzuschließen und eine Entschlackung herbeizuführen. Nur so sehe ich die Chance, vom gegenwartsbezogenen Problemdenken wegzukommen, das uns immer mehr absorbiert, und zum vorausschauenden Lösungsdenken zu gelangen. Wenn Deutschland sich nicht von Hergebrachtem trennt, wird es weder mental noch materiell die Kräfte freisetzen können, um einen neuen Anlauf zu nehmen und den Take-off in die neue Welt zu schaffen. Die Zeit läuft. Noch ist Gelegenheit zu handeln.

## Zukunftsfähigkeit von Politik, Wirtschaft und Gesellschaft

Warum stellen wir gerade heute die Frage nach der Zukunftsfähigkeit? Kann man sagen, daß es sich hier um typisch deutsche Selbstzweifel handelt, oder steckt mehr dahinter? Die Menschen in Deutschland fühlen sich umgeben von Krisen: Die Rede ist von Konjunkturkrise, Strukturkrise, Innovationskrise, Krise der Produktion, Krise der Arbeit, Krise der Industriegesellschaft (Meinhard Miegel), ja selbst einer Kulturkrise (Norbert Blüm).
Im Grunde – so könnte man glauben – ist unsere Gesellschaft, ist die gesamte abendländische Kultur mit ihrer naiven Fortschritts-

gläubigkeit am Ende angelangt. Es geht nicht immer noch höher, noch weiter und noch schneller. »Immerwährendes Wirtschaftswachstum«, so Meinhard Miegel, »ist objektiv unmöglich.« Kann also von jetzt an alles nur noch schlechter werden? Ist der Abstieg vorprogrammiert?

Ich glaube, wir sollten hier zwei Dinge auseinanderhalten: Die Tatsache, daß es in vielen Bereichen nicht weitergeht wie bisher, sollte nicht unbedingt negativ gesehen werden. Ich glaube, man muß die Dinge dialektisch betrachten: Aus dem Widerspruch alter Strukturen mit neuen Bedingungen erwächst der Druck, neue Lösungen zu entwickeln. Die Leute wissen das: Die Forschungsgruppe »Wahlen« kam bei einer repräsentativen Meinungsumfrage im September 1993 zu dem Ergebnis, daß 77 Prozent im Westen und 71 Prozent im Osten glauben, wir können uns das bislang in Deutschland erreichte Niveau der Löhne, der Arbeitszeiten und der Urlaubsdauer in Zukunft nicht mehr leisten.

Bislang haben wir uns die Auflösung dieser Dialektik immer großzügig erspart. So gab es mehr Freizeit und weniger Arbeit bei vollem Lohnausgleich, weil wir uns das leisten konnten. Man könnte sagen, wir haben uns daran gewöhnt, das Küken und das Ei zu bekommen – die Schweizer nennen das die »Fünfer-und-Weggli«-Haltung. Künftig werden wir uns wieder entscheiden müssen, zum Beispiel zwischen mehr Freizeit oder mehr Geld. Für viele wird das so tragisch nicht sein, denn auf den Dritturlaub und den Drittwagen kann man schon mal verzichten.

Wir müssen die Zukunft als offen betrachten und mit positiven Erwartungen oder zumindest Neugierde an die Arbeit gehen, um diese Zukunft zu gestalten. Was ich bei den Deutschen vermisse, ist ebendiese Neugierde. Die meisten verspüren das tiefsitzende Verlangen, sich gegen alle Eventualitäten abzusichern und eine risikofreie Gesellschaft zu schaffen. Sie merken gar nicht, wie langweilig das Leben dabei werden kann. Vor lauter Besitzstandsverteidigung fragen sie gar nicht mehr danach, was die Zukunft auch an neuen, interessanten Lebensmöglichkeiten bietet. Das wurde bei der Wiedervereinigung erschreckend deutlich. Wer hat sich denn in Westdeutschland dafür interessiert, was die

Wiedervereinigung an Chancen birgt? Statt dessen tönten und tönen die Leute nur: Was das alles kostet! Wir klammern uns an dem Erreichten fest, daß ich manchmal Zweifel habe, ob wir in Deutschland überhaupt noch Phantasie entwickeln können, uns auch Alternativen vorzustellen – in der Politik wie in der Gesellschaft. Das aber ist der erste Schritt. Die Zukunftsfähigkeit des Bestehenden wird in Frage gestellt, und die Einsicht greift, daß Dinge sich ändern werden. Von da ist es nicht mehr weit zu der tieferen Einsicht, daß Dinge *aktiv* verändert werden müssen – doch fehlen dafür noch weitgehend die positiven Gestaltungsvisionen.

Ich will versuchen, in einer Art »Tour d'horizon« die aus meiner Sicht zentralen Zukunftsprobleme anzusprechen und deutlich zu machen, in welcher Richtung ich Lösungen erwarte.

## Problemfeld Produktion.
## Ausweg: Lean Production ...

Nicht nur im Osten, auch im Westen läßt sich von einer Krise der Produktion sprechen, die große öffentliche Aufmerksamkeit beansprucht. Ihr Ausmaß spiegelt sich am deutlichsten im Abbau industrieller Arbeitsplätze wider, von dem am stärksten die Branchen Maschinenbau, Elektrotechnik und Automobilbau betroffen sind. In diesen reifen Industrien haben wir es mit einer Kostenkrise zu tun. Wir haben uns lange Zeit aufgrund der sprichwörtlich hohen Qualität unserer Produkte in Sicherheit gewogen. So hieß es, daß eine deutsche Maschine ein Drittel teurer sein dürfe als das Konkurrenzprodukt. Heute muß sie das sein, damit unser Produktivitätsnachteil gegenüber der fernöstlichen Konkurrenz einigermaßen gedeckt ist.

Lean Production ist in den »klassischen Branchen« zweifellos das richtige Konzept, wenn man es nicht – wie leider so oft – mit ideenloser Rotstiftpolitik verwechselt. Ein Element von Lean Production möchte ich hervorheben, nämlich das Outsourcing. In vielen Bereichen haben wir schon viel zuviel in die Rationalisierung von Altanlagen gesteckt. Solches »Over-Investment« muß

durch Produktionsauslagerung an ausländische Standorte beendet werden. Die Unterlegenheit der Überrationalisierung gegenüber der Internationalisierung zeigt sich darin, daß wir viele der Massenmärkte, auf denen Kosten und Preis zählen, in den letzten Jahren an Japan verloren haben. Statt dessen haben wir uns konsequent in die exklusiven Nischen und auf die Verbesserung des Bewährten zurückgezogen. Diese Strategie des »Over-Engineering« ist ein weiteres Symptom der deutschen Krankheit. Der Umstand, daß bei uns an die 90 Prozent aller Ausgaben für Forschung und Entwicklung für bereits bestehende Produkte anfallen, zeugt hinreichend von unserem Drang zur »Perfektionierung des Perfekten«.
Mein Fazit für reife Industrien lautet daher: Verbesserung der Kostenposition durch Lean Production und Internationalisierung der Produktion.

## ... und innovative Neuansätze

Die Kostenproblematik steht aus meiner Sicht also nur bei bestimmten Industrien im Mittelpunkt, und der Strukturwandel wird dort zu weiteren Arbeitsplatzverlusten führen. Für die Zukunftsfähigkeit der Gesamtwirtschaft – auch der Traditionsbranchen – ist die Innovationskrise von weitaus größerer Bedeutung. Die Zukunft unserer internationalen Wettbewerbswirtschaft kann nicht durch die Weiterentwicklung reifer Produkte gesichert werden. Vielmehr brauchen wir wieder echte Innovationen, die einen technologischen Durchbruch markieren und eine Welle von Folgeinnovationen auslösen, von neuen Produkten, Anwendungen und Unternehmensgründungen. Es ist inzwischen hinlänglich bekannt, daß die USA und Japan uns technologisch abgehängt haben, vor allem in den strategisch wichtigen Zukunftsbereichen wie Gentechnik, Informationstechnologie und Mikroelektronik. In diesen Spitzentechnologien liegen die Märkte von morgen. Die sogenannten fortgeschrittenen Technologien wie Automobil, Elektrotechnik und Maschinenbau, in denen Deutschland seine Stärken hat, verlieren demgegenüber

zunehmend an Bedeutung. Wir müssen uns über eines im klaren sein: Die Spitzentechnologien von heute werden die Massenprodukte von morgen sein. Die kommenden Jahre werden zeigen, wie gravierend unsere derzeitigen Versäumnisse bei diesen Zukunftsinvestitionen sind.
Die nachlassende Innovationstätigkeit in Deutschland wird vor allem durch die Angaben über die Anmeldung von Patenten anschaulich belegt. Die internationale Patentstatistik weist Deutschland nur noch im Maschinenbau als führend gegenüber Japan und den USA aus. In anderen traditionellen Schwerpunktbranchen wie Chemie, Pharma und Automobil liegen wir bereits zurück, und in den Hochtechnologiefeldern wie Mikroelektronik, Informationstechnologie oder Mikrobiologie befinden wir uns unter »ferner liefen«. Die Patentanmeldungen gelten bekanntlich als Frühindikator. Auch hier ist also ein deutlicher Hinweis darauf erkennbar, daß die Folgen unserer nachlassenden Innovationstätigkeit erst in ein paar Jahren voll auf die Wachstumsmöglichkeiten unserer Wirtschaft und damit auf das Wohlstandsniveau in Deutschland durchschlagen werden. Was muß getan werden, um zu einer neuen Wachstums- und Innovationsdynamik in Deutschland zu gelangen?
Wir brauchen einen neuen Gründerboom. Deutschland hat zu wenig Unternehmer und zu viele Beamte und Angestellte. Dementsprechend ist die Mentalität hierzulande: Nicht die Risikobereitschaft wird honoriert, denn wer ein Risiko eingeht und sich nicht wenigstens versichert, der ist am Ende selbst schuld und wird entsprechend bestraft. Unsere risikolose Gesellschaft lebt in der gefährlichen Illusion, daß man sich gegen den Gefahrenfaktor »Zukunft« umfassend absichern kann. Wir sind im Grunde immer froh, wenn wieder eine dieser gefährlichen Zukunftsentwicklungen an uns vorübergegangen ist, statt uns den Herausforderungen zu stellen und auf den Zug ins 21. Jahrhundert aufzuspringen.

## Das wirtschaftliche Umfeld für den Aufbruch gestalten

Wir leisten uns mit ungeheurem Aufwand die Beerdigung alter Industrien. Das Geschrei ist bei den großen Leichen so gewaltig, daß niemand sich traut, die Grablegung vorzunehmen. Natürlich gibt es zunächst eine Schocksituation. Wir haben in Jena von 27 000 Leuten in drei Monaten 16 000 freigesetzt. Davon redet heute niemand mehr, denn hätten wir versucht, den alten Konzern zu rekonstruieren – etwa nach dem Vorbild der Stahlindustrie –, wären wir mit absoluter Sicherheit gescheitert. Statt dessen haben wir inzwischen im Raum Jena an die 200 Jungunternehmer angesiedelt – darunter auch einige ältere mit unternehmerischer Erfahrung.

Nicht der Erhalt der großen Leichen aus vergangenen Industriezeiten ist also die Aufgabe, sondern die Unterstützung auch risikoreicher neuer Unternehmen, die auf zukünftige Produkte, Verfahren und Märkte ausgerichtet sind. Dazu brauchen wir einen völligen Kurswechsel. Es ist allein finanziell nicht durchzustehen, die Krise der Produktion durch die Subventionierung unrentabler Arbeitsplätze aus dem öffentlichen Bewußtsein zu verdrängen. Zum einen muß daher eine innovationsfördernde Industriepolitik entwickelt werden, die innovative Cluster statt industrieller Kerne fördert.

Statt weiter Geld in schrumpfende Branchen zu leiten, müssen wir uns bei Produktion und Dienstleistung in Wachstumsfelder hineinentwickeln. Dabei müssen wir selbstverständlich auch alle Möglichkeiten nutzen, die sich durch ausländische Standorte und globale Aktivitäten ergeben. Das wird einige Zeit dauern, schon weil Versäumnisse der Vergangenheit wettzumachen sind. Doch wenn wir bei der Technologieförderung nur annähernd so hohes finanzielles Engagement zeigen wie bei der Stützung von Kohle und Stahl, brauchen wir uns wahrscheinlich nicht mehr um die deutsche Wettbewerbsfähigkeit zu sorgen.

Überdies will ich in diesem Zusammenhang auf ein klassisches Aufgabenfeld des Staates hinweisen, dem nicht der ordnungspolitische Makel der Industriepolitik anhaftet, nämlich die Infrastruktur. Die Vorhaben zur Errichtung sogenannter Datenautobahnen in Deutschland und Europa sind hierfür ein gutes Beispiel. Solch ein Hochleistungsdatennetz ist unabdingbare Voraussetzung für die Informationsgesellschaft, denn der »Rohstoff Information« wird nicht mehr über die Autobahn rollen. Investitionen in den flächendeckenden Ausbau einer solchen Zukunftsinfrastruktur würden nicht nur eine Welle von Innovationen im Bereich der optischen Datenverarbeitung mit Glasfasern, sondern vor allem auch im Anwendungssektor nach sich ziehen. Moderne Arbeitsformen wie Tele-Working, dezentrale Work Groups und Videokonferenzen wären dadurch möglich, die uns der Informations- und Dienstleistungsgesellschaft einen großen Schritt näherbrächten.

Die Aufgaben, vor denen wir stehen, sind natürlich nicht nur technisch-wissenschaftlicher Art. Die Arbeitswelt der Zukunft stellt vor allem an den Menschen veränderte Anforderungen. Neue Qualifikationen sind gefragt; der Umgang mit Informationen und Informationstechnik wird in einer wachsenden Zahl von Tätigkeiten dominieren. Das Bildungssystem muß sich darauf einstellen, daß Routinetätigkeiten vielerorts verschwinden, dafür aber Kreativität und eigenverantwortliches Handeln größere Bedeutung gewinnen. Es muß sich dem Anforderungsprofil der Informationsgesellschaft nicht nur qualitativ, sondern auch quantitativ anpassen. Die Nachfrage nach Bildung wird weiter zunehmen, weil sie auf einen gleichgerichteten Bedarf der Wirtschaft stößt. Neben dem Trend zur Höherqualifizierung wird künftig das lebenslange Lernen eine wachsende Rolle spielen, weil es der dynamischen Veränderung der beruflichen Anforderungen Rechnung trägt.

Doch es mangelt auch an der Aufgeschlossenheit gegenüber neuen Technologien. Durch unser Gentechnikgesetz haben wir die Entwicklung auf diesem Feld in Deutschland praktisch blokkiert. In den USA gibt es heute 300 gentechnische Produktionsanlagen, in Deutschland sechs. In den USA arbeiten rund 100 000 Menschen in der Gentechnik, in Deutschland 1 000. Während die deutsche Industrie im Ausland erheblich in Gentechnik investiert, gibt es hierzulande keine einzige ausländische Investition auf diesem Gebiet. Während Deutschland in der Entwicklung gentechnisch hergestellter Medikamente eine untergeordnete Rolle spielt, zählt es bei deren Verbrauch zu den internationalen Spitzenreitern. Die meisten Wirkstoffe sind natürlich importiert. Die Gentechnik ist eines der besten Beispiele für die Risikoneurose einerseits, die unsere Gesellschaft plagt, und für die schizophrene Vogel-Strauß-Haltung andererseits, die uns ohne weiteres die Einnahme gentechnisch hergestellter Medikamente erlaubt – wenn sie nur nicht aus Deutschland kommen.

Fehlende Risikobereitschaft schlägt sich schließlich auch in der Überregulierung vieler Lebensbereiche nieder. Innovations- und Investitionsverhinderungsgesetze wie das zur Gentechnik gibt es viele, und oft ist es allein die Vielzahl involvierter Behörden mit widerstreitenden Kompetenzen und Präferenzen, die ein Genehmigungsverfahren zu einem unkalkulierbaren Glücksspiel macht. Die Gesetzgebung darf Forschung und Produktion in Zukunftstechnologien nicht durch überzogene Auflagen verunmöglichen und damit ins Ausland abdrängen. Beispielsweise beschäftigen sich bei BASF 200 Mitarbeiter allein damit, daß die richtigen Unterlagen zur richtigen Zeit bei der richtigen Behörde sind. »Behörden-Engineering« nennt sich diese neue Zukunftstechnologie am Standort Deutschland. Für Genehmigung und Betrieb einer chemischen Anlage sind rund 2 000 Gesetze, Verordnungen und Richtlinien zu erfüllen. Entsprechend lange dauern die Verfahren. So kommen wir nicht weiter. Es kann doch nicht angehen, daß der Staat die Aufgabe der Koordination seiner Behörden auf den privaten Antragsteller abwälzt, weil er seinen ausufernden Apparat offenbar selbst nicht mehr in den Griff bekommt. Der Staat hat den Leistungserbringern, also den Unternehmen, gegenüber als Dienstleister aufzutreten. Die Behörden haben hier eine Bringschuld zu leisten und Genehmigungsverfahren aktiv zu managen, statt passiv zu warten, bis ihnen mundgerechte Anträge serviert werden. Es gibt bereits positive Ansätze in dieser Richtung: Bayern hat sogenannte »Projektmanager« eingeführt – Beamte, die bei den Bezirksregierungen installiert werden und dort federführend dafür sorgen sollen, daß Genehmigungsverfahren reibungslos ablaufen.

Mein Fazit für alle wirtschaftlichen Zukunftsbereiche lautet daher in Stichworten: mehr Einsatz für Existenzgründungen, innovative Industriepolitik, moderne Infrastruktur, Stärkung von Wissenschaft und Bildung, Bereitstellung von Risikokapital und Aufgeschlossenheit gegenüber Innovationen und Deregulierung. Das sind einige der wichtigsten Ingredienzen für eine Gesellschaft, die ihre Zukunft bei den Hörnern packt.

## Krise der Arbeit

Was die Wirtschaft anbelangt, so bin ich insgesamt zuversichtlich, zumindest im Hinblick auf die etablierten Industrien in Deutschland. Die notwendigen Anpassungen werden vollzogen, bei Strafe des Untergangs. Der Beschäftigungsabbau ist hierfür ein sicheres Zeichen: Die westdeutsche Industrie wies 1996 über 1,5 Millionen Beschäftigte weniger auf als Ende 1991. In Ostdeutschland war der industrielle Strukturbruch aus naheliegenden Gründen noch viel drastischer. Dort ist der Anteil der Industriebeschäftigten an der Bevölkerung inzwischen um ein Drittel unter den westdeutschen Wert gesunken; vor der Wende lag er anderthalbmal so hoch.

Mit der Krise der Produktion geht also eine Krise der Arbeit einher, die eine Krise der politischen Legitimation nach sich ziehen kann. Unsere Industriegesellschaft ist in die Jahre gekommen. Die angestauten Probleme verlangen nach neuen Antworten; sie können nur durch positiven Strukturwandel, durch einen wirtschaftlichen und gesellschaftlichen Paradigmenwechsel wirklich bewältigt werden. Die genannten Maßnahmen zum Aufbau innovativer Wirtschaftszweige und Beschäftigungsfelder können daher nur *ein* Element einer solchen Lösung sein; viele weitere müssen hinzukommen.

An vorderster Stelle gehört eine produktivitätsorientierte Lohngestaltung dazu, auch im Niedriglohnsegment. Wir werden Tabus brechen müssen, von denen ich nur ein paar nennen will: Der Betriebswirtschaftsstudent im vorletzten Semester, der 2 500 DM netto bekommt und die Uni nicht verläßt, solange es geht, zahlt seine pauschale Sozialversicherung und sagt: Lieber 2 500 cash als 4 000 brutto. Wir wehren uns gegen Billiglöhne auf deutschen Baustellen. Doch wenn wir die ausländischen Arbeiter wegschicken, bekommen wir ein Problem. Dasselbe passiert bei McDonald's in der Küche, wenn wir plötzlich die Zahl der Ausländer in Deutschland halbieren würden. Auch die Million schwarzarbeitenden Putzfrauen und Haushaltshilfen gehören zu diesen Tabus, die mit dem Niveau der Löhne und Sozialabgaben zu tun haben. Ferner brauchen wir generell die Flexibilisierung der Arbeitszeiten mit allen betriebs- und mitarbeiterspezifischen Varianten einschließlich Wochenendarbeit, Arbeitszeitkorridoren, Teilzeitarbeit, neuer Arbeitszeitmodelle, Sabbatjahre etc. Auch die Einführung moderner Arbeitsformen wie Teleworking, die gezielte Förderung des Mittelstandes, der erfahrungsgemäß die größten Beschäftigungseffekte bringt, sowie vielfältigere und bedarfsgerechtere Ausbildungsformen tragen zum Entstehen einer neuen Beschäftigungsdynamik bei.

## Handlungsbedarf in Staat und Gesellschaft

Ist unsere Gesellschaft auf die Zukunft eingestellt? Ist unsere öffentliche Verwaltung »der Zeit voraus«? Nimmt der Staat, der ja immerhin jede zweite Mark ausgibt, die in Deutschland erwirtschaftet wird, eine Schrittmacherfunktion bei der Erprobung von Zukunftsmodellen wahr? Ich befürchte, daß die Antwort auf all diese Fragen negativ ausfällt. Darum ist in vielen Bereichen eine Neuorientierung erforderlich, immer mit Blick auf die wachsende Bedeutung des öffentlichen Sektors für die Wettbewerbsfähigkeit eines Landes.

Die öffentliche Verwaltung muß entrümpelt werden. Viele Staatstätigkeiten können privatisiert oder ausgelagert werden. Der Gedanke von Lean Production ist auch auf den Staat anwendbar. Er muß seine Aufgaben neu definieren und mehr Privatinitiative zulassen bzw. staatliche Aufgabenträger privatrechtlich organisieren, wo dies sinnvoll erscheint. Der Behördenstatus verbietet es staatlichen Einrichtungen, sich dem Wettbewerb anzupassen; die Monopolstellung beseitigt jeglichen inneren Antrieb zu mehr Effizienz. Das Beispiel Bahnreform zeigt jedoch, daß wir zu grundlegenden Änderungen imstande sind. Wir sollten diesen Weg konsequent weiter beschreiten.

Das Ressortprinzip entspricht nicht mehr den Anforderungen einer dynamischen Umwelt. Es bedarf einer Restrukturierung der Verwaltung nach dem Aufgabenprinzip. Die Verwaltung muß lernen, sich als Dienstleister zu begreifen und sich »am Markt«, das heißt an den Bedürfnissen der Unternehmen, der Bürger usw. zu orientieren. Dazu muß jedoch das Beamtensystem durch ein leistungsgerechtes Anreizsystem ersetzt werden. Es ist Frau Wulf-Mathies, der früheren ÖTV-Vorsitzenden, zuzustimmen, wenn sie sagt: »Das Beamtenrecht ist eines der größten Hemmnisse auf dem Weg zur Modernisierung des Staates.«

Die technische Ausstattung ist dringend zu modernisieren. Überalterung der staatlichen Verwaltung, zum Beispiel bei der EDV-Ausstattung, und fehlende Anreize verhindern Rationalisierung. Der Staat sollte hier Vorbild sein und als Schrittmacher vorangehen. Ebenso ist eine Umgestaltung der Sozialversicherungsysteme erforderlich. Heute gehen schon rund 40 Prozent eines westdeutschen Bruttolohnes an die Sozialkassen (Arbeitnehmer- und Arbeitgeberanteil); eine weitere deutliche Steigerung ist mit den bestehenden Systemen vorprogrammiert. Rechnet man dann noch die Steuern hinzu, kann man sich vorstellen, mit welcher Begeisterung die junge Generation noch an die Arbeit geht.

All das zeigt, daß die »risikolose Gesellschaft« in Deutschland allmählich zu unserem größten Zukunftsrisiko wird. Unsere Gesellschaft droht zu erstarren. Sie gleicht zunehmend einem Fossilienpark: Atavistische Großorganisationen dominieren wie Dinosaurier das öffentliche Leben und die politischen und wirtschaftlichen Entscheidungen. Die Politik versteht sich nur noch als Vermittler zwischen den Lobbys und wirkt in dieser Rolle zunehmend hilflos. »Der Eindruck breitet sich aus, daß die Politik den Politikern entglitten ist und sich sozusagen selber macht, ohne daß die Wähler darauf Einfluß nehmen könnten.« So hat es der Soziologe Niklas Luhmann vor einiger Zeit in der *Frankfurter Allgemeinen Zeitung* treffend formuliert.

Diese eigendynamische, sachzwangbestimmte Politik hat eine Kehrseite: Alles, was sich nicht von selber macht, was keinen Konsens verspricht, wird erst gar nicht angepackt. Die Folge ist, daß Entscheidungen nur auf Grundlage des kleinsten gemeinsamen Nenners erfolgen. Die Politik droht im Stellungskrieg widerstreitender Interessengruppen steckenzubleiben. Wagt sie sich aus ihrem eigenen Graben, wird sie von allen Seiten beschossen. Für zukunftsorientierte Entscheidungen ist hier kein Raum, denn Unangenehmes wird nur durch den akuten Zwang einer schon eingetretenen Krisensituation konsensfähig. So läuft die Politik immer den Problemen hinterher, statt sie vorausschauend zu vermeiden. Sie verfällt in Aktionismus. Statt Strategien umzusetzen, praktiziert sie hektisches »Handeln im Vollzug«.

Im Parlament findet die politische Auseinandersetzung ohnehin längst nicht mehr statt. Die wirklichen Entscheidungen werden von den Parteiführungen hinter den Kulissen festgezurrt, in Kontaktgesprächen, Parteiengesprächen, Koalitionsrunden, Klausurtagungen usw. Die Abgeordneten erfahren oft erst kurz vor der Abstimmung, wo sie die Hand heben müssen. Auch die Parteien sind keine Foren fruchtbarer politischer Auseinandersetzung. Sie sind im Proporz erstarrt, geschlossene Gesellschaften, in denen Quereinsteiger keine Chance haben. Wer es in der Politik zu etwas bringen will, muß schon die »Ochsentour« machen, Originalität hilft da wenig.

Für den Bürger ist das alles sehr undurchsichtig; er wendet sich zunehmend von der Politik ab, die sich ohnehin in tagespolitischen Streitereien erschöpft. Ich hielte es daher für sinnvoll, ein mehrheitsbildendes Wahlsystem in Deutschland einzuführen. Damit würde wieder programmatische Regierungsarbeit durch eine handlungsfähige Einparteienregierung möglich. Die Bürger bekommen tatsächlich die Regierung und die Politik, für die sie sich mehrheitlich entscheiden, nicht eine Koalition, die zwangsläufig zur Hinterzimmerdemokratie führt. Damit einhergehen sollte die Verlagerung plebiszitärer Elemente in die Parteien, wie es teils schon geschieht. Wenn wir eine lebendige Demokratie wollen, müssen die Kandidaten tatsächlich aufgestellt und nicht nur per Akklamation bestätigt werden. Und schließlich befür-

worte ich – auch im Sinne einer längerfristig denkenden und auf die Lösung von Zukunftsfragen orientierten Politik – die Verlängerung der Wahlperiode auf fünf oder sechs Jahre.
Das Problem ist hier wie so häufig, daß diejenigen, die in den Entscheidungsgremien sitzen, sich im bestehenden System gut eingerichtet haben und kein Interesse an einer Reform besitzen. In vielen Bereichen, so befürchte ich, wird darum so lange keine Veränderung eintreten, bis die Akkumulation der Probleme zu einem krisenhaften Umbruch führt.

# VII
# Zukunftswerkstatt oder Zunftbetrieb

Forschung und Wissenschaft am
Standort Deutschland

# 14
# Ende der Reformen

## Ein Vorschlag für einen hochschulpolitischen Neuansatz

»Hochschulreform« ist inzwischen ein stehender Begriff im Vokabular eines jeden deutschen Bildungspolitikers. Wohl kaum ein anderes Land reformiert seine Hochschulen mit solcher Inbrunst – und das seit nunmehr 25 Jahren praktisch ohne Unterbrechung. Während die Väter der Hochschulreform in den frühen siebziger Jahren aber noch eine gemeinsame Vision verfolgten, scheint diese auf dem langen Marsch verlorengegangen zu sein. Die »Reform« ist vom programmatischen Neuansatz zum pragmatischen Muddling through degeneriert. Daran ist nicht so sehr zu bedauern, daß die gesellschaftspolitische Utopie der Bildungseuphoriker nicht aufgegangen ist; sie haben der deutschen Bildungspolitik dennoch wertvolle Impulse gegeben. Bedauern muß man vielmehr, daß der gescheiterten Utopie keine realistische Vision gefolgt ist, sondern nur Stückwerk. Reförmchen haben die Reform abgelöst, und selbst diese sind häufig nur ein Herumkurieren an Symptomen, das eher die Bezeichnung »Krisenmanagement« verdient. Eine übergreifende Handlungsperspektive vermißt man daher um so schmerzlicher, als die Bildungspolitik an der Schwelle zum 21. Jahrhundert drastisch veränderten Anforderungen entgegentritt.

Ein neuer Anlauf ist also erforderlich, den ich bewußt nicht als »Reform« bezeichnen möchte. Es geht nämlich nicht darum, weitere Strukturänderungen in inkrementalistischer Manier vorzunehmen. Nicht einer inneren Re-Formierung bedürfen die Hochschulen, sondern eines grundlegend neuen Gestaltungsprinzips, aus dem sich diese automatisch ergibt. Dieses Prinzip heißt Wettbewerb.

Ehe ich darstellen will, was für die Hochschulen daran neu sein soll, noch ein Wort zum praktischen Vorgehen bei der Transformation dieses Bildungssektors. Die Hochschulen sind sicherlich der geeignete Ausgangspunkt für ein solches Vorhaben. Dafür spricht nicht nur die Erfahrung aus der Vergangenheit, sondern auch die Tatsache, daß das Personal der meisten anderen Bildungseinrichtungen dort ausgebildet wird. Dennoch werden die Hochschulen wohl nicht Initiator, sondern allenfalls Ausgangspunkt dieses Wandels sein. Denn mehr noch als vor dreißig Jahren bilden sie heute ein in sich geschlossenes und zu Reformen aus eigenem Antrieb ganz und gar unfähiges System, da alle Anreizmechanismen auf eine Verteidigung des Status quo und den Ausbau individueller Privilegien innerhalb des Gegebenen zielen. Obwohl das deutsche Studienwesen von allen Akteuren als blockiert empfunden wird, ist keiner von ihnen fähig, den ersehnten Ausweg zu weisen. Hier ist der »Legislateur« im Rousseauschen Sinne gefordert, der – von außen kommend und daher unabhängig – dem Vernünftigen Bahn bricht. Seine Aufgabe besteht darin, dem akademischen Spiel einen neuen Rahmen zu setzen. Wettbewerb ist die Grundlage dafür.

Ein persönliches Erlebnis hat mich darin bestärkt. Als ich 1992 meine neue Aufgabe in Jena übernommen hatte, fand im benachbarten Erfurt der Deutsche Hochschultag statt. Meine Erwartung war, zu einer inspirierten Erörterung der Chancen beitragen zu können, die der Osten für einen hochschulpolitischen Neuanfang bietet. Weit gefehlt. Ehe das Wort an mich kam, nutzten neun West-Professoren die Gelegenheit, um ihren Grußworten die fürchterliche Hochschulmisere in Westdeutschland zu beklagen. Sie hatten ganz überraschende Erkenntnisse: daß unsere Leute zu lange studierten. Wir hätten die ältesten Studenten und die jüngsten Rentner. Erstaunlich, nicht zu fassen. Das hören wir seit zwanzig Jahren. Wir bräuchten interdisziplinäre Studiengänge. Das sei ganz wichtig. Wir bräuchten europäisch orientierte Studiengänge, Kurzstudiengänge, praxisbezogene Studiengänge.

Ich habe daraufhin vorgeschlagen, dies alles doch in den neuen Ländern zu beginnen. Im Westen wäre das ohnehin kaum möglich – unter dem Druck von 180 Prozent Überlast. Im Osten dagegen können gänzlich andere Strukturen erprobt werden. Dort müßten die Hochschulen ohnehin erneuert werden. Dazu sollten wir Patenschaften für sie einrichten und alle tatkräftigen Reformer zur Mitarbeit einladen. Wenn diese Leute in den Osten kommen und außerdem noch die finanzielle Ausstattung erhalten, um hier Modelle aufzubauen, wäre das eine unglaubliche Chance. Alle Studenten, die Reformstudiengänge machen wollen, müßten dann in den Osten, wo sich die Reformprofessoren drängen. Auch bei der Finanzierung des Ganzen könnten neue Wege beschritten werden, wenn wir, ähnlich wie für Immobilien, Steuervorteile für private Finanzierungsmodelle im Forschungsbereich gewähren würden. Praktische Reformer, nicht die Grundsatzkritiker, könnten die Hochschulen in Ostdeutschland völlig neu strukturieren, statt die Trostlosigkeit an der Massenuniversität im Westen zu beschreiben. Dagegen empfinde ich es als bedrückend – auch das habe ich zum Ausdruck gebracht –, daß stets die alten Positionen wiederholt werden. Wir diskutieren Jahr für Jahr über diese Probleme, und alle wollen auch etwas tun. Nur die Phantasie für neue Lösungen hält sich für meine Begriffe stark in Grenzen.

Ausgangspunkt der folgenden Betrachtung ist darum die These, daß die Krise im Hochschulwesen hausgemacht ist. Sie besteht in einem suboptimalen, dennoch stabilen Gleichgewichtszustand, der nicht durch endogene Kräfte überwunden werden kann. Zu den offensichtlichen quantitativen Defiziten gesellen sich solche qualitativer Art, die besonderen Anlaß zur Sorge geben. Beide Problemkreise, Geld und Güte, müssen in engem Zusammenhang betrachtet werden. Insbesondere teile ich nicht die Hoffnung, daß mehr Mittel und mehr Stellen in einem fehlgeleiteten System eine Besserung bewirken; eine Stabilisierung des suboptimalen Gleichgewichtes wäre vielmehr zu erwarten.

## Zukunftsinvestition Bildung

Zunächst zu den quantitativen Engpässen, die lange Jahre offiziell heruntergespielt wurden, weil die Überlast an den Universitäten systematisch geplant war. In der Erwartung, daß die Zahl der Studierenden abnehmen werde, sobald die geburtenschwachen Jahrgänge Mitte der achtziger Jahre an die Universitäten kommen, hat man die Hochschulkapazitäten bereits eine Dekade zuvor eingefroren. »Untertunnelung« des Studentenberges nannte sich diese Strategie. Der bekannte Anstieg der Studienquote hat dazu geführt, daß der Berg weiter anstieg, statt zu schwinden, und der Tunnel bis heute das Licht der Realität nicht wieder erblickt hat. Es hat dennoch bis Ende der achtziger Jahre gedauert, ehe man sich von dieser bequemen Fiktion verabschiedet hat.

An ihre Stelle ist der Versuch getreten, den Engpaß wegzudiskutieren, indem man die Studentenzahlen als zu hoch bezeichnet. Doch auch diese Strategie stellt eine Verdrängung der Realitäten dar. Eine Studie des Instituts für Arbeitsmarkt- und Berufsforschung (IAB) bei der Bundesanstalt für Arbeit in Nürnberg weist nach, daß die Zahl der Studenten keineswegs über den Bedarf der Wirtschaft an Hochschulabsolventen hinausgeht und bis zum Jahr 2010 noch weiter zunimmt. Das Institut rechnet damit, daß in 15 Jahren die Zahl der erwerbstätigen Akademiker von 2,3 Millionen (1991) auf 3,1 bis 3,4 Millionen ansteigt. Ähnliche Wachstumsprognosen gelten auch für die Absolventen von Fachhochschulen.

Zunehmend, so hat es den Anschein, wird der Bildungsbedarf nach Kassenlage beurteilt. Ausgerechnet der Etat von Zukunftsminister Rüttgers wurde 1997 um 700 Millionen Mark gekürzt. Der Anteil der Bildungsausgaben an der deutschen Wirtschaftsleistung ist schon seit 1975 rückläufig. Lag er Mitte der siebziger Jahre noch bei 5,5 Prozent des Bruttosozialprodukts (in der alten Bundesrepublik), so waren es im Jahr 1991 nur noch 4,3 Prozent. Der Wert für 1994, der auch die neuen Länder mit einbezieht, lag zwar bei 5 Prozent, der sprunghafte Anstieg ist jedoch einer statistischen Verzerrung geschuldet: Da das Sozialprodukt als

Bezugsgröße in Ostdeutschland sehr viel niedriger, die absolute Ausgabenhöhe pro Kopf aber etwa gleich hoch wie im Westen ist, fällt die Quote für Ostdeutschland ungewöhnlich hoch aus. Tatsächlich haben sich die staatlichen Bildungsausgaben pro Kopf seit der Wiedervereinigung kaum verändert; sie lagen 1994 in realer Rechnung um magere 5 Prozent über dem Wert von 1989. Besonders bei den Hochschulen zeigt sich das abnehmende Engagement des Staates. Für sie wandte er 1994 preisbereinigt nicht mehr Geld auf als schon 1975; je Student bedeutet das eine Halbierung der realen Ausgaben! Vor allem der Bund entzieht sich zunehmend der hochschulpolitischen Verantwortung.
Soviel zu den quantitativen Defiziten, die ich für bedenklich halte, weil sie eine Rentiersmentalität im Umgang mit Bildung in Deutschland zum Ausdruck bringen. Eine hochentwickelte Wirtschaft wie unsere, die nur noch die Erträge aus früheren Bildungsinvestitionen abschöpft, vernachlässigt ihre wichtigste strategische Ressource.

## Bildung contra Wissensflut

Nie war Bildung so entscheidend für die Zukunft eines Landes wie heute. Wir leben in einer Epoche, in der die Halbwertzeit des Wissens beständig sinkt. Man sagt, daß sich das gesamte verfügbare Wissen der Menschheit alle fünf Jahre verdoppelt. Dennoch tun wir unverändert so, als ob es um die Vermittlung von Bestandswissen ginge und die Ausbildung eine vom Berufsleben streng getrennte Phase sei. Die Welt, auf die sich junge Menschen heute vorbereiten müssen, hat sich längst von dieser Vorstellung verabschiedet. Es geht nicht mehr darum, Kinder mit möglichst viel gestrigem Wissen zu »füttern«, sondern sie für die Aufnahme und Nutzung zukünftigen Wissens fit zu machen.
Nicht umsonst gilt Information inzwischen als vierter Produktionsfaktor. Im Zuge der dritten industriellen Revolution, dem Übergang zur Informationsgesellschaft, wird dessen Bedeutung in den nächsten Jahren sprunghaft steigen. Information wird überall vorhanden sein, »auf Knopfdruck«. Der richtige Umgang

mit dieser Informationsflut wird zur entscheidenden Herausforderung für die junge Generation. Doch unser Bildungssystem müht sich nach wie vor, der exponentiellen Wissensvermehrung Herr zu werden und möglichst viel davon an Schüler und Studenten weiterzugeben. Hier liegt aus qualitativer Sicht das Fiasko des deutschen Bildungswesens. Es äußert sich in überfrachteten Curricula, weltfremden Inhalten und graumelierten Absolventen. Doch statt neue Strukturen zu schaffen, diskutieren wir über Studiengebühren und Pönale für Langzeitstudenten. Ich halte das für grotesk. Solange die Hochschulverantwortlichen nicht dafür sorgen, daß Studiengänge in der Regelzeit absolviert werden können, kann man nicht die Leidtragenden auch noch finanziell bestrafen. Die Studenten (und deren Eltern) sind durch die finanzielle Bürde überlanger Studiengänge schon zur Genüge gestraft.

Deutsche Studenten sind gegen das erstarrte Hochschulkartell machtlos, nicht jedoch ihre ausländischen Konkurrenten. Erst kürzlich hat eine Statistik Aufsehen erregt, aus der hervorgeht, daß die deutschen Hochschulen von ausländischen Studenten gemieden werden. Dieser Studie zufolge studieren in den USA 82 000 Chinesen und 43 000 Japaner, in Deutschland dagegen nur 5 000 bzw. 1 500. Bundesaußenminister Kinkel stellte angesichts dieser Zahlen die Frage, ob unsere Ausbildung an dem vorbeigehe, was die heutige moderne Welt verlange. Der Bundeskanzler bemerkte, daß die mangelnde Attraktivität der Hochschulen unmittelbar die Wettbewerbsfähigkeit Deutschlands berühre, das sich keinen Provinzialismus leisten könne. Ein böses Erwachen also. Doch hatte man in Bonn und anderswo ernstlich geglaubt, daß mit den chronisch überlasteten, unterfinanzierten und konzeptionslosen deutschen Hochschulen international Staat zu machen sei?

Wenn es um die qualitative Erneuerung der Hochschulen geht, müssen aus meiner Sicht die folgenden Leitforderungen verwirklicht werden:

- Entspezialisierung der Ausbildung. Das Studium darf nicht in die Oberstufe des Gymnasiums verlagert werden. Daher Abitur nach 12 Jahren.

- Entrümpelung der Bildungsinhalte. Die Paukschule ist die Antwort hilfloser Bildungspolitiker auf das exponentielle Informationswachstum der Gegenwart.
- Vermittlung von Methodenwissenschaften. Das Wissen der Welt steht heute in Datenbanken zur Verfügung, die von jedem Telefonanschluß angezapft werden können. Wichtig ist, dieses Wissen einordnen, in den Zusammenhang einer Analyse stellen und mit anderen Informationen verknüpfen zu können.
- Soziale und kulturelle Kompetenz stärken. Dazu gehören lebende Sprachen, kulturelle und wirtschaftliche (nicht nur rein geographische) Länderkunde sowie Gemeinschaftsaktivitäten (Streitgespräche, Teamarbeiten, Sport).
- Durchlässigkeit und Differenziertheit erhöhen. Der Wechsel zwischen Ausbildungswegen, vor allem aber der Anschluß zwischen ihnen muß überall möglich sein. Durch die vermehrte Einrichtung von Fachhochschulen, Berufsakademien oder Kurzstudiengängen ist die Vielfalt der Bildungsangebote zu erhöhen. Innerhalb des allgemeinen Systems müssen sich Leistungseliten bilden können.
- Interdisziplinarität, wo erforderlich. In der Hochschulausbildung muß verstärkt berücksichtigt werden, wo der Bedarf für junge, qualifizierte Menschen liegt. Die Aufgaben einer modernen Industriegesellschaft nehmen keine Rücksicht auf den Fächerkanon des vergangenen Jahrhunderts.
- Internationalität. Mehr Möglichkeiten der Ausbildung im Ausland. Die Leistungen müssen zumindest im europäischen Rahmen anerkannt werden und die Ausbildung zu Hause verkürzen.
- Ausrichtung auf das Berufsleben. Absolventen und Personalchefs in den Unternehmen klagen unisono über den mangelnden Praxisbezug der Ausbildung. Die weiterführenden Bildungseinrichtungen müssen generell die schnelle Erlangung einer beruflichen Qualifikation ermöglichen. Daran können sich spezielle und weiterführende Studienangebote anschließen. Der Wechsel zwischen Wirtschaft, Behörden und Verbänden einerseits und den Hochschulen andererseits muß flexibel möglich sein.

- Zeitliche Streuung. Nach der Erstausbildung muß in späteren Lebens- und Berufsphasen neuerliche Qualifizierung möglich sein. Die Anforderung des Lifelong learning muß im Bildungswesen ihren Niederschlag finden.

## Ansatz für einen Neubeginn durch Wettbewerb

Die Krise der deutschen Hochschulen hat also quantitative als auch qualitative Aspekte, die es bei einem Neuansatz gleichermaßen zu berücksichtigen gilt. Dabei will ich zweierlei voranschicken: Dem Mangel muß einerseits durch eine effizientere Verwendung der Mittel begegnet werden. Die Qualität muß durch neue Inhalte und Strukturen verbessert werden. Beides läßt sich nicht auf dem üblichen dirigistischen Weg erreichen, sondern nur durch Wettbewerb an und zwischen den Hochschulen. Ein solcher Wettbewerb setzt echte Autonomie der Hochschulen voraus, also eine Koppelung von Entscheidungsfreiheit und Eigenverantwortung.
Zwei Voraussetzungen halte ich für unabdingbar, um Wettbewerb in der deutschen Hochschullandschaft zu schaffen: leistungsorientierte Anreizsysteme und die Haushaltsautonomie der Hochschulen. Nur wenn beide Voraussetzung erfüllt sind, kann das System sich künftig bedarfsorientiert selbst steuern.

### Haushaltsautonomie

Haushaltsautonomie ist erforderlich, damit eine Hochschule mit ihren Ressourcen wirtschaften und sich im Wettbewerb um Studenten, Professoren, Investoren, Drittmittelgeber usw. positionieren kann. Der Staat sorgt weiterhin für eine Grundfinanzierung, die sich u. a. an der Zahl der eingeschriebenen Studenten orientiert. Jeder Hochschule steht es frei, ergänzend dazu private Mittel einzuwerben. Entscheidend ist in jedem Fall, daß sie über die Gesamtheit ihrer Mittel selbst verfügen kann. Mit diesen kann sie frei disponieren, sowohl in sachlicher als auch zeitlicher Hinsicht.
Eine finanziell unabhängige Universität kann also beispielswei-

se selbst entscheiden, wieviel sie für Personal in Lehre und Forschung und wieviel für Investitionen ausgibt. Sie kann zusehen, ob sie durch private Trägerschaft Projekte schneller umsetzen kann. Selbst einzelne Institute können als Profit Center geführt werden, die über ein eigenes Betriebsvermögen verfügen. Die Unsitte der An-Institute, die Professoren in Kauf nehmen müssen, um eine gewisse Unabhängigkeit für ihre Arbeit zu erreichen, könnte ein Ende haben, sofern Universitäten sich künftig als Dach vielfältiger eigenständiger Fachbereiche definierten.
Wirtschaftlich freie Universitäten können sich ferner im Wettbewerb um Studenten positionieren, indem sie sich ein unterscheidbares Profil durch besondere Schwerpunkte, innovative Studiengänge, garantierte Betreuungsrelationen etc. geben. Einerseits bedingt das ganz selbstverständlich das Recht der Hochschulen zur freien Auswahl der Studenten. Andererseits muß zugleich die Nachfragemacht der Studenten gestärkt werden, damit die Hochschulen überhaupt einen Anreiz zur Profilbildung haben. Dies kann etwa dadurch geschehen, daß Studenten vom Staat ein Ausbildungsbudget in Form von Vouchern erhalten, das die Regelstudienzeit eines Faches abdeckt. In Baden-Württemberg gibt es bereits den Vorschlag, eine zumindest teilweise erfolgsabhängige Finanzmittelausstattung der Hochschulen über Coupons vorzunehmen. Der einzelne Student, der zu Beginn des Studiums vom Staat mit einer gewissen Anzahl von Coupons ausgestattet wird, hat damit die freie Wahl seiner Hochschule. Durch Einreichung eines Coupons ist er zum Studium an der gewählten Hochschule berechtigt. Universitäten und Fachhochschulen finanzieren sich dann – entsprechend dem Vorschlag – zu einem erheblichen Anteil aus den Finanzmitteln, die das Land ihnen pro eingereichtem Gutschein zur Verfügung stellt.
Dieser Vorschlag kann in verschiedener Hinsicht weiterentwikkelt werden. Zum einen sollte der Staat keinen Unterschied zwischen privaten, staatlichen oder gemischten Gesellschaften machen, welche die Universitäten führen. Dadurch können nun unterschiedliche Bildungsträger miteinander konkurrieren, die bestimmte einheitliche Qualitätsanforderungen erfüllen. So ist beispielsweise denkbar, daß die Coupons auch an ausländische

Hochschulen für Studiengebühren ausgezahlt werden, so daß die Internationalität des Studiums gestärkt würde.

In gleicher Weise kann die wirtschaftlich eigenständige Hochschule künftig durch finanzielle Anreize um Professoren werben. Dazu muß jede Universität ihr Entlohnungssystem selbst festlegen können. Sie kann damit leistungsorientierte Entgeltsysteme einführen und beispielsweise einem international begehrten Nobelpreisträger – soweit sie es sich leisten kann und sofern es sich für sie lohnt – ein höheres Gehalt aussetzen, ohne daß es dazu einer ministeriellen Ausnahmegenehmigung bedarf. Durch Haushaltsautonomie und Befreiung vom öffentlichen Dienstrecht könnte ein immenses Potential an Effizienzverbesserungen im Personalbereich erschlossen werden, der heute allein bereits 70 Prozent der gesamten Ausgaben der Hochschulen ausmacht.

So weit gehen die Vorschläge zwar noch nicht, die im Rahmen der Novellierung des Hochschulrahmengesetzes derzeit diskutiert werden. Doch die Vorschläge für mehr finanzielle Autonomie gehen klar in diese Richtung. Es sind gerade die Universitätsmanager, die Hochschulrektoren, die mehr finanzielle Autonomie und damit Handlungsfreiheit als Chance begreifen, um für die Zukunft strategische Schwerpunkte setzen zu können. Massenuniversitäten müssen keinen Einheitsbrei bieten. Wenn man Differenzierung ermöglicht, kann sehr bald eine bunte und weitgefächerte akademische Bildungslandschaft mit einer Fülle zeitgemäßer, attraktiver Studienangebote in Deutschland entstehen.

### Leistungsorientierte Anreizstrukturen

Damit ist bereits die zweite Forderung für Wettbewerb berührt, nämlich die Schaffung leistungsorientierter Anreizstrukturen. Leistung ist von allen zu verlangen, die an den Universitäten tätig sind: Studenten, Lehrkörper, Mittelbau und Verwaltung.

Was zunächst die an der Hochschule Beschäftigten angeht, so ist die Verbeamtung als Voraussetzung für echten Leistungswettbewerb aufzuheben. Nur so können die Hochschulen ihre wichtigste Ressource, die dort arbeitenden Menschen, überhaupt effizient einsetzen. Haushaltsautonomie bliebe ohne Abschaffung des Beamtentums eine halbe Sache. Die Anstellung mit normalen Dienstverträgen beseitigt zudem viele Zwänge, denen sich Hochschullehrer und -forscher ausgesetzt sehen. Beispielsweise können sie mit vom Umfang begrenzten Lehraufträgen und befristeten Verträgen gleichzeitig oder im zeitlichen Wechsel in anderen Bereichen tätig sein. Die Erschließung anderer Verdienstquellen, sei es durch Gutachtertätigkeiten oder die Leitung universitätsnaher Forschungs-GmbHs, ist nahtlos durch entsprechende Verringerung der von der Hochschule bezahlten Tätigkeit möglich, ja sogar wünschenswert. Denn erst damit können Professoren ihre Aufgabe als Vermittler zwischen Forschung und Praxis kompetent wahrnehmen.

Heute dagegen wird derjenige zum Professor berufen, der die formale Qualifikationstortur hinter sich hat, ohne je etwas anderes als die Universität kennengelernt zu haben. Der Praktiker jedoch, der zu einem vorübergehenden Lehrauftrag bereit ist und die Anwendung aktueller Forschungsergebnisse in der Industrie erläutern könnte, hat keinen Anspruch auf eine Dozentenstelle, weil ihm in der Regel die formalen Voraussetzungen fehlen. Der Lehr- und Forschungsberuf bildet auf diese Weise eine geschützte, geschlossene Kaste heraus, die von der Praxis abgekoppelt und dem normalen Leistungswettbewerb entzogen ist. Doch ebensowenig wie anspruchsvolle Lehre ohne Forschung möglich ist, kann es Spitzenforschung ohne Praxisbezug geben. Der fehlende Anwendungsbezug der deutschen Forschung pflanzt sich so in der Weltfremdheit der deutschen Ausbildung fort.

Leistung muß aber auch von den Studenten erwartet werden, die durch Coupons quasi Kunden der Hochschule werden. Entsprechend erheben die Unis Studiengebühren für ihr Leistungsangebot, die von Ort zu Ort und Fachbereich zu Fachbereich unterschiedlich sein können. Je teuerer die Uni oder je länger das Studium, desto mehr muß durch Stipendien oder zinsgünstige staatliche Studienkredite selbst finanziert werden. Die Studenten lernen ihre Ausbildung dadurch als Investition in ihre Zukunft zu begreifen. Pönale für »Bummelstudenten« erübrigen sich von selbst. Im Gegenteil ist zu erwarten, daß die Studenten vermehrt

Leistungsanforderungen an die Universitäten stellen. Schließlich wollen sie für »ihr« Geld und für ihre Zukunft etwas geboten bekommen.

## Leistung braucht Vielfalt

Der Bildungsbereich ist eine der wichtigsten Schnittstellen zwischen einer sich immer rascher verändernden Umwelt und dem einzelnen Menschen. Die Steigerung der Effizienz, der Berufsbezogenheit, der Flexibilität und der Internationalität des Ausbildungssystems ist deshalb von zentraler Bedeutung für die Wettbewerbsfähigkeit unseres Landes und zugleich die wichtigste Zukunftsinvestition.
Stärker als bisher werden Niveau, Vielfalt und Intensität der Ausbildung zum Gegenstand des internationalen Wettbewerbs. Zumal das Hochlohnland Deutschland kann seinen wirtschaftlichen Rang nur durch Spitzenleistungen verteidigen. Hochqualifizierte Arbeit in Forschung, Produktion und Dienstleistung, Kreativität in der globalen Ressourcennutzung und Präsenz auf ausländischen Märkten sind elementare Anforderungen an die Elite von morgen.
Es ist darum höchste Zeit, daß der Staat die Ausbildung entbürokratisiert, damit die Kräfte von Angebot und Nachfrage auch dort für Anpassung an die neuen Herausforderungen sorgen. Nur durch Wettbewerb in der Bildung kann auf Dauer eine wettbewerbsfähige Bildung gewährleistet werden.

# 15
# Thesen zur Technologiepolitik

## Deutschland: Mekka der reifen Technologien?

Als Forschungsminister Rüttgers 1996 die Studie »Zur technologischen Leistungsfähigkeit Deutschlands« vorstellte, fanden die Ergebnisse in der Öffentlichkeit breite Beachtung. Deshalb seien sie kurz in Erinnerung gerufen:

- Deutschlands Stärken liegen in fortgeschrittenen Technologien. Diese werden durch Japan und in wachsendem Maße auch durch die asiatischen Tigerstaaten relativiert.
- Bei der extrem aufwendigen Spitzenforschung fällt Deutschland zurück. Hier dominieren eindeutig die USA, die ihre Führerschaft bei Schlüsseltechnologien gezielt ausbauen.
- Die deutsche Industrie verlagert Forschungsaktivitäten unvermindert ins Ausland, vor allem in die Vereinigten Staaten. Ihre dortigen Forschungs- und Entwicklungsinvestitionen betragen knapp ein Zehntel der heimischen Aufwendungen und sind seit 1977 jährlich im Durchschnitt um 16 Prozent gewachsen. »In den letzten Jahren haben deutsche multinationale Unternehmen Ausweitungen ihrer FuE-Kapazitäten – wenn überhaupt – vor allem im Ausland vorgenommen«, so der Bericht.
- Ausländische Unternehmen beschäftigen andererseits 15 Prozent des deutschen FuE-Personals und tragen ansehnliche 16 Prozent zum FuE-Gesamtaufwand unserer Wirtschaft bei. Die Schwerpunkte liegen allerdings in den reifen Branchen

Chemie, Fahrzeug- und Maschinenbau sowie Elektrotechnik.

Die Frage liegt nahe, ob sich die Kernaussagen der Studie auf einen gemeinsamen Nenner bringen lassen. Deren Autoren lassen daran keinen Zweifel. Unmißverständlich machen sie auf das fatale Spezialisierungsmuster aufmerksam, das sich abzeichnet: Deutschland wird das Mekka der reifen Technologien, die auf Basisinnovationen aus dem ausgehenden 19. Jahrhundert zurückgehen, während in den USA die Technologien des 21. Jahrhunderts zur Marktreife gebracht werden. Entsprechend richtet sich das deutsche Engagement im Ausland zunehmend auf Spitzentechnologien wie Mikroelektronik und Biotechnologie, die hierzulande schwach ausgeprägt sind. Doch auch bei höherwertigen Technologien lassen die inländischen FuE-Anstrengungen der Wirtschaft auf breiter Front nach: »Die Spitze bei höherwertigen Technologien bröckelt ab – aus dem Spitzentechnologiebereich ist kein adäquater Ersatz sichtbar«, lautet das Fazit der Studie. Die Substanz der technologischen Leistungsfähigkeit Deutschlands wird auf diese Weise ausgehöhlt.

Diese Aussagen lassen erkennen, daß wir in den vergangenen Jahren zu sehr von Bewährtem gelebt und darüber das Neue vernachlässigt haben. Mit reifen Produkten, deren Wertschöpfung stagniert und deren Märkte schrumpfen, können wir künftig nicht mehr ausreichend Wachstum erzielen, um die Beschäftigung wiederaufzubauen. Nur durch qualitative Niveauanpassungen kann die fortschreitende Entwertung des Produktivvermögens gestoppt werden, die der technische Fortschritt mit sich bringt. Wer es dagegen versäumt, sich im globalen Wettbewerb durch neue, hochwertige Produkte, Verfahren und Problemlösungen die expandierenden Märkte zu erschließen, wird sich rasch in einem aussichtslosen Konkurrenzkampf mit den spätindustriellen Ländern Südostasiens wiederfinden. Für Deutschland ist es dringend an der Zeit, zu einem neuen Technologiesprung anzusetzen.

In den folgenden Thesen habe ich aus meiner Sicht zusammengefaßt, welche Voraussetzungen für einen solchen Aufbruch in

Deutschland bestehen, welche Fehler und Gefahren drohen und welche Maßnahmen jetzt ergriffen werden sollten, um eine sichere Zukunftsperspektive zu schaffen.

## 1. Das deutsche Technologieportfolio leidet an Überalterung

Das wird offenbar, wenn man unsere Stellung bei Technologiegütern auf dem Weltmarkt international vergleicht. Hierzu wird die Exportstärke bei Technologiegütern mit der aller Industriegüter eines Landes verglichen. Ergebnis: Deutschland ist zwar nach wie vor ein führender Exporteur von »fortgeschrittener Technologie«, jedoch sind Hochtechnologiegüter bei den Ausfuhren nur noch unterdurchschnittlich vertreten. In den USA verhält es sich umgekehrt; dort ist die Wettbewerbsfähigkeit bei der Spitzentechnologie besonders ausgeprägt. Dagegen besitzen in Japan beide Kategorien eine relative Stärke gegenüber der Gesamtheit aller Industriegüter.

Wie sind diese Aussagen zu interpretieren? Was ist der Grund für das Hinterherhinken der deutschen Technologieausfuhren?

Maßgeblich dafür ist die Vorstellung eines technologischen Lebenszyklus. Die fortgeschrittenen Technologien (zum Beispiel im Automobil- und Maschinenbau) sind aufgrund ihres Verbreitungsgrades und ihrer Wertschöpfung stets Träger großer Wirtschaftszweige. Wächst mit fortschreitender Verbreitung der relevanten Technologie die Konkurrenz und können die Produkte in Deutschland nicht mehr rentabel produziert werden, braucht die Wirtschaft neue »cash cows«, die hohe Ertrags- und Beschäftigungszahlen sichern. Aufgrund der Defizite an der »Geburtsstation« von Technologien ist jedoch absehbar, daß dafür in wenigen Jahren nicht in ausreichendem Maße Produkte der fortgeschrittenen Kategorie verfügbar sein werden. Denn aus der Spitzentechnologie von heute, den »problem childs« mit hohen und risikoreichen Investitionen, speisen sich die hochwertigen Massenprodukte von morgen. Statt dessen zeichnet sich der Rückzug Deutschlands von den Massenmärkten in exklusive Nischen ab,

da bei den reifen Technologien nur noch mit Spezialprodukten kostendeckende Preise zu erzielen sind. Dadurch geht zum einen Beschäftigung verloren, zum anderen kann nicht ausreichend Cash-flow für Investitionen generiert werden, um Neuentwicklungen voranzutreiben. Eine Innovationslücke entsteht; der Anschluß an die technologische Spitze geht verloren. Ist Deutschland aber erst von der technologischen »Nahrungskette« abgeschnitten, weil immer mehr ihrer Glieder von amerikanischen und japanischen Konkurrenten besetzt sind, ist ein solcher Kompetenzverlust – falls überhaupt – nur mit sehr hohen Kosten wettzumachen.
Deutschland wird dadurch technologisch »in die Zange« genommen. Auf der einen Seite wird unsere Stellung bei Spitzentechnologien durch Japan und die USA bedroht, auf der anderen Seite werden wir bei reifen Produkten durch asiatische und osteuropäische Niedriglohn-Konkurrenten verdrängt. Deutschland gerät so in eine aussichtslose Position zwischen Technologie- und Kostenführern, da es auf keinem der beiden Felder einen klaren Wettbewerbsvorteil besitzt.

## 2. Technologischer Kompetenzverlust ist ein strategischer Nachteil

Wenn der technologische Anschluß verlorengeht, ergeben sich langfristig wirksame Nachteile und Abhängigkeiten für Deutschland und Europa. Verfechter der liberalen Außenhandelstheorie sollten einsehen, daß Hochtechnologiemärkte nicht dem Ricardo-Modell folgen und es nicht einerlei ist, ob ein Land Mikrochips oder Kartoffelchips produziert. Dieser statische Ansatz verkennt die Bedeutung, die Investitionen in Schlüsseltechnologien für unsere Zukunft zukommt. Der auf Innovation und Export beruhende Wohlstand unseres Landes hängt davon ab.
Dem muß auch die Forschungspolitik verstärkt Rechnung tragen. Die durch Minister Rüttgers vorgenommene Definition von Leitthemen ist in dieser Hinsicht vielversprechend. Ebenso wird sich die verbesserte Einbindung der Wirtschaft in die For-

schungseinrichtungen in diesem Sinne auszahlen. Innovationsfördernde Rahmenbedingungen müssen diese Bemühungen flankieren. Dazu gehört, daß Technologie-, Struktur- und Wirtschaftspolitik ineinandergreifen. So können beispielsweise regional fokussierte Innovationszentren mit überkritischer Ressourcenkonzentration entstehen, wie sie gerade in den neuen Ländern entwickelt werden müssen. Der BioRegio-Wettbewerb des Bundesforschungsministeriums gibt dafür einen wertvollen Anstoß. Im Rahmen dieses Wettbewerbs erhielten im Frühjahr 1997 vier Regionen für ihre Planungen auf dem Gebiet der Biotechnologie eine besondere Förderung zugesprochen. Damit aus solchen Ansätzen auch unternehmerische Spinn-offs entstehen, muß aber der Weg für technologieorientierte Existenzgründung besser als bisher geebnet werden. Vor allem muß der Zugang zu Startkapital für unternehmerisch ambitionierte Forscher erleichtert werden, damit sie überhaupt bis zur wirtschaftlichen Verwertung ihrer Innovation vorstoßen. Staatliche Anreize für private Kapitalgeber, kombiniert mit speziellen Technologiefonds, könnten hier die Situation verbessern.

Zu den Rahmenbedingungen gehört aber auch eine Gesetzgebung, die Forschung und Produktion in solchen Zukunftstechnologien nicht durch überzogene Auflagen verunmöglicht und damit ins Ausland abdrängt, sowie ein Bewußtsein der Öffentlichkeit für deren Bedeutung. Ein breiter öffentlicher Diskurs über Zukunftsfragen ist deshalb wünschenswert, um mehr Verständnis und Akzeptanz für neue wirtschaftlich-technische Chancen zu schaffen. Große Verantwortung kommt dabei auch einer gesellschaftlich emanzipierten Wissenschaft zu, die neben ihren Bedürfnissen auch ihre Beiträge zur Gestaltung einer lebenswerten Zukunft in Deutschland deutlich macht und sich in die Diskussion über alle zukunftsrelevanten Fragen einbringt. Dazu ist das verstärkte Bekenntnis zur Notwendigkeit und Effektivität des eigenen Tuns ein erster wichtiger Schritt. Es ist Aufgabe der Wissenschaft, die Öffentlichkeit offensiv über Forschung aufzuklären (und zwar nicht nur über deren mögliche Gefahren) und auf wirtschaftliche Interessenten an ihrer Arbeit zuzugehen.

## Weltoffene Forschung in einer offenen Welt

Während wir in Deutschland Kämpfe um individuelle Besitzstände führen, versiegen die Quellen unseres kollektiven Wohlstandes – Innovation, Produktivität und Weltmarktstärke – allmählich, um andernorts zu sprudeln. Es muß uns allen klar sein, daß die internationale Entwicklung nicht auf Deutschland wartet und der globale Wettbewerb zusehends in eine neue Phase eintritt, in der die multinationalen Großunternehmen eine besondere Rolle spielen, denn naturgemäß führen nur sie systematische FuE-Aktivitäten mit hohem Investitionsaufwand durch. Dafür stehen ihnen heute weltweit Forschungsstandorte zur Verfügung, die sie aufgrund der modernen Kommunikationsmittel produktionsunabhängig nutzen können. Marktnähe oder Zugang zu spezifischem Know-how sind so bei der Ortswahl erheblich wichtiger als die Bindung an das nationale Stammhaus. Das verdeutlicht die neue, globale Dimension von Technologie, Märkten und Unternehmen.
Diese Global Players, auch die »deutschstämmigen«, investieren mit ungeheurer Dynamik, aber immer nur dort, wo die zukunftsrelevanten Technologien beheimatet sind und gedeihen können. Es geht demnach an der Sache vorbei, die nachlassenden FuE-Ausgaben der heimischen Wirtschaft zu beklagen. Kein Unternehmen kann sich Forschungspatriotismus auf Kosten seiner Wettbewerbsfähigkeit leisten. Längst hat der globale Innovationswettlauf den nationalen Rahmen im Zusammenspiel mit der Wissenschaft gesprengt. Selbst »sensible« Forschungsthemen, so stellt die erwähnte Studie spürbar beunruhigt fest, werden inzwischen jenseits des Atlantiks bearbeitet. Wenn Deutschland als Forschungs- und Produktionsstandort nicht attraktiv bleibt, folgen den Projekten im Hochtechnologiesektor auch immer mehr deutsche Spitzenforscher, weil sie hierzulande nicht mehr die Voraussetzungen für ihre Arbeit vorfinden. Menschen, Kapital und Wissen werden zunehmend mobil. Das kann die Wissenschaft nicht unberührt lassen. Die nationalen Innovationssysteme müssen sich dem globalen Wettbewerb stellen. Die Alternative zu weltweiter Spitzenstellung wäre der Provinzialismus einer

Wissenschaft, die am versiegenden staatlichen Forschungstropf hängt. Leistungsfähige Industrien brauchen die Basis einer hochqualifizierten Forschung, doch umgekehrt gilt dasselbe. Andernfalls entsteht ein Teufelskreis, der die Zukunft des gesamten Landes gefährdet. Mit dieser Perspektive müssen wir uns in Deutschland auseinandersetzen. Sektorale Lösungen reichen als Antwort auf die globale Herausforderung keinesfalls aus.

Gemeinsames Handeln auf der Grundlage geteilter Ziele kann eine tragfähige Forschungs- und Technologiebasis in Deutschland sicherstellen. Wissenschaft und Wirtschaft sind dabei natürliche Partner. Denn nur wenn die gesamte Komplexität des Innovationsprozesses von allen Beteiligten verstanden und gewürdigt wird, kann neue Innovationsdynamik entstehen. Ein Blick auf die deutschen Defizite bei Multimedia verdeutlicht dies: Es gibt in Deutschland weder ein Silicon Valley, wo eine Universität die Entstehung junger Unternehmen betreut, noch eine NASDAQ, wo diese Betriebe später Risikokapital für ihre Expansion erhalten, noch einen liberalisierten Markt für Telekommunikation, auf dem sie überhaupt tätig werden dürfen.

Dieses zugegebenermaßen überzeichnete Beispiel ließe sich mühelos auf andere Gebiete übertragen, etwa die Gentechnik. Es verdeutlicht aber einen weiteren sehr wichtigen Aspekt, nämlich die Notwendigkeit eines breiten gesellschaftlichen Konsens, von dem ein solcher Aufbruch getragen werden muß. Die Wissenschaft kann die Hürden ebensowenig im Alleingang beseitigen wie die Wirtschaft oder die Politik. Der Weg in die Zukunft muß gemeinsam freigeräumt werden.

# VIII
# Wirtschaft ist nicht alles

Umwelt und Kultur als Brücke vom Gestern zum Morgen

# 16
# Globale Perspektiven für Wirtschaft und Umwelt in Europa

## Zwei Lager, zwei Thesen

Wenn in Deutschland über Umweltschutz diskutiert wird, gibt es zwei große Lager. Die eine Gruppe sagt: »Das ist eine prinzipielle Frage. Wir reden überhaupt nicht über die wirtschaftliche Dimension. Es geht ums Überleben der Menschheit!« Thematisch sind wir dann meistens beim Ozonloch, bei einem Tankerunfall oder bei Greenpeace. Nach Ansicht dieser ersten Gruppe kann man mit der Wirtschaft gar nicht über das Thema Ökologie reden. Denn die Wirtschaft – das sind natürlich die Leute, die dauernd ihren Geldbeutel im Auge haben und damit als Gesprächspartner völlig ungeeignet sind.

Die andere Gruppe wiederum sagt: »Die Zeit für Spinner ist jetzt vorbei. Wir kämpfen um die Existenz, um Arbeitsplätze. Hört endlich mit dem Unfug auf. Das Thema war ja ganz interessant, als wir noch gut verdient haben. Da waren wir auch gern bereit, uns damit auseinanderzusetzen. Aber jetzt wird's ernst. Außerdem überseht ihr, daß wir in internationaler Konkurrenz stehen. Die Taiwanesen haben noch nicht einmal eine richtige Übersetzung für das Wort ›Umweltschutz‹.«

Beide Lager haben nur teilweise recht. Die einen grundsätzlich und die anderen praktisch. Manche haben durchaus begriffen, daß es um eine Integration beider Standpunkte geht. Es kann kein langfristiges Wirtschaftswachstum geben, das nicht umweltverträglich ist, weil wir uns andernfalls der eigenen Existenzgrundlage berauben. Das kann allerdings nicht heißen, daß es kein Wachstum und keinen technischen Fortschritt mehr geben darf. Es bedeutet vielmehr, daß künftiges Wachstum überwiegend qualitativ und kaum mehr quantitativ erfolgen wird. Eine solche Wende zu einer umweltverträglichen Produktions- und Wirtschaftsweise fordert aber geradezu technische Innovation bei Verfahren von Produkten, die dann gleichzeitig zum Aufbau strategischer Wettbewerbsvorteile im internationalen Technologiewettlauf genutzt werden kann. Nicht zuletzt deshalb haben handfeste Wirtschaftler die Umwelt längst als Aktivposten in ihr Kalkül genommen. Es ist an der Zeit, daß sich diese Pragmatiker in der Diskussion stärker zu Wort melden. Andernfalls besteht die Gefahr, daß die Fundamentalisten die Oberhand gewinnen und vernünftige Lösungen nicht mehr akzeptiert werden.

Was wir brauchen, ist eine Strategie, eine langfristig orientierte Sichtweise, die die Erfordernisse der Ökologie mit denen der Ökonomie in Einklang bringt. Sie muß die wirtschaftlichen Chancen aufgreifen, die in ökologischen Problemstellungen liegen, und die Wirtschaft bei deren Nutzung unterstützen. Einer derartigen Strategie muß eine realistische Einschätzung der drängenden Probleme zugrunde liegen. Mehr als bisher sind dabei zukünftige Entwicklungen zu berücksichtigen, soweit sie bereits absehbar sind. Bislang ist umweltpolitisches Handeln in Deutschland weniger von strategischen Visionen als von kleinteiligen Verboten geprägt. Ständig neue Umweltnormen bestimmen das Bild und erschweren unternehmerisches Handeln beträchtlich, weil der Wandel der ordnungspolitischen Rahmenbedingungen kaum noch vorhersehbar ist. Dieser staatliche Aktionismus verursacht großen volkswirtschaftlichen Schaden. Die Lösung der ökologischen Probleme sollte viel stärker mit marktwirtschaftlichen Anreizmechanismen angegangen werden, für die der Staat lediglich die Ziele festlegt, die Wahl der Mittel aber den Unternehmen überläßt. Dadurch entsteht ein Wettbewerb um die besten Verfahren, deren Sieger Unternehmen und Umwelt gemeinsam sind.

Das bedeutet zugleich, daß marktkonforme Instrumente in der Umweltpolitik staatlichem Dirigismus überlegen sind. Die verheerende Umweltbilanz der DDR zeigt anschaulich, daß bürokratische Planung und Lenkung den ökologischen und technischen Fortschritt hemmen. Nur eine leistungsfähige und flexible Wirtschaftsordnung kann die ökologische Herausforderung bewältigen. Eine Umweltstrategie, die auf der wirtschaftlichen Freiheit des einzelnen aufbaut, macht sich somit das Erfolgsgeheimnis des Marktes zunutze: Sie bedient sich des Eigeninteresses und der Kreativität des einzelnen, um Umweltbelastungen zu vermeiden.

Wie kann eine solche marktkonforme Strategie konkret aussehen? Die Reduktion der Schadstoffemissionen durch den Straßenverkehr in den achtziger Jahren ist dafür ein gutes Beispiel. Die verbesserte Luftqualität wurde damals als Ziel formuliert und in verschiedenen Abgasnormen konkretisiert. Als Anreiz wurden steuerliche Vorteile beim Betrieb eines schadstoffarmen Fahrzeugs gewährt. Schon bald gehörte der Katalysator zur Standardausrüstung neuer und auch der meisten alten Fahrzeuge. Eine solche Maßnahme zieht unter Umständen viel weitere Kreise als geplant. Beispielsweise wurden andere europäische Staaten durch die deutschen Schadstoffnormen in Zugzwang gebracht, als es um die Versorgungssicherheit mit dem bleifreien Benzin im Ausland ging. Da hieß es: »Jetzt kann man nicht mehr nach Frankreich in Urlaub fahren, weil die Franzosen nicht mitmachen!« Und was ist dann passiert? Die Leute sind nicht nach Frankreich gefahren, um ihr Auto zu schonen. Daraufhin haben die Franzosen ganz schnell bleifreies Benzin bereitgestellt, damit die Leute wieder zu ihnen kommen. Auch das ist ein Beispiel für marktwirtschaftliche Anreize zum Umweltschutz.

Nicht nur im Verkehr hat der »Umweltverbrauch« als Kostenfaktor Bedeutung erlangt. Die Idee, mit Marktmitteln umweltpolitische Ziele durchzusetzen – also durch Angebot und Nachfrage nach der besten Lösung suchen zu lassen –, scheint mit der entscheidende Gedanke zu sein. Eine solche Politik hat mehrere große Vorteile: Zum einen fördert sie auf äußerst simple Art technologische Kreativität. Ferner ist sie auf internationaler Ebene ohne politische Intervention oder protektionistischen Zwang durchsetzbar, denn der Markt kennt keine Grenzen. Und schließlich erhöht eine solche Politik die Berechenbarkeit für die Wirtschaft,

weil sie klare langfristige Ziele an die Stelle undurchschaubarer und ständig veraltender technischer Vorschriften setzt.
Ein solcher Umweltschutz ist auch kein reiner Kostenfaktor mehr, den man sich nur in guten Wirtschaftsjahren leisten kann. Das aber setzt voraus, daß Umweltschutzinvestitionen sich »rechnen«. Richtig verstanden, sind diese nicht überflüssiges Beiwerk um bürokratischer Normen willen, sondern führen zur Einsparung und rationellen Verwendung von Stoffen und Energie, letztlich also zu erhöhter Produktivität und einer langfristig verbesserten Wettbewerbsposition. (Ich spreche hier wohlgemerkt vom »richtigen«, das heißt integrierten Umweltschutz, der schon bei der Produkt- und Verfahrensplanung ansetzt, nicht vom kostenspieligen und fragwürdigen Einbau von Filtern.) Der Staat kann in der dargestellten Weise dazu beitragen, daß sich das unternehmerische Kalkül schneller in diese Richtung verändert.

## Öko-Protektionismus – ein notwendiges Übel?

Verläßt man den Bereich nationaler Umweltpolitik, ergeben sich eine Reihe weiterer Fragestellungen: Nicht immer werden deutsche Initiativen so leicht wie im angeführten Beispiel vom Ausland übernommen. Was nutzen uns aber hohe Standards in Deutschland, wenn diese nirgendwo sonst gelten? Führt das nicht zu einer massenhaften Verlagerung der Produktion ins Ausland? Und müssen wir uns nicht vor ausländischer Konkurrenz schützen, die ohne besondere Umweltschutzauflagen wesentlich billiger produzieren kann?
Es gibt eine Vielzahl von Möglichkeiten, dem entgegenzuwirken. Doch sie alle setzen einen offenen Umgang mit den Problemen und die Bereitschaft zu schrittweisen pragmatischen Lösungen voraus. Perfektionismus im nationalen Schneckenhaus führt dagegen in der Sache nicht weiter und schadet nur dem, der eine solche Politik verfolgt. Ein sehr effizienter Weg zur weltweiten Verbesserung der Umwelt ist der Export »sauberer« Technologien. Die Bayer AG, die als Chemiekonzern in allen Teilen der Erde

fertigt, gibt dafür ein gutes Beispiel. Verschärfte Umweltauflagen und unternehmerisches Kalkül haben den Konzern veranlaßt, Umweltschutz nicht als nachgeordnetes Problem zu betrachten, sondern ihn in die Produktion zu integrieren. Verbesserte Verfahren, veränderter Ressourceneinsatz und Recycling haben inzwischen dazu geführt, daß der Konzern weltweit seit 1990 die Abwassereinleitungen um bis zu 75 Prozent, die Emissionen in die Luft in einigen Bereichen um die Hälfte und die chemiespezifischen Abfälle um über 20 Prozent reduziert hat. Der Wiederaufarbeitungsanteil wurde im gleichen Zeitraum um 46 Prozent erhöht. Die Schadstoffreduzierung durch produktionsintegrierten Umweltschutz bei Bayer findet wohlgemerkt zu einem großen Teil an Standorten in weniger entwickelten Ländern statt.

Natürlich ist es bedauerlich, wenn ausländische Unternehmen mit geringeren Umweltauflagen bestimmte Produkte billiger herstellen können, weil ihnen ihr Staat erlaubt, die einheimische Natur zu zerstören. Dagegen hilft im Grunde nur, diesen Ländern moderne Produktionstechnologie zur Verfügung zu stellen. Damit sind wir aber genau beim Thema: Solche Technologie kann nur in den fortgeschrittensten Ländern entwickelt werden, weil nur sie das erforderliche Know-how besitzen. Und diese Technologie wird nur dann entwickelt, wenn die dortigen Unternehmen zur technischen und wirtschaftlichen Innovation angehalten werden.

Im Gegenzug werden sich auch die heutigen Schwellenländer darauf einstellen müssen, daß die Zukunft sauberen Produkten mit Know-how-bedingt hoher Wertschöpfung gehört. Nicht umsonst tauschen zum Beispiel die EU-Staaten 80 Prozent ihrer Produktion, die vor allem aus hochwertigen Wirtschaftsgütern besteht, untereinander aus. Entsprechende Standards für die Produkte – nicht die Herstellungsverfahren – hinsichtlich Sicherheit und Umweltverträglichkeit (zum Beispiel Quecksilberfreiheit bei Batterien oder Kfz-Katalysatoren), können auch auf Hersteller angewendet werden, die nach Europa exportieren wollen. Voraussetzung ist nur, daß diese Normen unterschiedslos für Unternehmen innerhalb der EU gelten und somit ohne Diskriminierung auf Dritte angewandt werden. Damit ist sichergestellt,

daß Ökologie nicht als Deckmäntelchen dient, um die offenen Grenzen wieder dichtzumachen. Das würde die Entwicklungsländer benachteiligen und die wirklichen Probleme, die ja globale Erscheinungen sind, nur verdrängen. Wenn wir akzeptieren, daß wir uns nicht durch Abschottung eine ökologische Oase fernab vom Weltmarkt und seiner wirtschaftlichen Konkurrenz schaffen können, bleibt als Alternative nur, die Ökologie weltmarktfähig zu machen. Darum brauchen wir nicht nur eine ökologische Wirtschaft, sondern gleichzeitig eine wirtschaftliche Ökologie.
Auf dieser Grundlage sind politische Vorgaben und wirtschaftliche Zusammenarbeit miteinander zu verbinden. Besonders »elegant« kann das im Rahmen internationaler Vereinbarungen über gemeinsame Umweltstandards geschehen. Nicht nur in der EU gibt es eine solche umweltpolitische Abstimmung. Auch innerhalb der NAFTA fanden nach dem Amtsantritt von Präsident Clinton insbesondere mit Mexiko Nachverhandlungen über Umweltfragen statt. Analog dazu halte ich es auf europäischer Ebene für dringlich, Osteuropa frühzeitig in ein System ökologischer Kooperation einzubeziehen und durch Beratung und Know-how-Transfer positive Entwicklungen für die Umwelt zu erleichtern. Während man sich über die Schäden durch tschechische Schwefelimmissionen früher allenfalls ärgern konnte, besteht jetzt die Möglichkeit zu kooperativen Problemlösungen, die auch wirtschaftlich für alle Beteiligten Vorteile bringen.

## Das ökologische Erbe des Sozialismus

In den ehemaligen Planwirtschaften der sozialistischen Welt fehlten weitgehend solche Anreize zum schonenden Umgang mit der Natur. Dafür geben die 70 000 Anträge auf Freistellung von der Verantwortung für Umweltaltlasten ein Beispiel, die in Ostdeutschland nach der Wiedervereinigung gestellt wurden. Die wesentliche Ursache der insgesamt verheerenden Umweltbilanz des Sozialismus war seine Unfähigkeit, Überschüsse zu erzielen, um sich wirtschaftlich fortzuentwickeln. An dieser Diagnose ändern die vereinzelten Einrichtungen wie das Rohstoffrückgewinnungssystem SERO der DDR nichts, die der Umwelt durchaus nutzten. Das Motiv für SERO ist allerdings leicht erkennbar: Es war der sozialistische Mangel an Devisen für ausländische Rohstoffe und damit letztlich der Mangel an hochwertigen Produkten, um diese auf dem Weltmarkt zu erwirtschaften.

Die intensive Nutzung der schadstoffreichen heimischen Braunkohle in den sozialistischen Ländern hatte denselben Grund. Sie zeigt aber, daß Ressourcensparen und Umweltschonung in der Planwirtschaft keine Rolle spielten, sobald eigene Ressourcen ausreichend vorhanden waren. Beim Energieeinsatz wird die systembedingte Ineffizienz besonders deutlich: Das sozialistische Polen setzte rund zehnmal soviel Energie wie Westdeutschland ein, um 1 000 D-Mark Sozialprodukt zu erstellen. Dennoch wurden keine Investitionen in sparsamere Technologie vorgenommen. In Ungarn stammen über 80 Prozent der Schwefeldioxid-Emissionen aus Kraftwerken, die 20 Jahre und älter sind. Veraltete Anlagen und mangelhafte oder nicht vorhandene Umwelttechnik führen im übrigen dazu, daß der Ausstoß von Schwefeldioxid und Stickoxiden pro Kopf der Bevölkerung um ein Vielfaches höher liegt als in westlichen Ländern. Vor allem in den industriellen Ballungszentren Osteuropas sind die immensen Umwelt- und Gesundheitsschäden offensichtlich, die die planwirtschaftliche Produktionsweise verursacht hat. Erhöhte Krebsrisiken und Fehlgeburtenraten sowie eine deutlich geringere Lebenserwartung sprechen für sich.

Die Defizite der sozialistischen Ökonomie fanden somit ihr Ventil in der ungebremsten Ausbeutung sämtlicher verfügbaren Ressourcen, allen voran denen der Umwelt. Hier sind wir am zentralen Problem jeglicher Umweltökonomik, der Knappheit. Der Reichtum an Umweltgütern machte sie zur billigen Beute eines Wirtschaftssystems, das von der Natur in gleicher Weise zehrte wie von der Substanz einer veralteten Anlage und der Gesundheit seiner Menschen. Dies zeigt andererseits, um wieviel besser die Marktwirtschaft die zentrale Aufgabe allen Wirtschaftens bewältigt, nämlich den effizienten Umgang mit knappen Ressourcen. Allein der wettbewerbliche Zwang macht die Marktwirtschaft daher zum System der Wahl für eine ökologische Wirtschaftsweise. Hinzu kommt, daß der Wettbewerb als Entdeckungsprinzip funktioniert, das auch für ökologische Aufgabenstellungen kreative Lösungen hervorbringt. Das sozialistische System war dagegen trotz extremer Ausbeutung nicht in der Lage, sich wirtschaftlich fortzuentwickeln. Aufgrund des permanenten Mangels blieb es einer rein quantitativen Tonnenideologie und einer zunehmend archaischen Produktionsweise verhaftet.

Es verwundert deshalb nicht, daß den Umweltschutzmärkten in den osteuropäischen Staaten hohe Steigerungsraten vorausgesagt wurden. Vielfach mangelt es bis heute an sämtlichen Geräten und Ausrüstungen, die dem Bereich der Umwelttechnik zuzurechnen sind. Gerade für deutsche Unternehmen der Umwelttechnik eröffnen sich hier große Möglichkeiten. Angesichts der immensen Erblasten wird es sicherlich noch einige Jahre dauern, ehe dieser Markt voll entwickelt ist. Auch in Osteuropa muß der ökologische Fortschritt mit dem ökonomischen im Einklang stehen. Doch die Perspektiven sind glänzend, vor allem für Unternehmen, die in den neuen Bundesländern ihre Kompetenz bereits unter Beweis gestellt haben.

## Wirtschaftsfaktor Umweltschutz

Selbst wenn man nicht ganz so euphorisch ist wie das World Watch Institute in Washington, das ausgehend von der Umwelttechnik eine zweite industrielle Revolution erwartet, ist klar, daß der Umweltmarkt einer der wachstumsträchtigsten Märkte der Zukunft ist. Um jährlich mehr als 6 Prozent werden die Umsätze der Umwelttechnik-Branche nach Expertenaussagen bis zum Ende dieses Jahrzehnts steigen. Den Spitzenplatz behauptet hierbei Deutschland. Schon 1991 exportierte die deutsche Umwelttechnik-Industrie ein Fünftel ihrer Produkte, vor allem nach West- und Osteuropa sowie in die USA. Andererseits ist wegen der hierzulande gestellten hohen Anforderungen der Import ausländischer Umwelttechnik bislang gering. Ausländische Unternehmen, die auf dem deutschen Umweltmarkt reüssieren wollen, schaffen dies nur, indem sie sich mit eigenen Investitionen in Deutschland niederlassen – auch das eine erfreuliche Sogwirkung, die von unserer Technologieführerschaft im Umweltsektor ausgeht.

Eine 1996 im Auftrag des Umweltbundesamtes erschienene Studie hat knapp eine Million umweltschutzinduzierter Arbeitsplätze in Deutschland ermittelt. Je zur Hälfte handelt es sich dabei um Beschäftigte mit unmittelbaren Umweltschutzaufgaben und um solche, die Umweltschutzprodukte und -leistungen erstellen. Geht man von einem Anstieg der im Inland wirksamen Nachfrage nach Umweltschutzgütern auf 85 Milliarden Mark im Jahr 2000 aus, so könnten dadurch weitere 150 000 international konkurrenzfähige Arbeitsplätze entstehen. Von diesen werden knapp 30 Prozent und damit überproportional viele auf Ostdeutschland entfallen.

Bislang liegt die Umweltbranche in Deutschland fest in der Hand mittelständischer Betriebe. Wie es in innovativen Bereichen die Regel ist, haben flexible Unternehmen geringer Größenordnung die Pionierrolle übernommen und den Markt maßgeblich entwickelt. Sowohl in der Umwelttechnologie als auch in der Abfallwirtschaft sind erst später Großkonzerne aus der chemischen Industrie, der Energiewirtschaft und dem Bausektor eingestiegen. Dennoch bestehen nach wie vor beste Voraussetzungen für das erfolgreiche Engagement mittelständischer Firmen in der Umweltbranche – und gerade das macht sie so geeignet für einen Neuanfang in den neuen Bundesländern. Ostdeutschland ist längst ein Eldorado für Umwelt-Unternehmen aus aller Welt, die hier die Nagelprobe für die Leistungsfähigkeit und Vermarktbarkeit ihrer Technologien sehen. Besonders für den Export modellhafter Lösungen nach Osteuropa wird dies ein großer Wettbewerbsvorteil sein. Dann wird sich auch zeigen, wie erfolgreich man darauf geachtet hat, daß sich Unternehmen in den neuen Ländern hier Vorteile erarbeiten konnten.

Erfahrungen aus dem Ruhrgebiet zeigen, daß das regionale Umfeld wertvolle Impulse für die Entwicklung ökologischer Konzepte bei den Unternehmen liefern kann. Diese müssen sich in einem komplexen umweltpolitischen Konfliktfeld behaupten. Es besteht vielfach Unsicherheit über Kosten, Wirkungen und Kontrolle ökologischer Maßnahmen. Innerbetrieblich sehen sich die Unternehmen zunächst hohen Informationsanforderungen für die Neugestaltung von Produkten und Verfahren gegenüber, die nicht selten von kostspieligem Requalifizierungsbedarf beim Personal begleitet werden. Ein zentraler Punkt regionaler Umweltpolitik besteht daher in der notwendigen Kooperation zwischen öffentlichen Stellen und Unternehmen bei der Informations- und Fördermittelbeschaffung. Regionale Entwicklungsstrategien können betriebliche Planungsunsicherheiten vermeiden helfen, innovatives Verhalten bei der ökologischen Produkt- und Verfahrensgestaltung fördern und erleichtern, und – bei den Beschäftigten – durch außerbetriebliche Weiterbildungsangebote ein ökologisches Arbeitsverhalten fördern. Eine aktive Unterstützung auf regionaler Ebene kann es dann – wie die Erfahrungen im Ruhrgebiet belegen – erheblich erleichtern, daß die ökologische Herausforderung als politische, gesellschaftliche und natürlich wirtschaftliche Aufgabe erkannt und erfolgreich angegangen wird.

Ich sehe in den anstehenden Umweltaufgaben nicht zuletzt auch eine immense Herausforderung an die technologische Infrastruktur und die Qualifikation der Beschäftigten – beide hängen von der Leistungsfähigkeit unserer Forschungs- und Bildungseinrichtungen ab. Interdisziplinarität ist dabei eine der wichtigsten Forderungen, die heute zu stellen sind. Umweltschutz ist eine Querschnittsaufgabe, die nur im Zusammenwirken vieler Spezialdisziplinen bearbeitet werden kann. Um so wichtiger ist ein funktionierender Technologietransfer, an dem Hochschulen und Forschungseinrichtungen aktiv teilnehmen. In diesem Verbund müssen ferner Aus- und Weiterbildungsangebote entwickelt werden, die sich am Leitthema Umwelt orientieren. All diese Strukturen stellen das Rückgrat für die Entwicklung der Umweltwirtschaft in einer Region dar. Besonders in den neuen Ländern ist eine enge Kooperation der Bildungs- und Forschungseinrichtungen mit den Unternehmen wichtig. Denn nach der Zerlegung der Kombinate ist die ostdeutsche Wirtschaft ganz überwiegend mittelständisch strukturiert. Die gestiegenen Ansprüche an den Umweltschutz führen gerade bei kleineren Unternehmen zu einem starken Anpassungsdruck. Produktentwicklung und -gestaltung, Fertigungsverfahren und Betriebsabläufe müssen ökologisch umgestaltet werden. Der Umfang dieser Aufgaben führt beim Mittelstand leicht zu Überforderung und Abwehrverhalten. Die Konsequenz: Chancen zur Kosteneinsparung, zur Innovation und zum Aufbau von Wettbewerbsvorteilen bleiben ungenutzt. Konzepte einer regionalen Strukturpolitik sind also gefordert, um das Umfeld zu bereiten, in dem kleine und mittelständische Unternehmen ihre innovative Dynamik entfalten können.

Schließlich hat die aufgezeigte Entwicklung gravierende Auswirkungen auf betrieblicher Ebene, das zeigt das Beispiel Bayer. Nachsorgende »End-of-pipe«-Technologien haben nach Ansicht aller Experten keine Zukunft. Wachsende Entsorgungskosten und ständig knapper werdender Deponieraum machen solche Technologien wirtschaftlich unattraktiv. Hingegen können Einsparungen erzielt werden, wenn das Entstehen von Abfall im Ansatz vermieden wird. Denn zum einen gehen keine wertvollen Rohstoffe verloren, zum anderen entstehen keine Entsorgungskosten. Der erhöhte Aufwand zur Abfallvermeidung kann, wie Beispiele aus der Praxis zeigen, durch die damit verbundenen Abfalleinsparungen finanziell mehr als kompensiert werden. Voraussetzung hierfür ist eine konsequente Produkt- und Verfahrensplanung, die schon im Vorfeld der Herstellung, zum Beispiel bei der Produktgestaltung und der Auswahl der Rohstoffe, ansetzt und diese ganzheitlich unter Umweltgesichtspunkten strukturiert.

Auch hier erweist sich Umweltschutz als Querschnittsaufgabe par excellence, weil sie sowohl in den Produktionsprozeß als auch in die Forschung, in den Einkauf und sogar in die Kostenrechnung eingreift. Denn solange zum Beispiel die Kosten der Abfallbeseitigung in den Gemeinkosten verschwinden, statt intern den verursachenden Abteilungen zugerechnet zu werden, können keine Verhaltensänderungen eintreten. Daher ist es von entscheidender Bedeutung, daß Umweltschutz in der Philosophie eines Unternehmens verankert ist und von allen seinen Mitarbeitern verstanden und angewandt wird. Umweltschutz darf nicht als lästiger Kostenfaktor verdrängt werden, sondern muß als Chance begriffen werden, um aktiv Innovations-, Kosten- und Marketingvorteile aufzubauen. Ökologie ist daher ein wichtiger Faktor bei allen betrieblichen Entscheidungen.

Das Verstehen ökologisch-ökonomischer Zusammenhänge trägt nicht zuletzt dazu bei, daß Unternehmen für die wachsenden Anforderungen sensibilisiert werden, die von außen – sei es von der Gesellschaft, dem Staat oder den Abnehmern – an sie herangetragen werden. Nur so kann die Wirtschaft aus der Defensive des Reagierens in die offensive Vorwegnahme ökologischer Trends gelangen und sich dadurch Vorteile im Wettbewerb auf einem stark umkämpften Zukunftsmarkt sichern.

# 17
# Aus Fehlern lernen

## Chancen für einen ökologischen Neubeginn

In der Umweltpolitik muß ein neuer Ansatz gefunden werden, da es langfristig nicht reicht, Schadstoffe zu filtern oder zu beseitigen. Dieser Ansatz als solcher ist inzwischen gar nicht mehr so neu. Neu wäre es allerdings, wenn wir in der Bundesrepublik endlich Gebrauch davon machen würden. Mir geht es konkret darum, daß wir Umweltpolitik mit weniger Dirigismus und mehr marktkonformen Anreizen betreiben. Nehmen wir einmal Zertifikatlösungen als Beispiele, die in den USA schon praktiziert werden. Wenn man die Schadstoffmenge für eine Region vorschreibt, kann man auf starre Grenzwerte und technische Anweisungen vollständig verzichten; die Unternehmen regeln das ganz von allein. Und – o Wunder der Marktwirtschaft – der größte Verschmutzer beginnt als erster zu reduzieren und sich innovative, integrierte Lösungen auszudenken, weil er am meisten davon profitiert. Und die Umwelt auch. Natürlich geht das nicht überall, aber in sehr vielen Bereichen. Darum ist es Humbug, von der Unvereinbarkeit von Ökologie und Ökonomie zu reden. Unternehmer und Umweltschützer müssen vielmehr zusammenarbeiten, um einem neuen Ansatz Geltung zu verschaffen. Auf den härtesten Widerstand werden sie dabei vermutlich in der Politik stoßen, die gern alles bis ins letzte Detail regeln will, und sei es nur, um vor dem Wähler einen Handlungsnachweis zu haben. Innovation erfordert Mut. Das ist in der Umweltpolitik nicht anders.

In den letzten Jahren gab es häufig Allianzen von Umweltschützern mit Akteuren aus der Wirtschaft unter weitgehender Ausschaltung der Politik. Beispiele sind ein gemeinsames Aktionspapier des BUND mit dem Jungunternehmerverband oder die Kampagne von Greenpeace bezüglich des Ökokühlschranks oder eine gemeinsame Initiative vom BUND mit einigen führenden deutschen Unternehmen für eine ökologische Steuerreform. Hier stellt sich die Frage nach der Zukunftsträchtigkeit solcher Versuche unter Ausschaltung der Politik.

Im Grunde ist es der Idealfall, daß Unternehmen Initiativen ergreifen oder bestimmte Fragen eigenverantwortlich regeln; man denke nur an die Selbstverpflichtungen der Automobil-, Elektro- oder Papierbranche zum Recycling ihrer Produkte. Sofern dies in Zusammenarbeit mit Umweltverbänden geschieht – um so besser. Für sachorientierte Partnerschaften gibt es auf diesem Gebiet jede Menge Bedarf und Möglichkeiten. Aber man darf natürlich nicht glauben, daß die Politik dabei ausgeschaltet würde.

Im einen Fall – Selbstverpflichtungen – hat sie natürlich klare Vorgaben gemacht, und die Industrie hat gesagt: Okay, ehe ihr jetzt noch ein Gesetz mit 17 Durchführungsverordnungen erlaßt, regeln wir das lieber in eigener Regie. Die Richtung stimmt also schon: Die Politik beschränkt sich darauf, Rahmenbedingungen zu setzen, und die Wirtschaft hat freie Hand bei der Ausgestaltung.

Im anderen Fall, wo es um neue Initiativen geht, ist die Politik der Adressat. Beispielsweise kann man ja keine ökologische Steuerreform ohne die Zustimmung der Politik machen. Also muß man hier so lange agieren, bis die Politik reagiert, weil der Druck auf sie zu groß wird. Wir wären in der Umweltpolitik mit Sicherheit nicht so weit, hätten die GRÜNEN nicht die großen Parteien in Zugzwang gebracht. Die CDU hat das Thema Ökologie erst relativ spät entdeckt, obwohl ich es zum Kernbestand konservativer Politik zählen würde. Also: Zukunftsträchtig sind solche Versuche sicherlich, aber nicht unter Ausschaltung, sondern unter Einbeziehung der Politik.

Die Wirtschaft sieht den weiteren Ausbau des Umweltschutzes bislang mehrheitlich als zusätzliche Kostenbelastung. Zumal in

Zeiten des wirtschaftlichen Aufschwungs hält sich die Begeisterung über weitere Maßnahmen natürlich in Grenzen. Ökologie darf aber trotzdem kein »Schönwetterthema« sein, denn ganz wichtig ist die Veränderung von Denk- und Verhaltensmustern, und die ist nur langfristig zu erzielen. Hier kommt es also auf Kontinuität an.

Das Hauptproblem für die Wirtschaft liegt allerdings darin, daß der betriebliche Umweltschutz bislang noch zu wenig als Quelle von Rationalisierung und Einsparungen erkannt und genutzt wird. Dabei liegt dies im Grund völlig auf der Linie von Lean Production und Reengineering: Manche Unternehmer wären überrascht, wo überall sie ihre Kosten verringern könnten, würden sie ihren Betrieb unter ökologischen Gesichtspunkten auf den Prüfstand stellen. Deshalb bin ich für integrierten Umweltschutz, denn Filter kosten immer nur Geld. Integrierter Umweltschutz kostet zwar am Anfang auch, aber eben nur einmal. Danach bringt er langfristige Vorteile.

Dies wird inzwischen von vielen Unternehmen erkannt, die nun sozusagen damit beginnen, aus der Not eine Tugend zu machen. Beispielsweise legen die meisten großen Firmen inzwischen jährlich einen Umweltbericht vor. Zum einen dient dies sicherlich dem eigenen Image; es setzt aber voraus, daß man sich intern über die Fragen des Umweltschutzes Gedanken macht und an Verbesserungen arbeitet – denn die Zahlen sollen ja von Jahr zu Jahr schöner werden. Aber auch im Mittelstand wird intensiv an diesen Fragen gearbeitet. Nicht umsonst wird eine der wenigen Wachstumsbranchen, die wir derzeit haben, nämlich die Umwelttechnik, durch innovative mittelständische Betriebe dominiert.

Häufig wird von Führungskräften mit Verweis auf die jeweiligen Sachzwänge bestritten, wesentlich Neues im Sinne ökologischer Innovationen voranbringen zu können. Doch die Beachtung von Umweltgesichtspunkten ist inzwischen selbst ein so großer Sachzwang geworden, daß wir nicht befürchten müssen, daß hier irgend etwas zu kurz kommt. Immer mehr Gruppen stellen ja heute ökologische Forderungen an die Unternehmen: die Verbraucher, die Arbeitnehmer, die Bevölkerung in der Region, die Medien, die Interessenverbände. Den Unternehmen bleibt

gar keine andere Wahl, als diese Anforderungen positiv aufzunehmen.
Die innovationshemmenden Sachzwänge liegen vielmehr woanders, nämlich bei den Einschränkungen, denen die Betriebe durch den umweltpolitischen Dirigismus ausgesetzt sind. Wenn das XY-Verfahren zur Luftreinhaltung vorgeschrieben ist, hilft es mir reichlich wenig, ein wesentlich besseres YZ-Verfahren zu entwickeln, weil ein bestimmter »Stand der Technik« verbindlich ist. Erst wenn mein YZ-Verfahren offiziell zum Standard erklärt wird, darf auch ich es benutzen. Damit verliere ich natürlich jegliches Interesse an Innovation, weil ich mir dadurch keinen Wettbewerbsvorteil vor der Konkurrenz verschaffen kann. Ich werde neue Verfahren sogar tunlichst verschweigen, damit sie ja nicht zum »Stand der Technik« erklärt werden.
In vielen Bereichen könnte der notwendige Druck für Veränderungen im Sinne der Ökologie erzeugt werden, doch vieles geht nur zögerlich voran. Ist unsere Gesellschaft für die ökologischen Herausforderungen zu kompliziert organisiert?
Ich glaube, wir sollten in dieser Hinsicht nicht zu unbescheiden sein. Wenn wir einmal den beschränkten Gesichtskreis unserer eigenen Gesellschaft verlassen und unsere Standards und Ziele im Umweltschutz international vergleichen, zeigt sich, daß wir hier eine enorme Dynamik an den Tag legen. Deutschland ist es doch – nehmen wir nur das Thema $CO_2$ –, das sowohl in Europa als auch weltweit ständig Druck macht, damit andere Staaten sich endlich überhaupt bewegen. Und Umweltfragen lassen sich nur im internationalen, wenn nicht sogar globalen Rahmen lösen. Nationale Vorreiterschaft ist hier möglich und wichtig; nationale Alleingänge sind jedoch nutzlos, wenn nicht gar kontraproduktiv. Wir müssen uns schon die Mühe machen und unsere Standards auch international verbreiten, wenn wir nachhaltige Verbesserungen für die Umwelt erreichen wollen. Das geht nicht von heute auf morgen, aber wir dürfen hier nicht nachlassen, denn in manchen Bereichen sehe ich durchaus die Gefahr, daß wir in einen Wettlauf gegen die Zeit geraten.
Was nun die ökologischen Probleme in den neuen Ländern betrifft, ist das von mir geforderte »Ökologiewunder« ausgeblie-

ben. Die Umweltbranche in Ostdeutschland entwickelt sich zwar sehr gut, vor allem was den technologisch eher anspruchslosen Entsorgungsbereich angeht, aber der große Wurf ist nicht gelungen, man hat ihn gar nicht erst versucht.
Meine Idee war, die neuen Länder zum Experimentierfeld für innovative Umwelttechnologien zu machen. Wir hätten an den größeren Altlastenstandorten parallel zur Aufarbeitung der Schäden hochmoderne, integrierte Entsorgungssysteme entwickeln können, die wir dann später international vermarkten könnten. Dabei hätte man gezielt die Forschungseinrichtungen, die Hochschulen und die Unternehmen in den neuen Ländern einbinden sollen, um ihnen in dieser Wachstumstechnologie eine Starthilfe zu geben. Ein koordiniertes Vorgehen – von einem Konzept will ich noch gar nicht reden – gibt es aber bislang nicht. An manchen Altlastenstandorten ist nichts geschehen, weil sich die Liegenschaftsämter von Bund, Land und Treuhandanstalt nicht einig werden konnten, wer überhaupt etwas tun darf und wer das dann bezahlen muß. Auf diese Weise kann man natürlich keine Innovationsdynamik auslösen, geschweige denn ein »Ökologiewunder«.
Was die Zersiedlungstendenzen und die vielen Bauvorhaben auf der grünen Wiese betrifft, wurden schon zu Anfang, zum Teil noch 1990 unter der letzten DDR-Regierung, im Bereich der Gewerbeansiedlung manche Dinge entschieden, die man schon kurze Zeit später heftig bereut hat. Diese Anfangsfehler darf man meines Erachtens nicht überbewerten; vielleicht hatten sie sogar eine heilsame Wirkung. Schließlich mußten wir ja auch im Westen aus Fehlern lernen und können darum heute einiges an Erfahrungen an die neuen Länder weitergeben. Inzwischen üben die ostdeutschen Landesregierungen auch ein Veto gegen strukturwidrige Vorhaben aus, wobei ich allerdings nicht beurteilen will, welche Ressorts hier welche Priorität genießen. Jedenfalls setzt ein solches Vorgehen natürlich erst einmal den zeitraubenden Aufbau einer Raumordnungsplanung zumindest in Grundzügen voraus. Die Alternative wäre allenfalls gewesen, Bauvorhaben generell zu verbieten, solange die Planungen nicht stehen. Damit hätten wir noch mehr wirtschaftliche Dynamik verloren,

ohne die für die Umwelt in den neuen Ländern erst recht nicht geschehen könnte. Ich plädiere also dafür, bei allen berechtigten Forderungen realistisch zu bleiben und die Chance zum Lernen auch den neuen Ländern zuzugestehen.

# 18
# Kein Idyll auf der Parkbank

## Zur Eröffnung des Frank-Stella-Skulpturenparks in Jena

Schon seit Tagen freue ich mich allmorgendlich, wenn ich die Zeitung aufschlage. Endlich haben wir mal ein anderes Thema als das, worüber sonst ständig in den Zeitungen Ostdeutschlands berichtet wird. Das ist schon der erste Erfolg. Und ich möchte hier sofort etwas hinzufügen: Ich freue mich, daß genau das eingetreten ist, was ich gewollt habe. Niemand soll glauben, ich und andere seien erschüttert durch die Diskussion, die sich an den Skulpturen entzündet hat, und wir würden uns jetzt fragen, ob wir etwas falsch gemacht haben. Ich bin überzeugt, daß eine solche Diskussion wichtig ist. Außerdem hat sie in Jena eine große Geschichte. Sie gehört hierher.

Die Diskussion zeigt, worin eigentlich der Unterschied zwischen einer freien Gesellschaft, auf die wir seit der deutschen Wiedervereinigung stolz sind, und einer Duckmäusergesellschaft besteht. Über Phänomene der offenen Gesellschaft sollte sich niemand aufregen. Das gilt auch für diejenigen, die von der Kritik betroffen sind. Gerade der Kunstbereich zeichnet sich dadurch aus, daß die geistige Auseinandersetzung geführt werden kann, ohne kriegerisch zu enden. In der freien Gesellschaft verhält es sich anders als in der Diktatur, wo die Politik die Kunst bestimmt oder verbietet. In der freien Gesellschaft ist die Kunst der schwierigste Bereich für die Politik, weil sie gefördert sein will, ohne Eingreifen zu dulden. Die Politik muß Raum für die

Kultur schaffen und darf trotzdem nicht bestimmen. Deshalb ist Kultur die spannendste Aufgabe in einer freien demokratischen Gesellschaft.
Wenn jetzt in Jena aus einem Industriequartier etwas Neues entsteht, muß hier eine Auseinandersetzung stattfinden. Ich erinnere mich hier an meine erste Besichtigung des ehemaligen Zeiss-Werks: Ich sah jede Menge Schrott. Als wir mit dem Abriß begonnen hatten – das war ein unvergeßlicher Anblick –, war mir klar, daß diese Bilder des zusammenbrechenden alten Produktionskombinats nach einem Neuaufbau nicht untergehen durften. Hier an diesem Platz muß die Auseinandersetzung über die Industriegeschichte Jenas, über die Spannung zwischen Aufbau und Abbau industrieller Strukturen stattfinden. Hier können wir nachempfinden, wie bei Carl Zeiss und Ernst Abbe ein neues Zusammenwirken von Wissenschaft und Technik entstanden ist und welche Philosophie für die arbeitenden Menschen dahinterstand. Hier an diesem Ort erinnern wir uns, wie eine Industriestruktur zusammenbrach angesichts der Tatsache, daß heute nur noch rund 20 Prozent der Menschen in Deutschland in der Produktion tätig sind und 80 Prozent in den Dienstleistungen.
Das bedeutet in unserem konkreten Fall, daß dort, wo vor sechs Jahren die Leute noch Linsen geschliffen haben, heute Büros und Geschäfte stehen und im ehemaligen »Forschungshochhaus« ein Dienstleistungszentrum entstanden ist. Andere Geschäfte wiederum dienen nun dem Universitätsbetrieb. Die Zeisssche Produktions- und Verwaltungsstruktur wurde zu einem Wissenschaftszentrum umgebaut. Der Ort, an dem die junge Generation sich heute mit den Fragen der Zukunft auseinandersetzt, ist ein geschichtsträchtiger Platz mitten in der Stadt, der zum Symbol für den heutigen Wandel geworden ist; eine Begegnungsstätte mitten in dieser Spannung zwischen der neuen Universität, der Verwaltung, dem Dienstleistungszentrum und der Erinnerung an eine ehemalige industrielle Produktion.

## Ein Industriestandort im Wandel der Zeiten

Nun kann man in diesem Spannungsfeld über den Platz philosophieren. Dabei schmerzt es mich schon ein wenig, daß gerade die akademische Jugend meiner Partei eine Auffassung vertritt, die in der Parole »Bäume statt Schrott« gipfelt. Natürlich ist das ein möglicher Standpunkt. Ich habe mir auch überlegt, wie es wäre, wenn inmitten dieser kalten Bauwelt an einem schönen Rasenplatz zwischen Bäumen ein Brünnlein stünde. Man könnte eine romantische Idylle schaffen, die durchaus mit studentischen Idealen konform ginge. Doch die Identifikation, über die wir hier eine Auseinandersetzung brauchen, ist das meines Erachtens nicht. Vielmehr bekenne ich mich dazu, daß dies ein Platz ist und daß Plätze ihre eigene Geschichte haben – übrigens selten eine »grüne«. Wer die Plätze Jenas betrachtet, der muß unweigerlich an revolutionäre Zeiten denken. Anders kann man in Jena die Geschichte gar nicht betrachten. Auch wer sich in der Jenaer Universitätsaula das Bild Ferdinand Hodlers vom Auszug der Studenten in den Freiheitskrieg anschaut, kommt nicht um die Einsicht umhin, daß die großen Bewegungen von Jena bis zur Wartburg von studentischem Zukunfts- und Revolutionsgeist ausgegangen sind. Ist die Antwort darauf eine neue studentische Idylle? Ich persönlich meine, daß unsere Gegenwart nicht dafür spricht. Letztlich kann niemand die Stimmung seiner Zeit verdrängen. Das mag vordergründig zwar möglich sein, aber selbst wer auf einer idyllischen Parkbank sitzt, muß den Faden der Geschichte aufnehmen und kann nicht die Auseinandersetzungen in Wissenschaft, Philosophie und Kunst verdrängen, die Deutschland vorangebracht haben.

Die besondere Ausstrahlung öffentlicher Plätze kann nicht geleugnet werden. Und was erzählt unser Platz? Er erzählt etwas von der Geschichte des Zusammenbruchs einer Gesellschaft, eines politischen Systems und einer Produktionsstruktur, die unsere Zukunft nicht erreichen konnte. Dieser Platz muß bewußtmachen, daß hier das älteste Industriehochhaus Deutschlands steht, das sogenannte »Küchenhochhaus«, und daß der Besucher sich inmitten von Gebäuden befindet, die einer grundlegend neuen Nutzung zugeführt wurden. Der Platz zeigt überdies, daß die heutige Zeit Ergänzungen der alten Substanz durch Funktionsräume erfordert, die wir im denkmalgeschützten Teil gar nicht untergebracht hätten. Beispielsweise hätten wir sonst nicht den großen Hörsaal.

Der freibleibende Platz in dem beschriebenen Architekturkomplex muß eine Spannung erzeugen, die etwas über den Niedergang und den Aufbau aussagt. Und ich bin sehr glücklich, daß wir ausgerechnet einen Amerikaner gefunden haben, der diesem Platz durch seine Skulpturen eine unverwechselbare Identität verleiht. Die Amerikaner haben im Unterschied zu den Deutschen den Mut zur unverblümten Namensgebung. Im Gegensatz zum »sun belt« nennt man in den USA die Region um Detroit den »rust belt«, da sich dort jene Industrien befinden, die stark abgebaut haben, die Stahl- und Automobilindustrie. Wer einmal am Hudson entlanggeht – und dies war die Inspiration von Frank Stella –, der sieht, wie die Struktur der alten Industriewelt zusammenbricht, wie die Stätten der traditionellen arbeitsteiligen Massenproduktion zusammenrosten. Die Ressourcen unserer neuen Industriegesellschaft sind Software, Elektronik und neue Technologien mit wenig Stahlanteil – wenn Sie so wollen, wenig von jenen Ressourcen, von denen die Produktionsgesellschaft in Amerika und Europa gelebt hat.

Ist es nicht eine Riesenchance, diesen Wandel darzustellen und aufzuzeigen, daß etwas übrigbleiben muß vom Geist der traditionellen Industriegesellschaft, von deren Fortschrittsidee, die auch soziale und ethische Aspekte hatte? Lesen Sie einmal in der Geschichte von Carl Zeiss und Ernst Abbe nach. Die Erinnerung an diese beiden Männer wird nicht möglich sein, ohne die damals revolutionären Vorstellungen einer modernen Sozialethik in der Industriegesellschaft zu erwähnen. Heute brauchen wir ebenso eine moderne Ethik für die neue Gesellschaft. Das heißt beispielsweise, daß Abfall nicht weggeworfen werden darf. Wer Abfall nur als Abfall betrachtet, beraubt sich der Chance, aus Elementen der Vergangenheit Formen zu gestalten, die in die nächste Zukunft tragen können. Doch wer soll das tun, wenn nicht die Kunst?

Auf dieser Grundlage kann man über die Skulpturen auf dem Ernst-Abbe-Platz streiten. Frank Stella ist ein Mensch, mit dem man streiten kann. Und wenn wir ihn nicht gewonnen hätten – ich möchte fast sagen, überlistet –, könnten wir heute gar nicht so debattieren. Als Frank Stella zum Ehrendoktor der Friedrich-Schiller-Universität ernannt wurde, entstand die Idee eines Besuches bei ihm. Als ich dann in New York mit Stella sprach, habe ich ihm ans Herz gelegt, er solle am Rande der Festlichkeiten anläßlich der Verleihung der Ehrendoktorwürde den Ernst-Abbe-Platz aufsuchen. Und dabei kam ihm der Gedanke, eine Skulptur zu errichten. Ich glaube, die beste Idee war, daß wir Frank Stella gebeten haben, sich eine Vorstellung zu bilden, wie der ganze Platz einmal aussehen soll. Eines Tages hat er angerufen und gesagt, er schlage fünf Skulpturen vor.

Die »Idee des Platzes« halte ich für das Wichtigste; deshalb war es aus meiner Sicht ideal, daß Frank Stella sich mit diesem Platz als Ganzes beschäftigt hat. Die Bäume werden noch ein bißchen größer, aber die Skulpturen nicht kleiner, falls dies die streitenden Parteien tröstet. Die Auseinandersetzung wird weitergehen. Wir *wollen* sie haben, denn sie hat in dieser Stadt eine große Geschichte. Der letzte bildende Künstler, der Ehrendoktor der Friedrich-Schiller-Universität wurde, war vor über neunzig Jahren der französische Bildhauer Auguste Rodin. Er hat der Jenaer Universität die damals noch umstrittene Minerva-Büste geschenkt und dem Weimarer Museum eine Serie erotischer Zeichnungen. Die Ausstellung mußte wegen des Protests der Bevölkerung abgebrochen werden. Als ich Frank Stella diese Geschichte erzählte, bat ich ihn bereits, sich darauf einzustellen, daß es hier alle neunzig Jahre einen »Kunststreit« gibt.

In diesem Zusammenhang möchte ich gern von einem persönlichen Schlüsselerlebnis berichten. Als ich Ministerpräsident in Baden-Württemberg war, erhielt ich die Nachricht, daß eine der größten Skulpturengruppen von Picasso, »Die Badenden«, zur Zeit in der Schweiz sei. Damals – kurz vor Mitterrands Dienstantritt – war klar, daß die Franzosen kein Werk von Picasso mehr über die Landesgrenze gehen lassen würden. Da Picassos Enkelin Geld für die Erbschaftssteuer brauchte, waren die »Badenden« aber noch für elf Millionen Mark verkäuflich. Wir haben damals eigens eine neue Finanzierungsform erfunden, nämlich eine erhöhte Spielbankabgabe in Baden-Baden, und haben diese Skulptur über Nacht gekauft. Ich hatte dazu zwar die Zustimmung der Oppositionsführer bekommen, doch im Lande brach eine heftige Diskussion aus, weil diese »Badenden« aus alten Holzstücken, alten Blechstücken und alten Stahlteilen bestehen. Kommt Ihnen hier etwas bekannt vor? Ich habe in Baden-Württemberg erst Ruhe bekommen, als ein New Yorker Museum für die »Badenden« drei Millionen mehr bot, als sie uns gekostet hatten. Als dies publiziert wurde, haben die Schwaben gesagt, sie wollten die Skulptur nicht mehr hergeben.

Mit dieser Geschichte möchte ich all denen Trost zusprechen, die entsetzt über die Zukunft Jenas an den Skulpturen Frank Stellas vorbeigehen und ihren Widerstand immer wieder neu formieren. Die Diskussion sollte weitergeführt werden, aber man muß tolerant genug sein, eine solche Kunstinszenierung in dieser Stadt zuzulassen. Niemandem muß alles gefallen. Aber das Spannende ist, an einer Stadt mitzugestalten, denn Gestalten bedeutet eine Auseinandersetzung mit der Zukunft, der Vergangenheit und der Gegenwart. Selbst die Gegenwart, den Alltag, können wir nicht begreifen, wenn wir nur Häuser bauen, Gebäude renovieren und die Wirtschaftlichkeit von Produktion wiederherstellen.

In dieser Stadt können wir keine Identität schaffen, wenn wir die Brutalität, die in Jena geschehen ist, lieblich verdrängen. Denn was wir in den letzten Jahren in dieser Stadt durchführen mußten, war ein brutales Geschäft, zu dem wir uns bekennen müssen. Wir haben beim Abbruch keine Rücksicht auf die Sensibilität der Bevölkerung genommen. Wir konnten es nicht. Ist es nun damit getan, wenn wir jetzt eine neue Sensibilität der Idylle entwickeln anstelle einer Auseinandersetzung mit dem, was wir doch noch nicht verarbeitet haben? Wenn wir heute darüber reden, daß Ost- und Westdeutsche eher weiter auseinander sind als früher, dann liegt es daran, daß wir noch überhaupt keine Themen zur Aufarbeitung hatten. Die Aufarbeitung geschieht nicht über die

Bestimmung der Höhe des Solidarbeitrags, der Transferleistungen und der Sozialhilfebeiträge. Diese Aufarbeitung geschieht durch Auseinandersetzung mit Projekten, Gemeinsamkeiten und Dingen, die in dieser Stadt, in diesem Land, in diesen neuen Ländern installiert werden und Symbolcharakter für unsere Zeit haben.

Niemand wird bestreiten, daß die Skulpturen Frank Stellas Symbolcharakter für diese Umbruchzeit haben – für die Umbruchzeit in Deutschland, in Europa, in der ganzen Welt. Sie sind auch deshalb ein wichtiges Symbol, weil ein amerikanischer Künstler seine größte Skulpturengruppe nicht etwa in München aufstellt, wo er seinen größten Ausstellungserfolg hatte, oder in einer der großen Städte Westdeutschlands, was niemanden aufregen würde, sondern in Jena, was Gott sei Dank alle aufregt. Und dafür bin ich dankbar.

# Schlußbemerkung

## Gesamtdeutsch handeln

»Wie ist denn die Stimmung drüben?« Wie oft wurde ich das in den vergangenen sechs Jahren gefragt, drüben im Westen! Für mich ist diese Frage zum Symbol für das distanzierte Verhältnis der Deutschen in den alten und neuen Ländern geworden, denn sie bringt prägnant die große Fremdheit zum Ausdruck, die nach wie vor zwischen uns herrscht, und zwar von beiden Seiten.
Es handelt sich hier keineswegs um ein westspezifisches Einbahnstraßenphänomen. Aus ostdeutscher Sicht ist die Vertrautheit mit den alten Ländern zwar größer als umgekehrt. Kein Ostdeutscher würde je auf die Idee kommen, sich nach der Stimmung im Westen zu erkundigen. Dies kann aber leicht darüber hinwegtäuschen, daß auch auf ostdeutscher Seite die Fremdheit nicht überwunden ist. Viele Menschen kommen nur schwer damit zurecht, daß seit dem Wechsel des wirtschaftlichen und politischen Systems vieles anders geregelt wird, eben nach westdeutschen Maßstäben und Vorgaben. Nicht nur die Älteren fühlen sich seither zu Hause fremd, ja fremdbestimmt. Das mag aus westdeutscher Sicht paradox erscheinen. Doch die Wahlerfolge der PDS speisen sich hauptsächlich aus diesen zwei Quellen: Protest gegen das übergestülpte Westsystem bei den einen und Sehnsucht nach der vermeintlichen sicheren, alten Ordnung bei den anderen.
Was die westdeutsche Haltung zum östlichen Teil Deutschlands betrifft, läßt sich schon aus der Frage nach der »Stimmung« manches herauslesen. Weshalb wird sie überhaupt gestellt, wenn der Fragende ohnehin nur eine Antwort erwartet, nämlich: schlecht.

Warum findet ausgerechnet »die Stimmung« im Osten so großes Interesse? Gewiß auch deshalb, weil im Westen noch immer Ängste bestehen. Vielen treten die mit ostdeutschen Übersiedlern gefüllten Turnhallen und »Trabi«-Lawinen ins Gedächtnis und beschwören einen Angstkomplex herauf, der auf seiten der alten Bundesrepublik manches an der Gestaltung der Einheit vielleicht besser verstehen läßt. Nicht immer mag es die Furcht sein, ob sie »drüben noch stillhalten«, die manchen Fragesteller bewegt. Doch häufig richtet sich deren Interesse nicht allein auf die wirklichen Probleme im Osten, die kompliziert und ermüdend zu erklären sind. Mindestens ebensosehr wird Beruhigung gesucht. »Alles ruhig im Osten«, das ist die erhoffte Antwort.
Doch Einigelung im Osten und Verdrängung im Westen dürfen nicht zur prägenden Tendenz in Deutschland werden! An ihre Stelle müssen Offenheit, Vertrauen und wechselseitige Akzeptanz treten – keine Angst voreinander, sondern Interesse füreinander. Nur dann kann die Einsicht entstehen, daß unsere wirklichen Probleme und Aufgaben identisch sind. Ich habe den Versuch unternommen, die vordringlichen Probleme aufzuzeigen, Analysen zu liefern und zu verdeutlichen, wie gesamtdeutsch gehandelt werden muß. Doch mein Hauptanliegen gilt der Einstellung der Deutschen zueinander und zu unserem Gemeinwesen. Hier muß eine zweite Mauer fallen; nur dann kann die Überwindung unserer krisenhaften Probleme wirklich gelingen. An vorderster Stelle steht dabei der Abbau der Fremdheit zwischen Ost und West. Dazu bedarf es von *beiden* Seiten der Überwindung. Keiner solle behaupten, ihm sei diese vereinigungsbedingte Anstrengung nicht zuzumuten. Wir können uns auf Dauer nicht aus dem Weg gehen, wir können uns nur gegenseitig im Weg stehen! Darum ist es keine Frage der moralischen Haltung, sondern der vorausschauenden Vernunft, daß zwischen Ost- und Westdeutschen ein Konsens über die zukunfts- und richtungsweisenden Fragen im vereinten Deutschland geschaffen wird.
Vor allem gilt es, ein Bewußtsein gleicher Rechte und Verantwortlichkeiten aller Deutschen für ihr Land herbeizuführen. Das Motto »Jeder macht seins« darf nicht gelten! Eine solche Haltung hätte fatale Konsequenzen für unser Land, sowohl im Inneren als

auch nach außen. Es gab und gibt nur *ein* Deutschland, in dem kein Bürger mehr oder ältere Rechte besitzt als ein anderer. Alle Deutschen, egal ob in der Bundesrepublik oder der ehemaligen DDR, haben stets die gleichen *angestammten* Rechte besessen. Die Öffnung der Mauer hat die Ostdeutschen lediglich in die Lage versetzt, diese Rechte in ihrem Land, in Deutschland, in Anspruch zu nehmen und ausüben zu können. Der staatsrechtliche Beitritt der neuen Länder zur Bundesrepublik im Jahr 1990 war somit keine Adoption in die Familie der westdeutschen Länder, sondern die Heimkehr leiblicher Geschwister. Das Fortbestehen materieller Unterschiede zwischen alten und neuen Ländern tut dem keinen Abbruch.
In wenigen Jahrzehnten wird es ohnehin niemanden mehr interessieren, was die Einheit kostete, wie lange das Zusammenwachsen gedauert hat oder was »Ossis« und »Wessis« sind. Zählen wird allein der Erfolg aller Deutschen. Und der wird sich an der Stellung unseres Landes in der Riege der führenden Industrienationen dieser Welt bemessen. Auf- oder Abstieg des vereinten Deutschlands, Aufbruch oder Kapitulation an der Schwelle zum 21. Jahrhundert, das sind die wirklichen Herausforderungen. Der Prozeß der Wiedervereinigung selbst ist nur eine erste, vielleicht aber entscheidende Teilaufgabe auf diesem Weg.
Mein Anliegen ist kein geistig-moralischer Appell. Vielmehr habe ich versucht, praktisch-politische Vorschläge für die Gestaltung unserer Zukunft zu bieten. Zudem geht es nicht allein darum, die bestehenden Probleme offenzulegen, sondern auf die Optionen und Perspektiven neugierig zu machen, die unser Land besitzt. Dieses Buch soll dazu ermuntern, sich einzumischen und in Wirtschaft, Gesellschaft und Politik Verantwortung zu übernehmen, was die Fragen unserer Zukunft betrifft.
Die deutsche Wiedervereinigung war das Fanal einer neuen Ära für die Welt. Für uns Deutsche ist sie überdies eine ganz persönliche Einladung zum Aufbruch ins nächste Jahrhundert, in eine offene Welt ohne Mauern – beengende und vermeintlich schützende. Wir sind auf dem besten Wege, diese für unser Land so wichtige Einladung ängstlich und kleinlich auszuschlagen. Dabei haben wir allen Grund, auf das Erreichte stolz zu sein und die

weiteren Aufgaben mit Mut und Zuversicht anzupacken. Nur eines muß uns allen klar sein: Wir stehen an einer historischen Wegscheide. Wir müssen uns *jetzt* den entscheidenden Ruck geben, um den Richtungswechsel nicht zu versäumen. Das Signal zum Aufbruch in eine neue Zukunft darf nicht ungehört verhallen.

# Nachwort zur Taschenbuchausgabe

## Endstation Sehnsucht?

Zur Lage der ostdeutschen Wirtschaft im Frühjahr 1998

Der Aufholprozeß der ostdeutschen Wirtschaft hat sich 1997 umgekehrt. Um magere 1,6 Prozent stieg die reale Wirtschaftsleistung im Osten, während sie im Westen um immerhin 2,2 Prozent kletterte. Dies entspricht der Erwartung, die ich bereits vor zwei Jahren an gleicher Stelle geäußert hatte. Die ostdeutsche Wirtschaft wächst zwar, doch zu langsam, um zum Westen weiter aufschließen zu können. Im laufenden Jahr wird sich dieser Trend voraussichtlich fortsetzen, die Kluft wird sich abermals vergrößern.

Aus meiner Sicht ist der geschilderte Einbruch beim Wachstum ein Ergebnis der bisherigen Strategie für den Aufbau Ost. Diese war darauf gerichtet, die ostdeutsche Binnenwirtschaft anzukurbeln, also insbesondere die konsumnahe Industrie und Dienstleistung sowie den gesamten Bausektor. Das geschah zum einen durch die Stärkung der kaufkräftigen Nachfrage der Bevölkerung, also durch schnelle Lohnanpassungen und die noch schnellere Anhebung von Sozial- und Lohnersatzleistungen. Zum anderen wurde die Baunachfrage über Sonderabschreibungen für einkommensstarke, daher meist westdeutsche Steuerzahler in einem nie dagewesenen Maße angefacht. So erreichte im Jahr 1994, auf dem Gipfel des Booms, das Wachstum im Osten fast 10 Prozent gegenüber mageren 2 Prozent im Westen.

Die Wachstumseffekte, die auf diese Weise erzielt wurden, waren jedoch von kurzer Dauer. In Ermangelung eines selbsttragenden Aufschwungs wären weitere staatliche Ausgaben in steigender Höhe erforderlich, um das Wachstum auf hohem Niveau zu halten. Dafür fehlen aber die finanziellen Spielräume, wie ein Blick auf die Transferleistungen an die neuen Länder bestätigt. Diese sind brutto gerechnet seit 1994, wo ein Spitzenwert von 190 Milliarden Mark erreicht wurde, auf 177 Milliarden im vergangenen Jahr gefallen. Im Wahljahr 1998 ist eine abermalige Steigerung auf 186 Milliarden Mark vorgesehen – dennoch zu wenig, um der Wirtschaft spürbare Wachstumsimpulse zu geben. Eine Fortsetzung der künstlichen Wachstumsinszenierung in den neuen Ländern ist weder wünschenswert noch finanzierbar. Die bisherige Strategie ist an ihre Grenzen gelangt.

Die 1990 eingeschlagene Konzeption war deshalb nicht falsch, sie hat sich aber überlebt. Die staatlich geförderte Konsum- und Baunachfrage schafft kein dauerhaftes Wachstum. Sie kann lediglich als Überbrückungslösung gesehen werden, die darauf setzt, daß die exportfähigen (industriellen) Bereiche sich im Windschatten des Baus entwickeln würden. Die »unsichtbare Hand« des Marktes ließ die Architekten des Aufschwung Ost jedoch im Stich. Das Timing ging bislang nicht auf. Der Einbruch im Bau erweist sich als verheerend, weil die kritischen Sektoren für einen selbsttragenden Aufschwung nicht weit genug entwickelt sind. Anhand der Industrie zeigt sich das sehr deutlich: Ihr Beitrag zum Sozialprodukt ist trotz hoher Wachstumsraten zu gering, und ihre Beschäftigungsbilanz ist weiterhin negativ.

Es wäre gefährlicher Leichtsinn, weiter darauf zu warten, daß die Wirtschaft Boden findet und einzelne Sektoren die Lasten schultern, die bislang durch die Transferzahlungen abgefangen wurden. Unter solchen Bedingungen wird es erst gar nicht dazu kommen, daß wettbewerbsfähige Strukturen auf breiter Front entstehen.

## Die aktuelle Lage

Ein Jahr ist es her, da die Bundesregierung gemeinsam mit Arbeitgebern und Gewerkschaften einen Beschäftigungspakt Ost verkündete. Er sollte das Beschäftigungsniveau 1997 halten und in den kommenden Jahren jeweils 100 000 neue Jobs schaffen.

Die letzten verfügbaren Erwerbstätigenzahlen vom März 1998 sprechen eine andere Sprache: 211 000 Stellen fielen binnen Jahresfrist weg. In dieser Zeit gingen je Arbeitsplatz im Westen vier im Osten verloren. Die Bundesanstalt für Arbeit rechnet für die neuen Länder mit einem weiteren Abbau in sechsstelliger Größenordnung in diesem Jahr. Wunschdenken, auch konzertierter Art, war noch zu keiner Zeit eine taugliche Basis für wirksame Strategien.

Damit verfestigt sich die Arbeitslosigkeit in den neuen Ländern jenseits der Millionengrenze. Im Mai lag sie bei 1,37 Millionen, das entspricht 60 500 Arbeitslosen mehr als im Jahr zuvor. Die Quote liegt mit 18,1 Prozent inzwischen doppelt so hoch wie in den alten Ländern, wo 9,1 Prozent registriert wurden. Die Kluft zwischen alten und neuen Ländern ist im Vergleich zum Vorjahr deutlich gewachsen. Dies wird voraussichtlich auch im weiteren Verlauf dieses Jahres so bleiben. Einem Rückgang der Arbeitslosigkeit im Westen wird eine steigende Tendenz im Osten gegenüberstehen.

Eine genaue Prognose fällt derzeit jedoch schwer, da die Arbeitsmarktzahlen in wachsendem Ausmaß das Resultat eines politischen Verschiebebahnhofs sind. So wurde im vergangenen Jahr die Zahl der ABM-Stellen um knapp 100 000 und die der Weiterbildungsmaßnahmen um rund 80 000 heruntergefahren. Beides hat erheblich zum Anstieg der offiziellen Erwerbslosenzahl beigetragen. In diesem Jahr, in dem bekanntlich wichtige Wahlen anstehen, wird die Zahl der ABM neuerlich angehoben. Im Ergebnis schwankt die Arbeitslosenstatistik zunehmend im Rhythmus politischer Großereignisse.

Die Dramatik der Entwicklung in den neuen Ländern ist dennoch nicht zu übersehen. Sie zeigt sich etwa darin, daß kein einziger Wirtschaftszweig positive Beschäftigungszahlen für 1997 aufweist. Alle Bereiche, Landwirtschaft, Industrie, Bau, Staat und selbst die Dienstleistungen haben durchschnittlich 3,5 Prozent ihrer Beschäftigten entlassen. Dazu haben mehrere Faktoren beigetragen. Zum einen das schwache Wachstum, ferner der Abbau beschäftigungspolitischer Maßnahmen, vor allem aber die ungelösten strukturellen Probleme.

## Der Anpassungsprozeß geht weiter

Die ostdeutsche Wirtschaft hat den Abschied von der DDR-Vergangenheit mit erstaunlicher Radikalität und Geschwindigkeit vollzogen. Selbst wo an die Situation vor der Wende angeknüpft wurde, wie im Chemiedreieck, im Automobilbau in Eisenach und Chemnitz oder in der Technologieregion Jena, sind völlig neue Strukturen entstanden. Dennoch ist die wirtschaftliche Umstellung im Osten erst teilweise vollzogen. Manche Anpassungsvorgänge benötigen noch Zeit, andere wurden durch falsche Anreize fehlgesteuert und bedürfen einer neuerlichen Korrektur. Dazu zählt vor allem die Bauwirtschaft, aber auch einige Industriezweige sind betroffen, deren Entwicklung stärker durch Förderrichtlinien als durch den Markt geprägt war.

Im Bauhauptgewerbe waren die Auftragseingänge in den Jahren 1991 bis 1995 um jährlich 22 Prozent gestiegen, beim Wohnungsbau gar um 41 Prozent. Dem folgte in den Jahren 1995 bis 1997 ein Rückgang um jährlich 9,5 Prozent. Allein im Wohnungsbau sanken die Auftragseingänge 1997 um über 19 Prozent. Darin schlägt sich der Umstand nieder, daß die staatliche Förderung für den Wohnungsneubau mit Beginn des Jahres 1997 spürbar verringert wurde. Die »Krise« im ostdeutschen Baugewerbe sollte zudem nicht vergessen lassen, daß die Bauinvestitionen pro Kopf der Bevölkerung dort immer noch um knapp 70 Prozent über dem westdeutschen Vergleichswert liegen.

Im industriellen Bereich stieg die Produktion von 1991 bis 1997 um insgesamt 75 Prozent. Das bedeutet einen jährlichen Zuwachs von durchschnittlich 10 Prozent! Auch für das laufende Jahr wird mit einem Wert in dieser Größenordnung gerechnet. Diese Zahlen können aber nicht darüber hinwegtäuschen, daß der industrielle Bereich im Vergleich zu Westdeutschland unterentwickelt ist. So leistete das Produzierende Gewerbe (ohne Bau) 1997 im Osten nur einen Beitrag in Höhe von 19 Prozent zur gesamten Bruttowertschöpfung, im Westen waren es dagegen 28 Prozent.

In der gesamten Wirtschaft stieg 1997 die Zahl der Insolvenzen trotz vielfältiger staatlicher Unterstützung abermals um mehr als 700 auf 8 126. Das ist fast ein Drittel aller Unternehmenszusam-

menbrüche in Deutschland. Diese hohe Zahl zeigt, daß die Rahmenbedingungen für die Wirtschaft in den neuen Ländern alles andere als gut sind. Vor allem die Erneuerung des Kapitalstocks belastet die Unternehmen nach wie vor erheblich. Je Beschäftigten investieren sie jährlich mehr als doppelt so viel wie ihre Konkurrenten im Westen. Erschwerend kommt noch hinzu, daß verhältnismäßig viele Beschäftigte in Branchen tätig sind, die, gemessen an westdeutschen Erfahrungswerten, ein geringes Wachstumspotential aufweisen.
Diese Strukturdefizite finden ihre Fortsetzung im nach wie vor geringen Exportanteil der ostdeutschen Wirtschaft. Bekanntlich ist die Besserung der Konjunkturlage im Westen ausschließlich durch die Belebung im Export getragen. Die Binnennachfrage stagniert in ganz Deutschland. Aus der guten Außenhandelskonjunktur konnten die neuen Länder aber kaum Gewinn ziehen. Vom gesamtdeutschen Außenhandel (Exporte und Importe) entfallen auf sie nur knapp 5 Prozent. Gemessen am Beitrag des Ostens an der gesamtdeutschen Wirtschaftsleistung müßte der Wert fast zweieinhalbmal so hoch sein. Dies ist ein weiterer Beleg dafür, daß die nachfrageorientierte Strategie nicht mehr greift. Die neuen Länder sind in die internationale Arbeitsteilung bislang nicht ausreichend eingebunden. Im Zeitalter der Globalisierung ist die außenwirtschaftliche Verflechtung aber unabdingbare Voraussetzung für Wachstum. Dazu müssen die neuen Länder aber ein international wettbewerbsfähiges Güterangebot entwickeln.
Eine Zunahme der Beschäftigung bei stetig steigender Arbeitsproduktivität erfordert ein deutlich höheres Wachstum als die im vergangenen Jahr erreichten 1,6 Prozent. Wenn dies nicht eintritt, ist ein weiterer Beschäftigungsabbau aus Wettbewerbsgründen unausweichlich. Im Rahmen der bestehenden Wirtschaftsstruktur der neuen Länder kann ein Rückgang der hohen Arbeitslosigkeit nicht erwartet werden. Höheres Wachstum erfordert, daß Unternehmen in neue Aktivitäten und neue, vor allem ausländische Märkte vorstoßen. Ebenso wichtig ist es, daß die Gründerwelle, die sich in Deutschland abzeichnet, besonders im Osten eine Vielzahl neuer Unternehmen in den Märkten von morgen hervorbringt.

Das ist leichter gesagt als getan. Denn in den Zukunftsbranchen zeigt sich zuerst, daß die Arbeitslosigkeit selbst von struktureller Natur ist. Lichtblicke am Arbeitsmarkt gäbe es im Osten durchaus, manche Branchen klagen sogar über einen echten Mangel an qualifizierten Kräften. Software- und EDV-Fachleute werden dringend gesucht, von einer heraufziehenden Ingenieurlücke ist die Rede. Dieser Bedarf reicht sicherlich nicht aus, um die Arbeitslosigkeit signifikant zu senken. Doch selbst wenn wir eine halbe Million Software-Experten einstellen könnten, wir fänden sie in Deutschland nicht! Wir haben es mit einer typischen »Mismatch-Arbeitslosigkeit« zu tun, d. h. die vorhandenen Qualifikationen decken sich nicht mit den gestellten Anforderungen. Das ist typischerweise in einer Umbruchsituation wie der heutigen der Fall. In der Informationsgesellschaft zählen andere Kenntnisse und Fähigkeiten als in der gewohnten Industriegesellschaft. Selbst der Industriearbeiter muß heute Programmierkenntnisse haben, um seine Maschine bedienen zu können. Dies verlangt von uns allen ein gesteigertes Maß an Flexibilität und Lernbereitschaft. Es erfordert aber auch deutlich mehr Investitionen in den Bildungs- und Fortbildungssektor, der in Deutschland geradezu sträflich vernachlässigt wird. Für die neuen Länder bestehen hier zweifellos in besonderem Maße Anforderungen und Chancen.
Wer die Arbeitslosigkeit wirklich bekämpfen will, der muß sich Neues einfallen lassen. Mit einer laufenden Bezuschussung zum Erhalt der bestehenden Arbeitsmarkt- und Wirtschaftsstrukturen wird der weitere Stellenabbau allenfalls hinausgezögert. Der Wandel der Zeiten läßt sich von der Wirtschaftspolitik nicht aufhalten. Wer aber nicht den Mut hat, Überkommenes aufzugeben, kann auch nicht die finanziellen Mittel erübrigen, um Neues zu fördern.

## Vom Boden der Tatsachen aus

Es bleibt die bange Frage, ob die neuen Bundesländer es dennoch schaffen werden, mit Westdeutschland gleichzuziehen. Beantworten kann sie ernstlich niemand. Lange hat man keine der einst beliebten Hochrechnungen über den Zeitbedarf für die Anpassung mehr gesehen. Die führenden Wirtschaftsforschungsinstitute bringen im jüngsten Frühjahrsgutachten ihre grundsätzliche Skepsis darüber zum Ausdruck, daß Ostdeutschland ein Aufholen aus eigener Kraft gelingen könne. Trocken bemerken sie, daß es für das Aufholen einer ärmeren gegenüber einer reicheren Region »keine Automatik« gebe. Endstation Sehnsucht also? Droht den neuen Ländern ein Schicksal wie den amerikanischen Südstaaten mit hundertjährigem Entwicklungsrückstand oder, schlimmer noch, wie dem italienischen Mezzogiorno?

Dies kann nur verhindert werden, wenn der Aufholprozeß rasch wieder in Gang kommt. Die übliche Förderung für strukturschwache Gebiete reicht dazu nicht aus. Jahrzehntelange Erfahrungen mit der Regionalpolitik in Westdeutschland lehren, so die Wirtschaftsforscher, daß ein Aufholen auf diesem Weg eher unwahrscheinlich ist. Sie fordern einen »politischen Kraftakt«, räumen jedoch gleichzeitig ein, daß der Politik finanziell die Hände gebunden sind. Daher schlagen sie vor, das Geld anders, effizienter einzusetzen und es auf Investitionshilfen für die Bereiche Industrie, Dienstleistung und öffentliche Infrastruktur zu konzentrieren. Der dafür verfügbare Teil der Transferleistungen ist jedoch eher bescheiden. Nur ein Viertel aller zurechenbaren Transfers kommt den Investitionen zugute. Der Rest ist überwiegend für Sozial- und Lohnersatzleistungen fest gebunden. Die freien Mittel werden also nicht ausreichen, um in den genannten Sektoren weiterhin flächendeckend zu fördern. Aufgrund dieser Einsicht wurden bereits im vergangenen Jahr die Fördersätze für die fortgeschrittensten Regionen im Osten gekappt. Das entspricht politischer Logik, denn damit ist sichergestellt, daß das meiste Geld dorthin fließt, wo es die geringste Wirkung, aber die größte Dankbarkeit nach sich zieht.

Umsteuern alleine reicht nicht aus, die Richtung muß stimmen. Darum wiederhole ich meinen früheren Vorschlag, für Ostdeutschland eine Regionalpolitik zu betreiben, die sich zunächst auf wenige entwicklungsfähige Zentren konzentriert. Diese können rasch dazu gebracht werden, aus eigener Kraft zu wachsen und in ihr jeweiliges Umland auszustrahlen. Einige der auch am Frühjahrsgutachten beteiligten Institute sprechen in ihrer Berichterstattung über die Anpassungsfortschritte der ostdeutschen Wirtschaft davon, daß »Wachstumsknoten« geschaffen werden müßten. Dieser Ansatz erscheint mir weitaus richtiger als eine sektorale Industriepolitik hergebrachter Art. Die Politik müßte sich dann aber dazu durchringen, über einige Jahre hinweg die Starken zu stärken, statt pauschalen Nachteilsausgleich zu betreiben. Die neuen Länder brauchen nicht nur weiterhin die Solidarität des Westens, sie müssen auch untereinander solidarisch sein, damit wenigsten ein paar Regionen den Durchbruch rasch schaffen und den anderen den Weg bereiten.

Das Frühjahrsgutachten mahnt aber nicht nur eine veränderte staatliche Aufbaustrategie an. Die Institute bezeichnen es ferner als »unabdingbar«, daß die Gewerkschaften für mehrere Jahre auf eine weitere Lohnanpassung an das Westniveau verzichten. Die Begründung dafür ist einleuchtend: Eine Region wie Ostdeutschland, die mit mancherlei Handikaps in das Rennen um Investitionen und Arbeitsplätze geht, muß sich dort Vorteile verschaffen, wo dies möglich ist. Eine ostdeutsche Tarifstrategie, die den Lohnanstieg über mehrere Jahre unter dem Produktivitätszuwachs hielte, wäre ein starker Anreiz für die Unternehmen. Dieselbe Strategie wurde im Westen nach dem Krieg verfolgt. Sie hat maßgeblich dazu beigetragen, daß der Wiederaufbau und das Wirtschaftswunder in so kurzer Zeit möglich wurden. Nicht umsonst, wenn auch vergeblich, habe ich in den letzten Jahren mehrfach ein Tarifmoratorium für die neuen Bundesländer vorgeschlagen. Nur eine Abkoppelung vom starren westdeutschen Tarifritual gibt den neuen Ländern die Chance, eine tragbare und wachstumsgerechte Lohnpolitik unter Wahrung der Spielregeln des Flächentarifvertrages zu erreichen. Nach frühestens fünf Jahren kann auch in der Tarifpolitik eine Wiedervereinigung stattfinden. Bis dahin hätte die Flexibilisierung im Westen vermutlich zu Strukturen geführt, die ohne große Schwierigkeiten eine gemeinsame Basis finden ließen. Statt dessen ist im Osten ein Wildwest entstanden, an dem die Gewerkschaften ihren Teil der Verantwortung tragen.

## Augen zu und durch

Die neuen Länder müssen wohl oder übel noch weitere entschiedene Anstrengungen auf sich nehmen. Ich zweifle nicht daran, daß die Menschen die Bereitschaft dazu aufbringen würden. Voraussetzung ist aber eine konsequente und glaubwürdige Strategie statt beruhigender Worte und lindernder Gaben. In Ostdeutschland fehlt es nicht am Kampfgeist, aber in Deutschland an Arenen, in denen noch gekämpft werden darf. Eingezwängt in das Korsett fünfzigjähriger Regulierungsstrukturen und behängt mit dem Ballast der sozialistischen Vergangenheit kann es nicht verwundern, daß den ostdeutschen Marathonläufer nach den ersten Kilometern die Kräfte verlassen. Da helfen auch keine Transferproteine aus dem Westen.

Die neuen Länder müssen versuchen, in einigen Bereichen gezielt Wettbewerb zu betreiben. Und die alten Länder müssen lernen, mit Konkurrenz wieder umzugehen. Was wir heute in Deutschland üben, werden wir morgen auf den Weltmärkten dringend brauchen.